GUNDA GRUBER

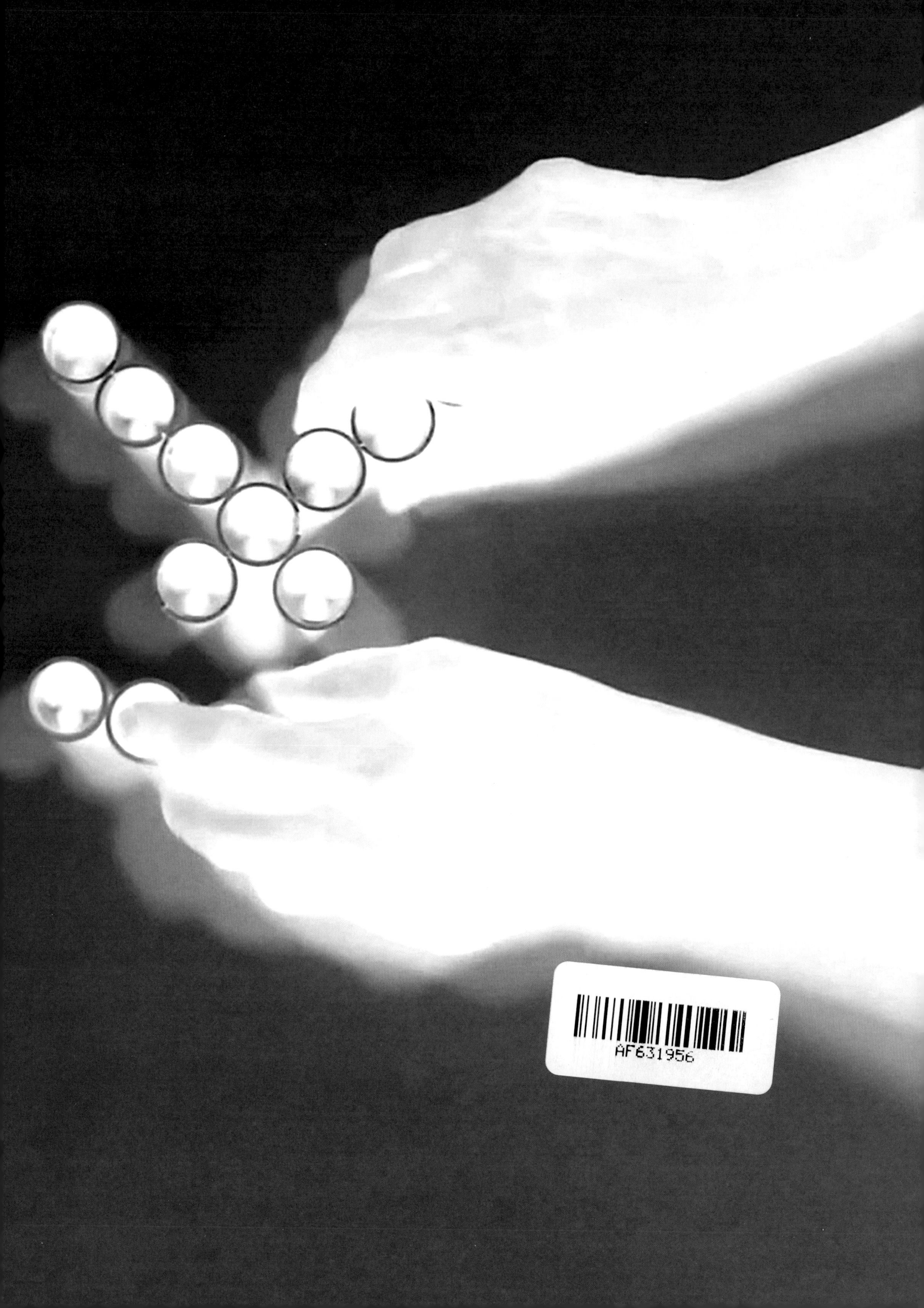

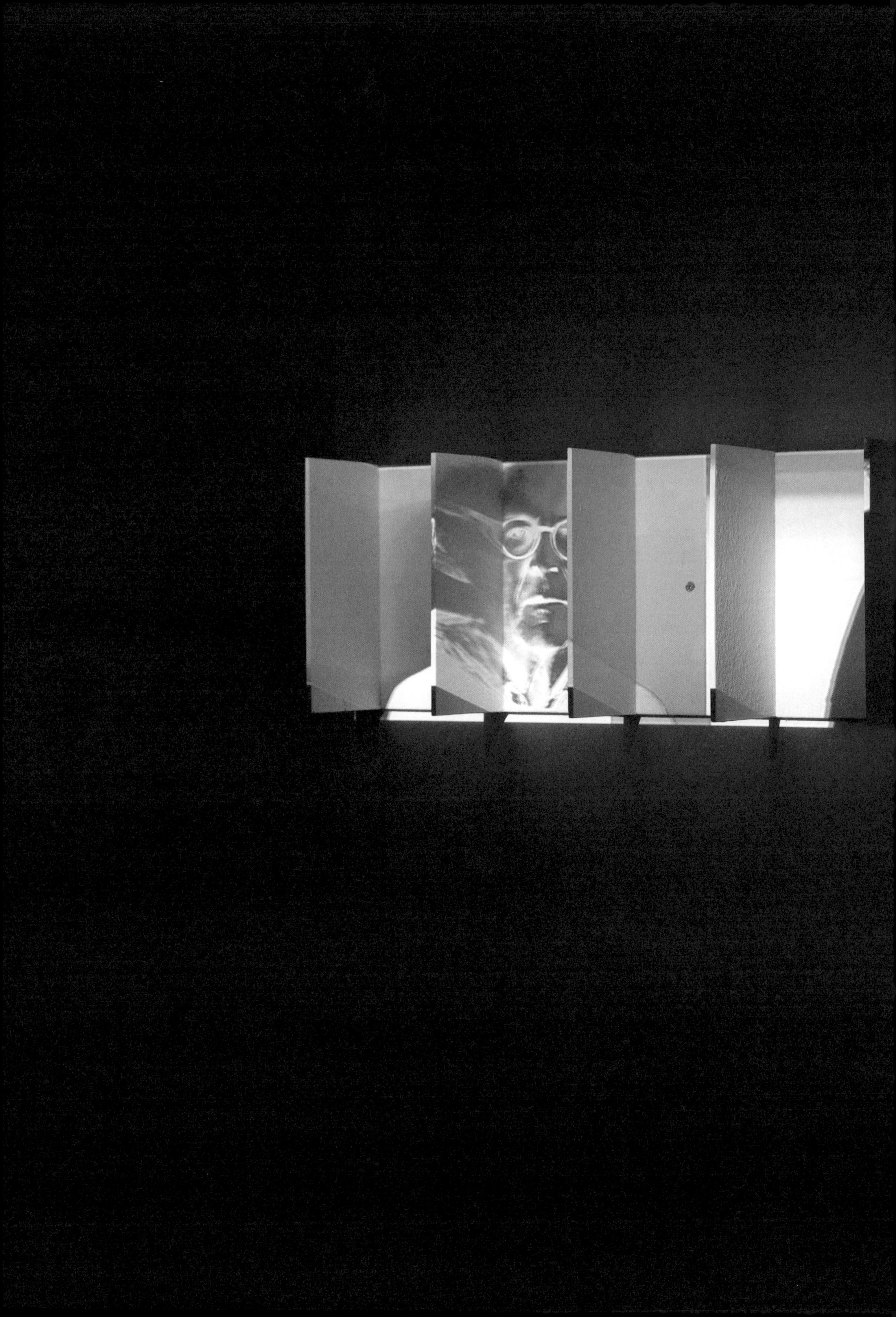

GUNDA GRUBER

DIE GEOMETRIE DER NICHT-ORDNUNGEN

THE GEOMETRY OF NON-ORDERS

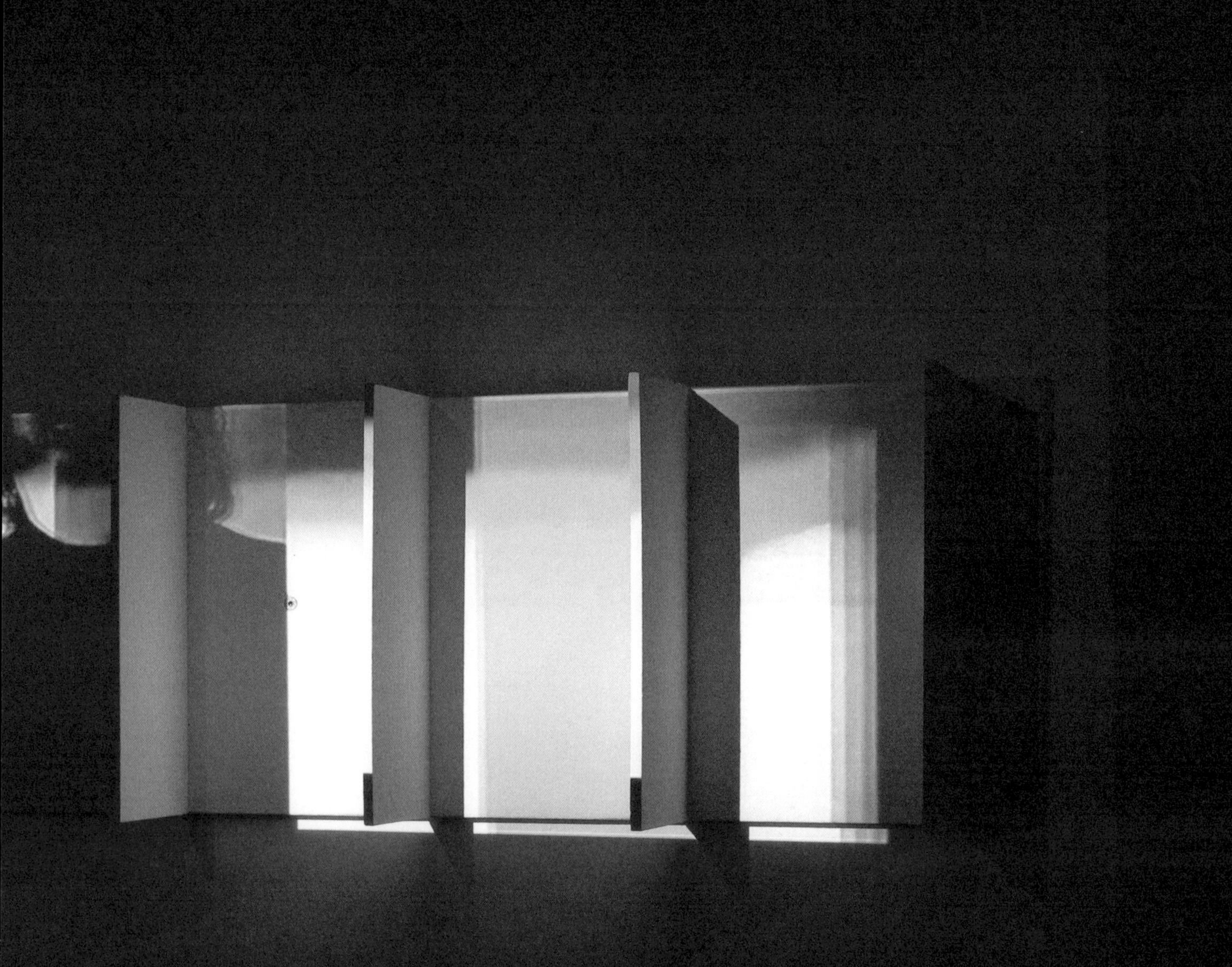

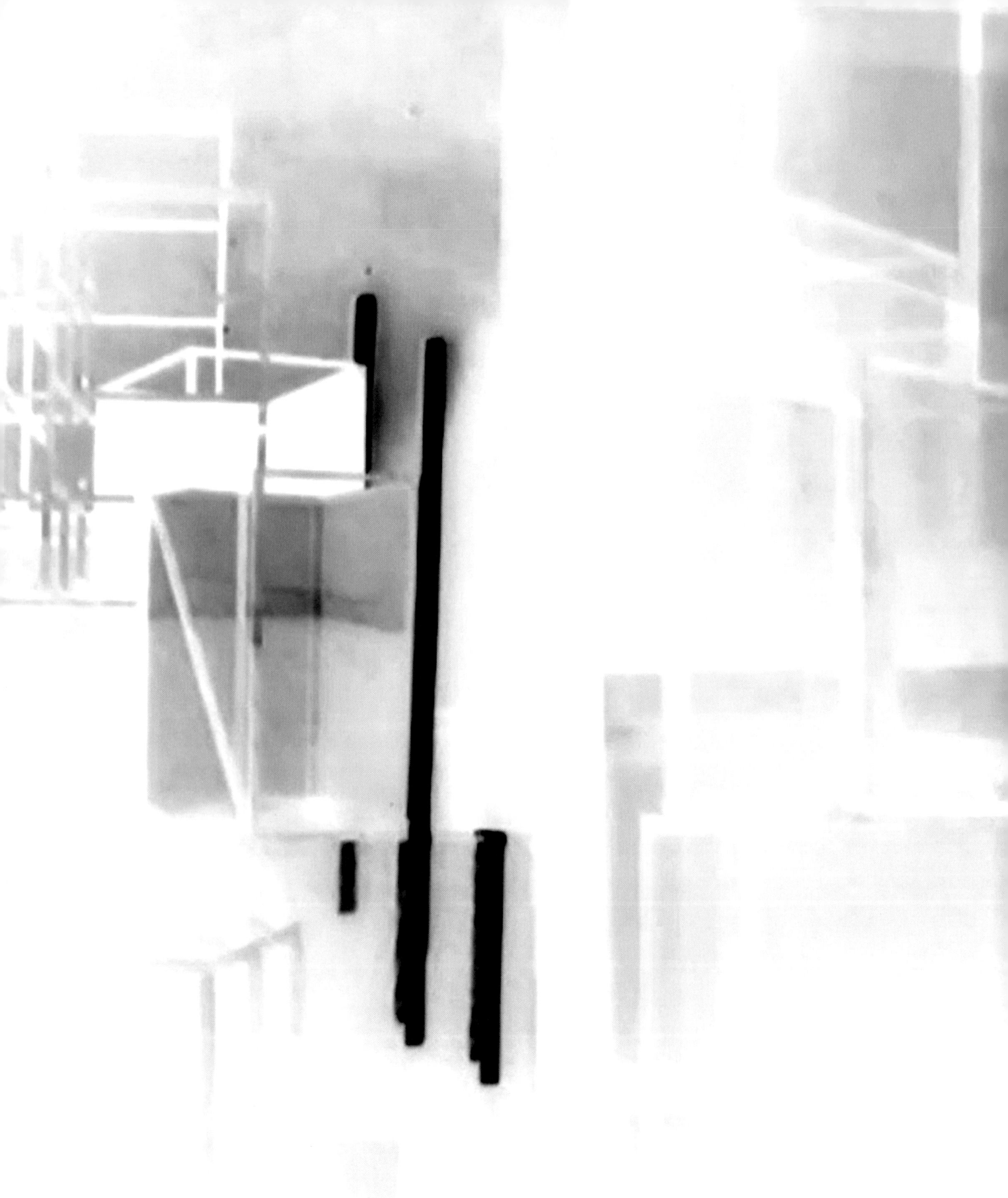

INHALT | CONTENTS

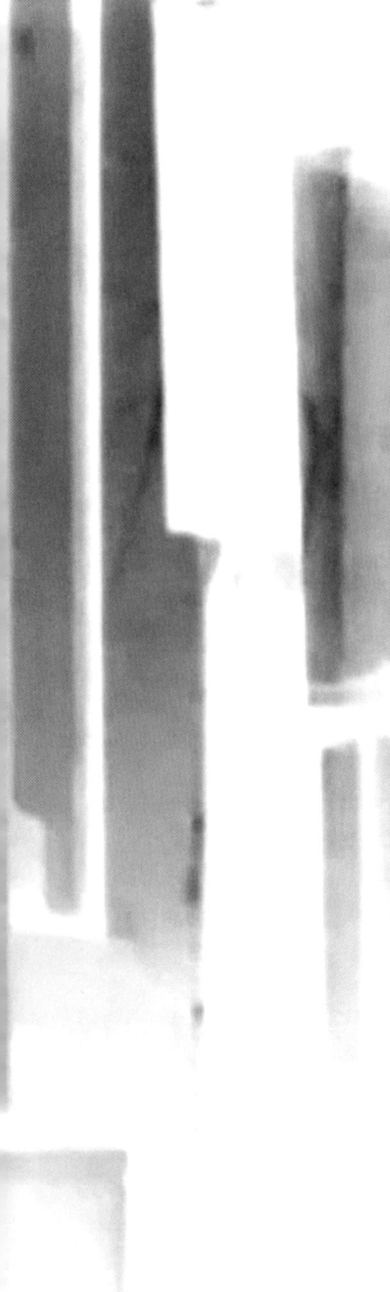

GRUSSWORT

Der mit 15 000 Euro dotierte Große Kunstpreis des Landes Salzburg ist der höchste im Bereich bildende Kunst in unserem Bundesland. Er wird im Vier-Jahres-Rhythmus an die Sparte bildende Kunst vergeben – abwechselnd mit Literatur, Musik und darstellender Kunst. Mit diesem Preis möchten wir bildende Künstlerinnen und Künstler für ihr kontinuierliches künstlerisches Schaffen auszeichnen.

Die Jury mit Thorsten Sadowsky (Museum der Moderne Salzburg), Silvie Aigner (Kulturjournalistin) und Katja Mittendorfer (Kunsthistorikerin) hat sich für die in Salzburg lebende Künstlerin Gunda Gruber entschieden. Ich möchte mich bei der Jury bedanken und gratuliere der Preisträgerin herzlich.

Mit dem Großen Kunstpreis des Landes wollen wir das Gesamtwerk eines Künstlers oder einer Künstlerin in den Fokus rücken und sein/ihr kreatives Tun würdigen.

Wir möchten künftig über einen Preis hinausgehen und Künstlerinnen und Künstler nachhaltig wertschätzen. Daher wird der Preis ab sofort von einer musealen Präsentation im Museum der Moderne Salzburg, Rupertinum samt Katalog begleitet. Diese Ausstellung wird somit ein Teil der Auszeichnung sein. Für die Umsetzung danke ich dem ehemaligen Direktor des Museum der Moderne Salzburg Thorsten Sadowsky und seinem Team. Bei dem neuen Direktor Harald Krejči bedanke ich mich für die wohlwollende Zusammenarbeit. Auch der Kuratorin Tina Teufel möchte ich für die Erstellung der Publkation und der Ausstellung einen Dank aussprechen.

Die Erweiterung der Preise und Auszeichnungen im Bereich Kultur war mir immer ein sehr großes Anliegen. 2022 haben wir 16 Auszeichnungen im Gesamtwert von 146 500 Euro verliehen.

In den letzten zehn Jahren haben wir die Auszeichnungslandschaft stets erneuert, ausgebaut und erhöht. Die Preise und Auszeichnungen sind nicht nur wichtige Zeichen der Wertschätzung, sondern sollen auch künstlerische Schaffensräume eröffnen. Gerade die letzten Jahre haben aufgezeigt, welch wichtige gesellschaftliche Rolle Kunst und Kultur spielen und wie groß gleichzeitig der finanzielle Druck für Kunstschaffende ist.

Ich wünsche allen Besucherinnen und Besuchern eine spannende Zeit in der Ausstellung von Gunda Gruber!

Ihre
Martina Berthold
Landeshauptmann-Stellvertreterin, Zuständig für Kultur

WORDS OF GREETING

The Grand Art Prize of the State of Salzburg, in the amount of 15,000 euros, is the most important prize in the visual arts field in our state. It is awarded every four years in the visual arts category, alternating with literature, music, and the performing arts. This prize is awarded to honor visual artists for their ongoing creative practice.

The jury, consisting of Thorsten Sadowsky (Museum der Moderne Salzburg), Silvie Aigner (culture journalist) and Katja Mittendorfer (art historian), decided in favor of the Salzburg-based artist Gunda Gruber. I would like to thank the jury and congratulate the award winner.

With the state's Grand Art Prize, we want to turn the spotlight on an artist's oeuvre and honor their creative work.

In the future, we would like to go beyond a prize and pay a more lasting tribute to artists. To this end, the prize will from now on include a museum presentation, along with a catalogue, at the Museum der Moderne Salzburg, Rupertinum. I would like to thank the former director of the Museum der Moderne Salzburg, Thorsten Sadowsky, and his team for putting the idea into practice. Furthermore, I would like to express my thanks to the new director Harald Krejči for his benevolent cooperation. My gratitude is also due to the curator Tina Teufel for preparing the publication and the exhibition.

It has always been particularly important to me to expand the prizes and accolades in the cultural field. In 2022 we awarded sixteen prizes with a total value of 146,500 euros.

Over the past ten years we have steadily renewed, increased, and expanded the range of awards. The prizes and awards are not only an important sign of appreciation: they are also intended to give artists more room to create. The last few years in particular have shown how significant a role art and culture play in society and how great, at the same time, is the financial pressure on artists.

I hope visitors will be inspired by Gunda Gruber's exhibition!

Sincerely,
Martina Berthold
Deputy Governor, responsible for culture

Mit großer Freude präsentiert das Museum der Moderne Salzburg im Frühjahr 2023 mit der Ausstellung *Die Geometrie der Nicht-Ordnungen* Gunda Gruber als Trägerin des Großen Kunstpreises des Landes Salzburg 2022 im Bereich bildende Kunst. Die mit 15 000 Euro am höchsten dotierte künstlerische Anerkennung des Landes Salzburg, die jedes Jahr alternierend für die Sparten Literatur, Musik, darstellende Kunst und bildende Kunst vergeben wird, ist erstmals mit einer Einzelausstellung der Preisträgerin / des Preisträgers im Museum der Moderne Salzburg am Standort Rupertinum verbunden.

Gunda Grubers Werke waren zuletzt in diversen Ausstellungen präsent. Präzise zusammengestellte und damit markante Präsentationen ihrer Arbeiten allein in Salzburg waren *TECHNOGARDEN* in der Galerie 5020 (2022), *Prototypen* in der Stadtgalerie Lehen (2019) und *fast forward rewind* im Kunstverein Salzburg (2018). Dazwischen und davor finden sich weitere Stationen andernorts in Österreich, darunter in Wien und in Linz. Mit Abschlüssen von der Universität Mozarteum Salzburg und der Akademie der bildenden Künste Wien ginge es ihr, wie Gunda Gruber in einem Interview anlässlich ihrer Ausstellung im Kunstverein Salzburg 2018 sagte, vor allem um die Entwicklung und Bewegung von der zweidimensionalen Fläche in den dreidimensionalen Raum. Räumliche Elemente in ihren Arbeiten seien immer wichtiger geworden, ihr Fokus verlagerte sich weg von den Figuren und hin zu dem, was sie umgibt. Mit den einfachsten Materialien, die sie im Atelier vorfand, entwickelte Gruber dreidimensionale Situationen, kombinierte sie schließlich mit Video und schuf damit raumgreifende Installationen, die sie als Empfindungs- oder Erinnerungsräume bezeichnet. Zu Grubers Werken zählt beispielsweise eine Gruppe von Skulpturen, die vage an überdimensionierte Schablonen erinnern, denen es auf rätselhafte Weise gelingt, eine gleichzeitig flache und voluminöse Präsenz im Raum zu entfalten – was entfernt und daher ähnlich faszinierend, wenn auch nur hypothetisch, an ein Phänomen aus der Quantenphysik erinnert. Eine weitere Gruppe verbindet dreidimensionale konstruktivistische Strukturen und Schattenspiele, die im Resonanzraum des eigenen Bildgedächtnisses Reminiszenzen an das Bauhaus und an Architekturikonen nachhallen lassen. Und da ist die Künstlerin selbst, deren ungemein cooles Alter Ego manchmal als figurativer Kontrapunkt in der Abstraktion ihres eigenen Werks auftaucht.

So bestätigte die Jury des Großen Kunstpreises im Frühjahr 2022 mit ihrer Wahl das, was bereits offensichtlich war. Gunda Grubers konsequente künstlerische Entwicklung manifestierte sich in ihren Ausstellungen bereits über die letzten Jahre im Stadtraum. Ihr sei es, so die Begründung des Auswahlgremiums, „im Laufe der letzten Jahrzehnte gelungen, eine eigenständige künstlerische Position zu entwickeln, ihre Standpunkte klar und prägnant in den unterschiedlichsten künstlerischen Medien zum Ausdruck zu bringen und mit Stringenz, Intelligenz und Ausdauer gesellschaftlich relevante Fragestellungen zu Wahrnehmung, Raum, Architektur, Kunst und Gesellschaft zu verhandeln."

Dies ist mehr als Anlass genug zur Freude und eine Ehre, dieser Salzburger Künstlerin anlässlich ihrer Auszeichnung eine Bühne für eine Einzelausstellung innerhalb des institutionellen Rahmens eines Museums zu bieten, die von der vorliegenden Publikation begleitet wird. Für diese konnten als externe Autor:innen Andrea Kopranovic, Assistenzkuratorin am Belvedere, Wien, und Didi Neidhart, Musikjournalist und -theoretiker wie auch DJ, gewonnen werden. Dank ihnen und der Kuratorin der Ausstellung, Tina Teufel, liegen mit dieser Publikation drei Essays vor, die Grubers künstlerisches Schaffen unter ganz unterschiedlichen Aspekten kontextualisieren. Der Katalog versammelt neben einer profunden kunsthistorischen Einordung ihres Werks eine pointierte Analyse über den architektonischen Charakter in Grubers Arbeiten sowie ein genussvolles Sinnieren über das Abseitige in den Videoarbeiten der Künstlerin.

Mir als Direktor ist es ein Anliegen, stellvertretend für unser Haus Gunda Gruber aufrichtig für diese überaus gelungene Ausstellung zu danken. Es freut uns sehr, dass im Gegenzug mit diesem neuen Präsentationsformat und in Kooperation mit dem Land Salzburg eine erhöhte Sichtbarkeit für die lebendige zeitgenössische Kunstszene in Salzburg generiert werden kann und gleichzeitig eine Künstlerin gewürdigt wird, die die künstlerische Landschaft in Salzburg in den vergangenen zehn Jahren maßgeblich mitgestaltet hat. Ebenso gebührt meiner Kollegin Tina Teufel große Anerkennung, die auf gewohnt professionelle Weise und in enger Abstimmung mit der Künstlerin sowohl Ausstellung als auch Katalog auf überzeugende Weise konzipiert und umgesetzt hat. Gleichwohl hätte die vorliegende Publikation nicht ohne die großzügige Förderung durch das Land Salzburg und eine zusätzliche Unterstützung durch die Stadt Salzburg realisiert werden können. Für die überaus ansprechende Gestaltung geht an dieser Stelle der Dank an Tommi Bergmann. Vor allem aber gilt es, all jenen im Team des Museum der Moderne Salzburg zu danken, die unsichtbar und unermüdlich hinter den Kulissen agieren und verlässlich dafür sorgen, dass immer alles zu einem guten Abschluss kommt.

Harald Krejči
Direktor, Museum der Moderne Salzburg

The Museum der Moderne Salzburg is pleased to present Gunda Gruber, the recipient of the 2022 Grand Art Prize of the State of Salzburg in the visual arts category, with *The Geometry of Non-Order*, an exhibition of her work opening in the spring of 2023. The prize in the amount of 15,000 euros is the state's biggest arts award; presented every four years in the visual arts category, alternating with literature, music, and the performing arts, this year's prize for the first time includes a solo exhibition of the award winner at the Rupertinum location of the Museum der Moderne Salzburg.

Gunda Gruber's work has been quite present in several exhibitions recently. In Salzburg alone, meticulously assembled and striking presentations of her work were on view in *TECHNOGARDEN* at Gallery 5020 (2022), in *Prototypes* at Stadtgalerie Lehen (2019), and in *fast forward rewind* at Kunstverein Salzburg (2018). And then there have been other shows elsewhere in Austria, including in Vienna and Linz. With degrees from the Mozarteum University Salzburg and the Vienna Academy of Fine Arts, Gunda Gruber was primarily concerned, as she explained in an interview to mark her 2018 exhibition at Kunstverein Salzburg, with the development and movement from two-dimensional surface to three-dimensional space. She noted that spatial elements had become increasingly important in her work and that her focus had shifted away from figures to what surrounds them. Using the most basic materials found in the studio, Gruber developed three-dimensional situations, eventually combining them with video and, as a result, creating expansive installations that she describes as perceptual or memory spaces. Gruber's work includes, for example, a group of sculptures vaguely reminiscent of oversized stencils that mysteriously manage to unfurl a simultaneously flat and voluminous presence in space—which is remotely evocative, in a similarly intriguing if only hypothetical way, of a phenomenon in quantum physics. Another set of works combines three-dimensional constructivist structures and shadow plays that allow echoes of the Bauhaus and architectural icons to reverberate in the resonance chamber of our visual memory. And then there is the artist herself, whose incredibly cool alter ego sometimes appears as a figurative counterpoint within the abstraction of her own work.

And so the decision of the jury of the Grand Art Prize in the spring of 2022 confirmed what was already obvious. Gunda Gruber's consistent artistic development already manifested itself in her exhibitions in urban space over the past few years. As the jury pointed out in its statement: "Over the past decades, [Gunda Gruber] has managed to develop a distinct artistic practice, to express her positions clearly and concisely in a wide range of artistic media, and to compellingly, intelligently, and persistently address socially relevant issues of perception, space, architecture, art, and society."

This is ample reason for celebration, and it is an honor to provide an institutional platform for the Salzburg artist to present her work in a solo exhibition and accompanying publication marking the award. As outside authors, Andrea Kopranovic and Didi Neidhart—the former assistant curator at the Belvedere in Vienna, the latter music journalist/theorist and DJ—agreed to contribute pieces to this volume. Thanks to them and to the exhibition's curator, Tina Teufel, it boasts three essays that contextualize Gruber's artistic oeuvre from very different perspectives: one an in-depth look at her work and its place in art history; another a trenchant analysis of the architectural quality of Gruber's work; and the third a delightful reflection on the anomalous in the artist's video works.

As director, I would like to sincerely thank Gunda Gruber on behalf of our museum for this extremely well-done exhibition. We are very pleased that this new presentation format in cooperation with the State of Salzburg now makes it possible to generate increased visibility for Salzburg's vibrant contemporary art scene, while honoring an artist who over the past ten years has greatly helped to shape the artistic landscape in Salzburg. Tremendous credit is also due to my colleague, Tina Teufel, who convincingly conceived and realized both the exhibition and the publication with her usual professionalism, collaborating closely with the artist. Still, this publication would not have been possible without the generous support of the State of Salzburg and an additional subsidy from the City of Salzburg. I would like to take this opportunity to thank Tommi Bergmann for the very appealing design. Above all, gratitude is due to all those staff members at the Museum der Moderne Salzburg who work tirelessly behind the scenes and reliably see to it that all is brought to a successful conclusion.

Harald Krejči
Director, Museum der Moderne Salzburg

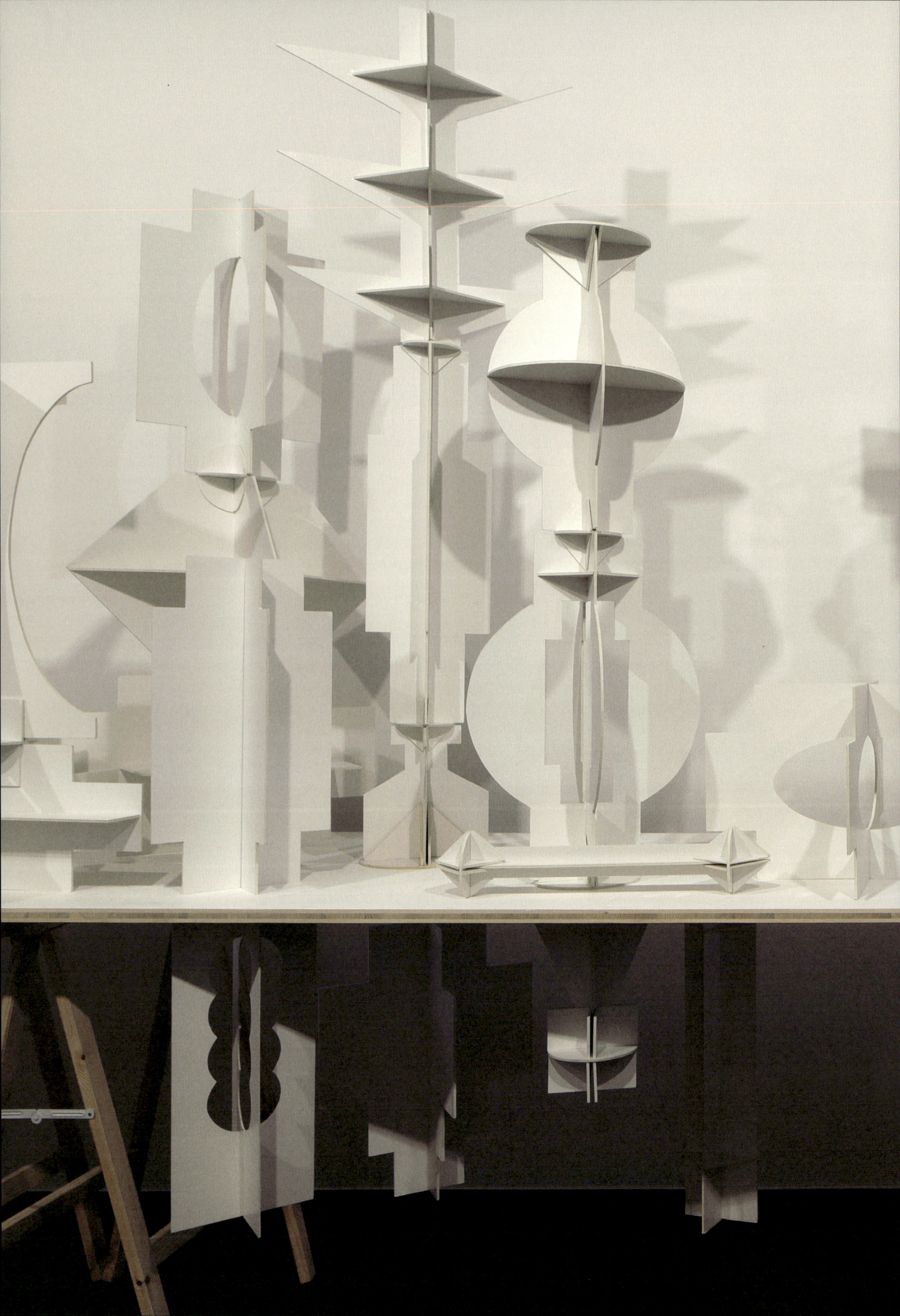

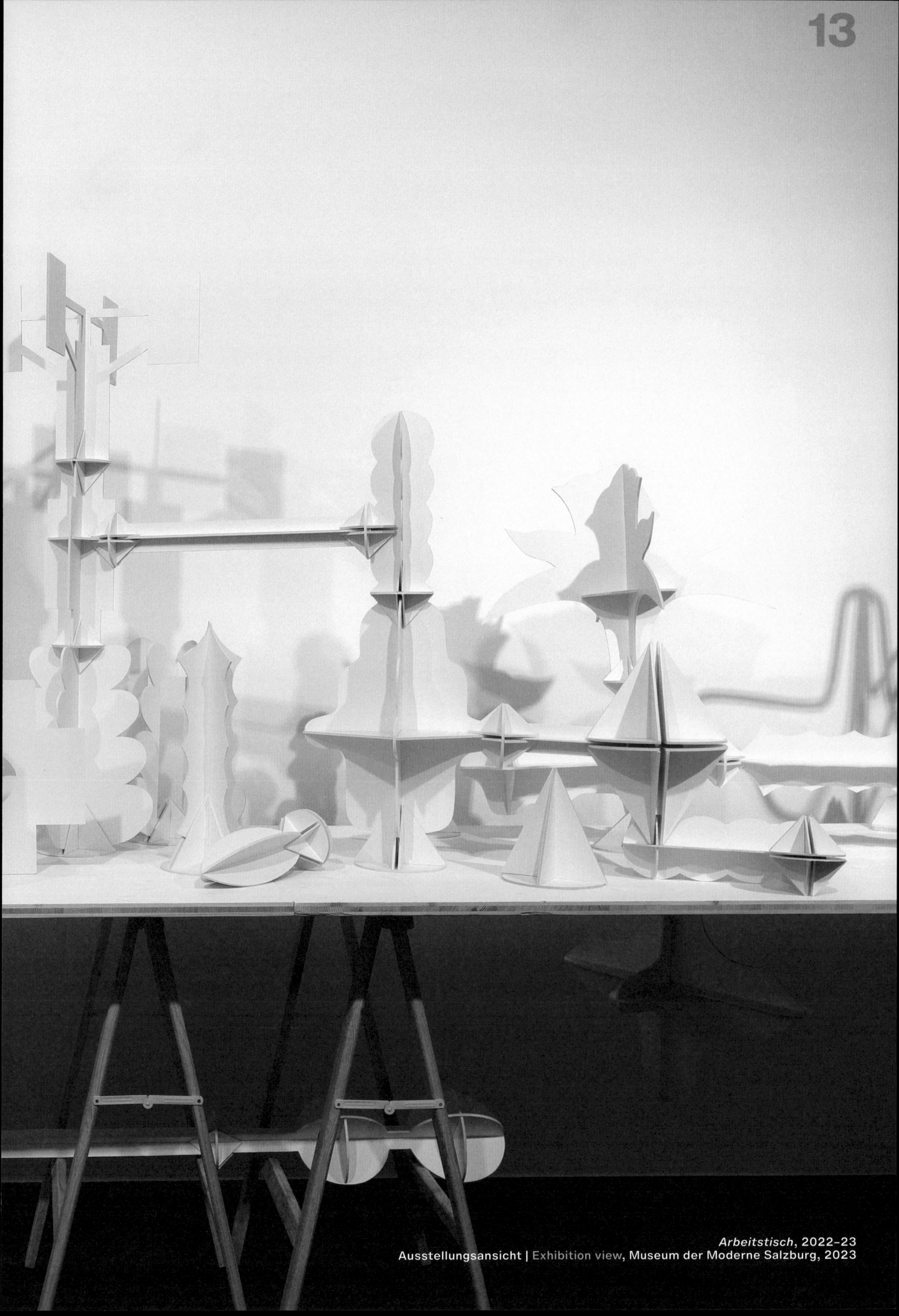

Arbeitstisch, 2022–23
Ausstellungsansicht | Exhibition view, Museum der Moderne Salzburg, 2023

ANDREA KOPRANOVIC

WO DIE FORM IHRE ESSENZ TRIFFT

ÜBER DEN ARCHITEKTONISCHEN CHARAKTER IN DEN ARBEITEN VON GUNDA GRUBER

„Während er diese essentiellen Landschaften betrachtete, überlegte Kublai, welche unsichtbare Ordnung die Städte regierte, nach welchen Regeln sie entstanden, Form annahmen, blühten, sich den Zeitläuften anpaßten, welkten und verfielen. Manchmal schien ihm, als wäre er kurz davor, ein kohärentes und harmonisches System zu entdecken, das den zahllosen Unförmigkeiten und Disharmonien unterlag, aber kein Modell konnte es mit dem des Schachspiels aufnehmen. Anstatt sich den Kopf zu zerbrechen, wie man mit der spärlichen Hilfe dieser Figuren Stadtansichten heraufbeschwören kann, die ohnehin dem Vergessen beschieden sind, würde es vielleicht genügen, eine Partie nach den Regeln zu spielen und jeden einzelnen Spielstand als eine der unzähligen Formen zu betrachten, die das Formensystem zusammenstellt und wieder zerstört."[1]
– Italo Calvino

Das berühmte Bonmot von Marcel Duchamp, dass Schachfiguren das Blockalphabet seien, das Gedanken formt,[2] kommt bei dieser liebevoll dargestellten Szene des Italo Calvino in den Sinn. Calvino erzählt in der Rahmenhandlung zu den Bildern seiner unsichtbaren Städte von der Beziehung des venezianischen Reisenden Marco Polo zu Kublai Khan, dem Begründer der Yuan-Dynastie und Kaiser von China. Als Polo eines Tages Khan einen wortlosen Reisebericht anhand von vier mitgebrachten Souvenirs darbietet, indem er die Stücke auf einem Boden aus Fayencekacheln hin und herschiebt, fordert Khan ihn nach Rückkehr von seiner abschließenden Reise zum Schachspielen auf. Versunken in die Phantasmen und Neuanfänge, die aus den strikten Regeln des karierten Bretts hervorgehen können, gewinnt Kublai Khan die Erkenntnis, dass alle Eroberungen letztlich dazu dienen, die Essenz der Dinge freizulegen. Denn „[d]er Katalog der Formen ist endlos: Solange nicht jede Form ihre Stadt gefunden hat, werden fortwährend neue Städte entstehen. Wo die Formen ihre Variationen erschöpfen und sich auflösen, beginnt das Ende der Städte."[3]

REDUKTION GEBIERT ESSENZ

Um die Essenz formgebender Strukturen und ihrer mannigfachen Gestaltungsmöglichkeiten geht es auch Gunda Gruber. Diese erschließt sich in ihrer Praxis durch Fragen nach Räumen und Rauminhalten, dem subjektiven Empfinden ihrer Präsenzen, Ordnungen und Disharmonien und den unsichtbaren, unantastbaren, aber doch spürbaren zugrunde liegenden Stimmungen. Gefiltert wird die essenzielle, subjektive Wahrnehmung aller Aspekte architektonischer Lebendigkeit in den Skulpturen, Installationen und Objekten sowie Fotografien, Collagen, Videos und Performances der Künstlerin.

Ihre Arbeiten sind in mehrfacher Hinsicht reduziert: Formal-ästhetisch tauchen dieselben Komponenten wie Protagonist:innen wiederkehrender

1 Italo Calvino, *Die unsichtbaren Städte*, aus dem Italienischen v. Burkhart Kroeber, mit einem Nachwort v. Pier Paolo Pasolini, 5. Aufl., München, Wien: FISCHER Klassik, 2020, S. 128 (EA *Le città invisibili*, Turin: Giulio Einaudi editore S. p. A., 1972).

2 „[...] Die Schachfiguren sind das Blockalphabet, das Gedanken formt; und diese Gedanken, obwohl sie auf dem Schachbrett bildliche Gestalt annehmen, drücken ihre Schönheit abstrakt aus, wie ein Gedicht. [...] Ich bin persönlich zu dem Schluss gekommen, dass zwar nicht alle Künstler Schachspieler, alle Schachspieler aber Künstler sind." (Ins Deutsche übersetzt von Bram Opstelten.) Marcel Duchamp, Rede auf dem Bankett der New York State Chess Association, 30. August 1952, zit. n. Kynaston McShine, „LA VIE EN RROSE", in: Kynaston McShine, Anne D'Harnoncourt, Hg., *Marcel Duchamp*, Ausst.-Kat., New York: Museum of Modern Art, 1973, S. 130–131.

3 Calvino, *Die unsichtbaren Städte*, siehe Anm. 1, S. 146.

Narrative kontinuierlich auf. Die entstandenen Formen changieren zwischen geometrischem Formalismus und organischer Entfaltung – kein Wunder also, wenn die Entwürfe von Buckminster Fuller, Friedrich Kiesler, Bruno Taut und Erich Mendelsohn gleichermaßen als Vorbilder dienen. Zudem arbeitet Gruber mit einer reduzierten Farbpalette, deren beide Extreme, Schwarz und Weiß, die alles und kein Licht enthalten, einen markanten Anteil haben.

Die Reduktion ist dabei keine Negation einer Fülle, kein Rationieren und keine Sparsamkeit – vielmehr muss sie als reichhaltige Konzentration vielfältiger Stofflichkeiten verstanden werden, deren Rahmenbedingungen das Modell bietet. Das Modell ist eine Visualisierung der Empfindungen, die zur Essenz der Dinge führen. Im klassischen Sinn dient es als vereinfachtes Abbild oder Ersatzbild komplexer Sachverhalte unserer Realität. Für Gunda Gruber geht es nicht um eine Nachbildung eines beliebigen Objektes, sondern um die erweiterte Vorstellung – im optischen, fantastischen und szenischen Sinn – des Objekts, das dargestellt werden soll. Ihr diskursiver Ansatz ist der Bild-Abbild-Debatte entlehnt – sie überführt diese jedoch ins Dreidimensionale und aktiviert sie durch prozesshafte Interaktionen.

So in ihrer Serie „Extensions“ (siehe Abb. S. 114–115): Die teilweise überlebensgroßen Arbeiten sind aus zugeschnittenen KAPA-Platten gefertigt, die ineinander geschichtet und aufeinandergestellt werden, um die gewünschte Form zu erhalten. Sie bieten unzählige Möglichkeiten der Erweiterung, Reduktion und Neukonzeption innerhalb ihres Formenkatalogs und sind bewusst gestaltet, wirken aber intuitiv situiert. Zusätzlich steht ihre materielle Leichtigkeit in Opposition zu ihrer Größe und ihrem Volumen. Die einzelnen Teile sind manchmal geometrisch-konstruktiv, oft organisch. Besonders wenn die Künstlerin die Genesis der „Extensions“ in Videoperformances offenbart, wird im Erblicken, Erfassen und Platzieren der einzelnen Teile der skulpturalen Objekte deren modellhafte Architektonik erfahrbar. Im Raum wirken sie mitunter wie Pfeiler, Bäume, Blüten oder Figuren in Bewegung. Je nach Kontext und Lichtsituation versprühen sie eine beinahe sakrale bis dystopische Aura, ohne jemals ihre subtile Verspieltheit und Eleganz zu verleugnen.

RAUMMODELLE UND MODELLRÄUME: VON CORREALISMUS UND BIOTECHNIK

Diese Zusammenhänge sind nicht zufällig, denn Gunda Gruber ist eine gewissenhafte Rezipientin moderner, postmoderner und zeitgenössischer Tendenzen in der Architektur. Der modulare Charakter der „Extensions“ zeugt beispielsweise von der Auseinandersetzung mit den gesellschaftlichen Transformationen in den 1960er-Jahren und der Architektur dieser Zeit, die flexibel, beweglich und umhüllend zu sein propagierte. Das organische Wachsen und Schrumpfen, eine räumlich erfahrbare Bewusstseinserweiterung und der Fluss der permanenten Veränderung gebärden sich in Grubers Arbeiten wie in Konzepten von Haus-Rucker-Co. Vielleicht kann der Bezug zur Architektur in Gunda Grubers Praxis am besten in einem Kreislauf beschrieben werden: Räume für Modelle und Modelle von Räumen verschmelzen zu zwei Seiten derselben Münze, die uns Zutritt zum Verständnis ihrer Inhalte ermöglichen soll. Die räumlichen Situationen, welche die Künstlerin schafft, sind gleichwertig zu den darin befindlichen Objekten zu betrachten. Innen und außen sind durch keine unsichtbaren Barrieren mehr getrennt, sondern durchdringen sich gegenseitig in allumfassenden Assemblagen, die Mensch, Umwelt und Technologie ganz im Sinne Friedrich Kieslers verbinden: „Was wir als ‚Formen‘ bezeichnen – seien sie natürlich oder künstlich –, sind nur die sichtbaren Handelsstationen der sich langsam verändernden integrierenden und desintegrierenden Kräfte. Die Wirklichkeit besteht aus diesen beiden Ordnungen von Kräften, die ständig in sichtbaren und unsichtbaren

Konfigurationen aufeinander einwirken. Ich bezeichne diesen Austausch aufeinander einwirkender Kräfte als CO-REALITÄT und die Wissenschaft ihrer Beziehungen als CORREALISMUS. Der Begriff ‚Correalismus' bringt die Dynamik der ständigen Wechselwirkung zwischen dem Menschen und seiner natürlichen und technologischen Umwelt zum Ausdruck."[4]

Kiesler sah in den Elementen der Konstruktion den Nukleus aller Möglichkeiten – das, was wir in diesem Text unter dem Modell verstehen. Sein Ziel war es, innerhalb einer frei stehenden Struktur räumliche und konzeptuelle Kontinuitäten zu verwirklichen, indem die Kräftefelder des Menschlichen, Natürlichen und Technischen ineinanderfließen und sich gegenseitig befruchten (*Correalismus*) und die Erkenntnisse daraus gestalterisch Umsetzung finden – etwas, was Kiesler unter dem Begriff *Biotechnik* zusammenfasst. Biotechnik ist eine Abkehr von der artifiziellen Trennung von Architektur in Kunst, Technologie und Wissenschaft, wie es in der Moderne üblich war. Den Höhepunkt dieser theoretischen Auseinandersetzung erreichte Kiesler bekanntermaßen mit seinem *Endless House* (1950), einem Raum als Baukörper im unendlichen Fluss.

PERFORMATIVITÄT UND KÖRPERHAFTIGKEIT

Eine verwandte Dynamik oder Prozesshaftigkeit, die all den konzeptuellen wie gestalterischen Tätigkeiten in Gunda Grubers Praxis unterliegt, ist eine körperliche, deren performative Potenz Räume in Räumen schafft. Tänze zwischen Dichotomien werden darin aktiviert: Scheinbar feste äußerliche Strukturen wirken federleicht und durchlässig, dreidimensionale Oberflächen werden zu Projektionsräumen fluid-immaterieller Spektren. Den Betrachtenden ihrer Arbeiten eröffnen sich Orte der Begegnung von fruchtbarer Unschärfe. Diese Unschärfe ermöglicht es, über Funktionalismen und Normierungsstrategien sowie Lebensformen und -weisen zu sinnieren. Unter diesen Aspekten ist *Ctrl+Shift+Z* (siehe Abb. S. 44–53) zu sehen, eine Installation und ein Video unter diesem Titel, in denen Schatten deutlichere Formen bilden als die formgebenden Objekte und vermeintlichen Originale selbst. Keine Begegnung entsteht ein zweites Mal, jeder Moment enthüllt neue Rhythmen und Einblicke. Eine weitere Ebene enthält die Installation *Fast Forward Rewind* (siehe Abb. S. 30–35). Sich überlagernde Videoprojektionen der Künstlerin bei unterschiedlichen Tätigkeiten, die auf die gestapelten Elemente projiziert werden, lassen flüchtige Fragmente entstehen, von denen wir nicht präzise sagen können, ob konstruktive oder dekonstruktive Maßnahmen vollzogen werden. Weniger abstrakt, jedoch stärker gesellschaftspolitisch bestimmt ist *Outsideout* (siehe Abb. S. 78–79). Ein immer mehr Raum einnehmendes Hintergrundvideo von Polizeipräsenz und rechten Demonstrationen überlagert bald in kontinuierlich abstrakter werdenden Schemen das vordergründige Tun der Künstlerin – welche letztlich resigniert Platz nimmt und kurze Zeit darauf ganz aus der Bildfläche verschwindet.

Trotz der vermeintlichen Dominanz abstrakter Bildformen ist es doch stets der eigene Körper der Künstlerin, der den grundlegenden Parameter ihrer Arbeiten bildet. Es ist nicht sie selbst als Person damit gemeint, aber eine Persona, die dasselbe Aussehen, dieselbe Geschwindigkeit und dieselben Bewegungen charakterisiert. Diese Persona dient der Visualisierung von Größenverhältnissen, wie beispielsweise in der Serie „Konnex" (siehe Abb. S. 108–113), und bietet eine Stabilität angesichts der Flüchtigkeit wandelnder Schattenrisse. In anderen Konstellationen ist es das Körperdouble selbst, das repetitive, beinahe ritualistisch anmutende Handlungen vollzieht (*In the Garden*, siehe Abb. S. 88–89). In spielerisch-subtilen Einschreibungen offenbart sich zwischen Form und Schatten ein Gefüge von Machtverhältnissen. Es ist dabei mitunter schwierig, zu unterscheiden, welches Element Form-Original und welches Schatten-Kopie ist; ihre Rollen sind austauschbar, wie die Farbe der Schachfiguren je nach Partie für den/die Spieler:in variiert.

4 „What we call ‚forms,' whether they are natural or artificial, are only the visible trading posts of integrating and disintegrating forces mutating at low rates of speed. Reality consists of these two categories of forces which inter-act constantly in visible and invisible configurations. This exchange of inter-acting forces I call CO-REALITY, and the science of its relationships, CORREALISM. The term ‚correalism' expresses the dynamics of continual interaction between man and his natural and technological environments." Friedrich J. Kiesler, „On Correalism and Biotechnique. A Definition and Test of a New Approach to Building Design", in: *Architectural Record*, Bd. 86, Nr. 3 (September 1939): S. 60–75, hier: S. 63.

EPILOG: WO FORM UND SCHATTEN SICH TREFFEN

Wo Form und Schatten, die beiden reziprok wirkenden Grundelemente, sich treffen, finden wir keinen konkreten Ort vor. Sie liegen außerhalb eindeutiger Zuschreibung und sind inhärent wie in ihrem Umfeld modifizierbar, herkunfts- und funktionslos. Erst durch ihr Zusammenspiel und ihre Aktivierung entsteht eine ephemere Ordnung, entfalten sich für kurze Zeit Symmetrien, Dimensionen und Proportionalitäten, die einer mehrdeutigen Architektonik Ausdruck verleihen. In der Unschärfe liegt ihre spektrale Macht. Die immer neuen Modelle sind zugleich konstruktiv und dekonstruktiv. In ihrem Rahmen gedeihen Transformationsprozesse, die zwischen Architektur, Botanik, Kunst, Raum, Technologie, Traum, Wahrnehmung und Zeit vermitteln. Gunda Gruber gelingt es in unbeirrbarer Ruhe, große, dynamische Kräfteverhältnisse zu verwandeln.

ANDREA KOPRANOVIC

WHERE FORM MEETS ITS ESSENCE

ON THE ARCHITECTURAL IN THE WORK OF GUNDA GRUBER

"Contemplating these essential landscapes, Kublai reflected on the invisible order that sustains cities, on the rules that decreed how they rise, take shape and prosper, adapting themselves to the seasons, and then how they sadden and fall in ruins. At times he thought he was on the verge of discovering a coherent, harmonious system underlying the infinite deformities and discords, but no model could stand up to the comparison with the game of chess. Perhaps, instead of racking one's brain to suggest with the ivory pieces' scant help visions which were anyway destined to oblivion, it would suffice to play a game according to the rules, and to consider each successive state of the board as one of the countless forms that the system of forms assembles and destroys."[1]
– Italo Calvino

These reflections described by Italo Calvino bring to mind Marcel Duchamp's famous quip that chess pieces are the block alphabet which shape thoughts.[2] In the frame narrative to the poetic visions of his invisible cities, Calvino tells the story of the Venetian traveler Marco Polo and his relationship to Kublai Khan, founder of the Yuan Dynasty and Emperor of China. Polo one day presents Khan with a wordless travel account based on four items he had brought back from his journeys, moving the objects back and forth on a faience-tile floor. Upon returning from his final mission, Polo then finds the Khan awaiting him and challenging him to a game of chess. Lost in the phantasms and new beginnings to which the strict rules of the checkered board can give rise, Kublai Khan comes to realize that all conquests ultimately serve to uncover the essence of things: "The catalogue of forms is endless: until every shape has found its city, new cities will continue to be born. When the forms exhaust their variety and come apart, the end of cities begins."[3]

REDUCTION BRINGS FORTH ESSENCE

The essence of formative structures and the manifold ways of configuring them are what interests Gunda Gruber as well. This essence reveals itself in her practice through questions about spaces and spatial volumes, the subjective perception of their presence, order, and disharmony, and the invisible, untouchable, yet palpable underlying moods. The essential, subjective perception of all aspects of architectural vividness is filtered in the artist's sculptures, installations, and objects as well as in her photographs, collages, videos, and performances.

Her works are reduced in several ways: formally and aesthetically, the same components appear continually like protagonists of recurring narratives. The resulting forms oscillate between geometric formalism and organic growth—thus it comes as no surprise when the designs by Buckminster Fuller,

1 Italo Calvino, *The Invisible Cities*, trans. William Weaver (New York: Harcourt Brace & Company, 1974), p. 122.

2 "... the chess pieces are the block alphabet which shapes [sic] thoughts; and these thoughts, although making a visual design on the chess board, express their beauty abstractly, like a poem. ... I have come to the personal conclusion that while all artists are not chess players, all chess players are artists." Marcel Duchamp, address at the banquet of the New York State Chess Association, August 30, 1952, as quoted by Kynaston McShine in "LA VIE EN RROSE," in Kynaston McShine and Anne D'Harnoncourt (eds), *Marcel Duchamp*, exh. cat. (New York: The Museum of Modern Art, 1973), pp. 130–131.

3 Calvino 1974 (as in n. 1), p. 139.

Frederick J. Kiesler, Bruno Taut, and Erich Mendelsohn likewise serve as models. In addition, Gruber uses a reduced color palette, with its two extremes—white and black, which contain all and no light—playing a prominent role.

Yet the reduction is not a negation of an abundance, nor a matter of rationing or economy. Instead, it should be understood as a rich concentration of a wide range of materialities, with the model providing its framework conditions. The model is a visualization of the perceptions leading to the essence of things. In the traditional sense, it serves as a simplified or substitute image of the complex circumstances of our reality. Gunda Gruber is not interested in reproducing any object, but rather in the expanded idea—in optical, fantastic, and scenic terms—of the object to be represented. Her discursive approach derives from the image versus reproduction debate; however, she translates it into three-dimensionality and activates it through processual interactions.

This is exemplified by her "Extensions" series (see fig. pp. 114–115). These works, some larger than life, are made of cut-to-size light foam panels that are layered into and on top of each other to achieve the desired shape. They offer countless possibilities for expansion, reduction, and redesign within their catalogue of forms and, though seemingly intuitively situated, they are deliberately configured. In addition, their material lightness stands in contrast to their size and volume. The individual parts are sometimes geometric or constructive and often organic. Especially when the artist reveals the creative process underlying the "Extensions" in video performances, the model-like architecture of the sculptural objects becomes tangible in seeing, grasping, and placing the individual parts. In the exhibition space they sometimes look like pillars, trees, flowers, or figures in motion. Depending on the context and lighting situation, they exude an aura ranging from almost sacred to dystopian, without ever denying their subtle playfulness and elegance.

SPATIAL MODELS AND MODEL SPACES. ON CORREALISM AND BIOTECHNIQUE

Those connections are not accidental, for Gunda Gruber is a diligent recipient of modern, postmodern, and contemporary tendencies in architecture. The modular character of the "Extensions," for example, reflects her analysis of the social transformations of the 1960s and the architecture of the period, which proclaimed an imperative to be flexible, mobile, and enveloping. Organic growth and shrinkage, an expansion of consciousness that can be experienced three-dimensionally, and the flux of permanent change manifest themselves as much in Gruber's works as they do in concepts by Haus-Rucker-Co. Perhaps the relationship to architecture in Gunda Gruber's practice can best be described in terms of a cycle: spaces for models and models of spaces merge into two sides of the same coin that shall enable us to understand their contents. The spatial situations created by the artist and the objects inside them are to be regarded as equally important. Inside and outside are no longer separated by invisible barriers but interpenetrate in all-encompassing assemblages that combine, in the spirit of Frederick Kiesler, people, the environment, and technology: "What we call 'forms,' whether they are natural or artificial, are only the visible trading posts of integrating and disintegrating forces mutating at low rates of speed. Reality consists of these two categories of forces which interact constantly in visible and invisible configurations. This exchange of inter-acting forces I call CO-REALITY, and the science of its relationships, CORREALISM. The term 'correalism' expresses the dynamics of continual interaction between man and his natural and technological environments."[4]

Kiesler saw in the elements of the construction the nucleus of all possibilities—what we mean by the model in this text. His goal was to realize spatial and conceptual continuities within a free-standing structure by having

4 Friedrich J. Kiesler, "On Correalism and Biotechnique. A Definition and Test of a New Approach to Building Design," *Architectural Record*, 86/3 (September 1939), pp. 60–75, here p. 63.

the force fields of the human, the natural, and the technical coalesce and stimulate one another ("correalism") and the resulting findings creatively implemented—something Kiesler subsumes under the term "biotechnique." Biotechnique is a rejection of the artificial breakdown of architecture into art, technology, and science, as was common in modernism. Kiesler's theoretical reflections famously culminated in his *Endless House* (1950), a room as a corporeal structure in endless flux.

PERFORMATIVITY AND CORPOREALITY

In Gunda Gruber's practice there is a similar dynamic or processuality underlying all conceptual and creative activities, one that is physical and whose performative potency creates spaces within spaces. In it, dances between dichotomies are activated: seemingly solid outward structures appear light as a feather and porous, and three-dimensional surfaces become projection spaces for fluid, immaterial spectra. Prolifically blurred places of encounter open up to viewers of her work. This fuzziness makes it possible to reflect on functionalisms and standardization strategies as well as on forms and ways of life.

These aspects prove to be revealing with regard to *Ctrl+Shift+Z* (see fig. pp. 44–53), an installation and video in which shadows make for clearer forms than the formative objects and putative originals themselves. No encounter occurs twice, every moment reveals new rhythms and insights. The installation *Fast Forward Rewind* (see fig. pp. 30–35) includes another level. Overlapping video footage of the artist engaging in different activities is projected onto the stacked elements, giving rise to fleeting fragments that do not tell us exactly whether constructive or deconstructive actions are being carried out. *Outsideout* (see fig. pp. 78–79) is less abstract and more distinctly socio-political. A background video of police presence and right-wing demonstrations takes up more and more space and soon overlays the artist's actions in the foreground with ever more abstract patterns, which causes the artist to eventually give up and take a seat and shortly afterwards to disappear entirely from the screen.

The supposed dominance of abstract pictorial forms notwithstanding, it is always the artist's own body that serves as the basic parameter of her work. It refers to her not as a person but as a persona characterized by the same appearance, the same pace, and the same movements. This persona is used to visualize proportions, as in the "Konnex" series (see fig. pp. 108–113), and offers stability vis-à-vis the ephemerality of changing silhouettes. In other constellations, it is the body double itself that performs repetitive, almost ritualistic-seeming actions (*In the Garden*, see fig. pp. 88–89). Playfully subtle inscriptions reveal a structure of power relations between form and shadow, although it is sometimes difficult to tell which element is form/original and which one is shadow/copy; their roles are interchangeable, just as the color of chess pieces varies for a player depending on the game.

EPILOGUE: WHERE FORM AND SHADOW MEET

Where form and shadow—the two reciprocally-acting, basic elements—meet, we do not find a specific place. They are beyond clear attribution and can be modified inherently as well as in their environment, without origin and function. It is only through their interplay and activation that an ephemeral order emerges, that symmetries, dimensions, and proportions briefly unfold and express ambiguous architectonics. In the fuzziness lies their spectral power. The ever-new models are at once constructive and deconstructive. Transformation processes flourish within their framework, mediating between architecture, botany, art, space, technology, dream, perception, and time. With unswerving calm, Gunda Gruber manages to transform large, dynamic relations of power.

Systemblüten, 2015
Ausstellungsansichten | Exhibition views, Galerie 5020, Salzburg, 2015
Seiten | pages 22–29

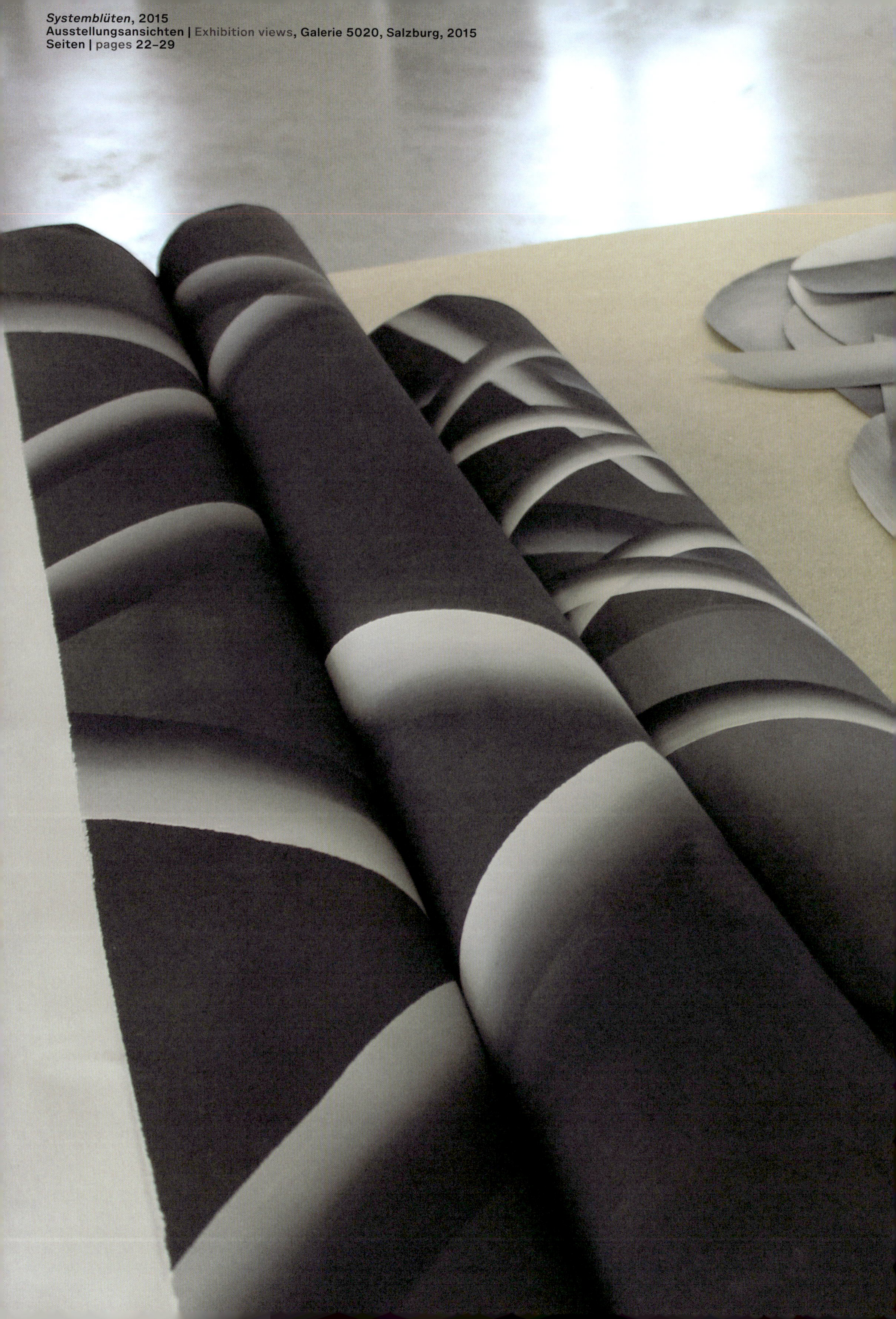

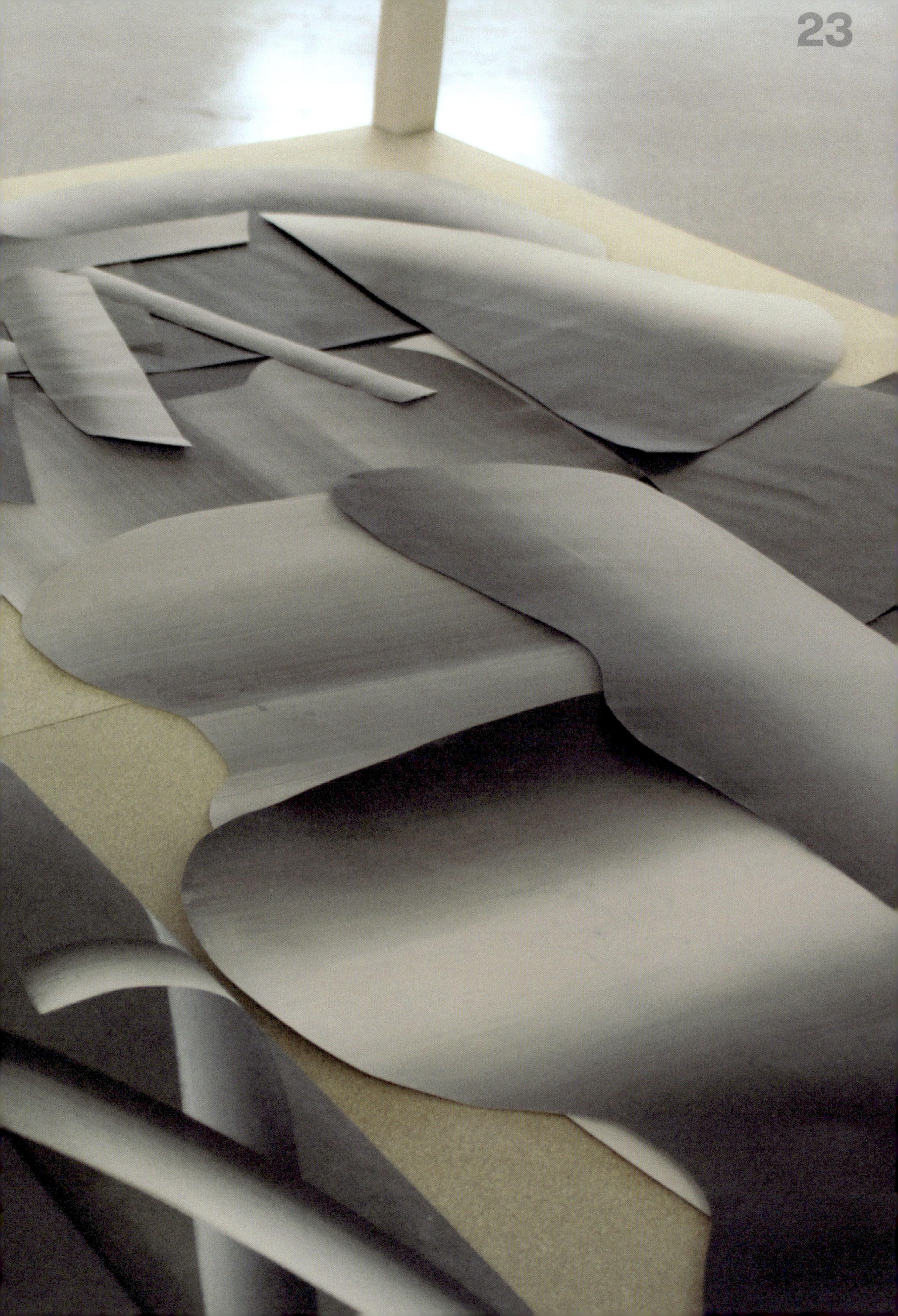

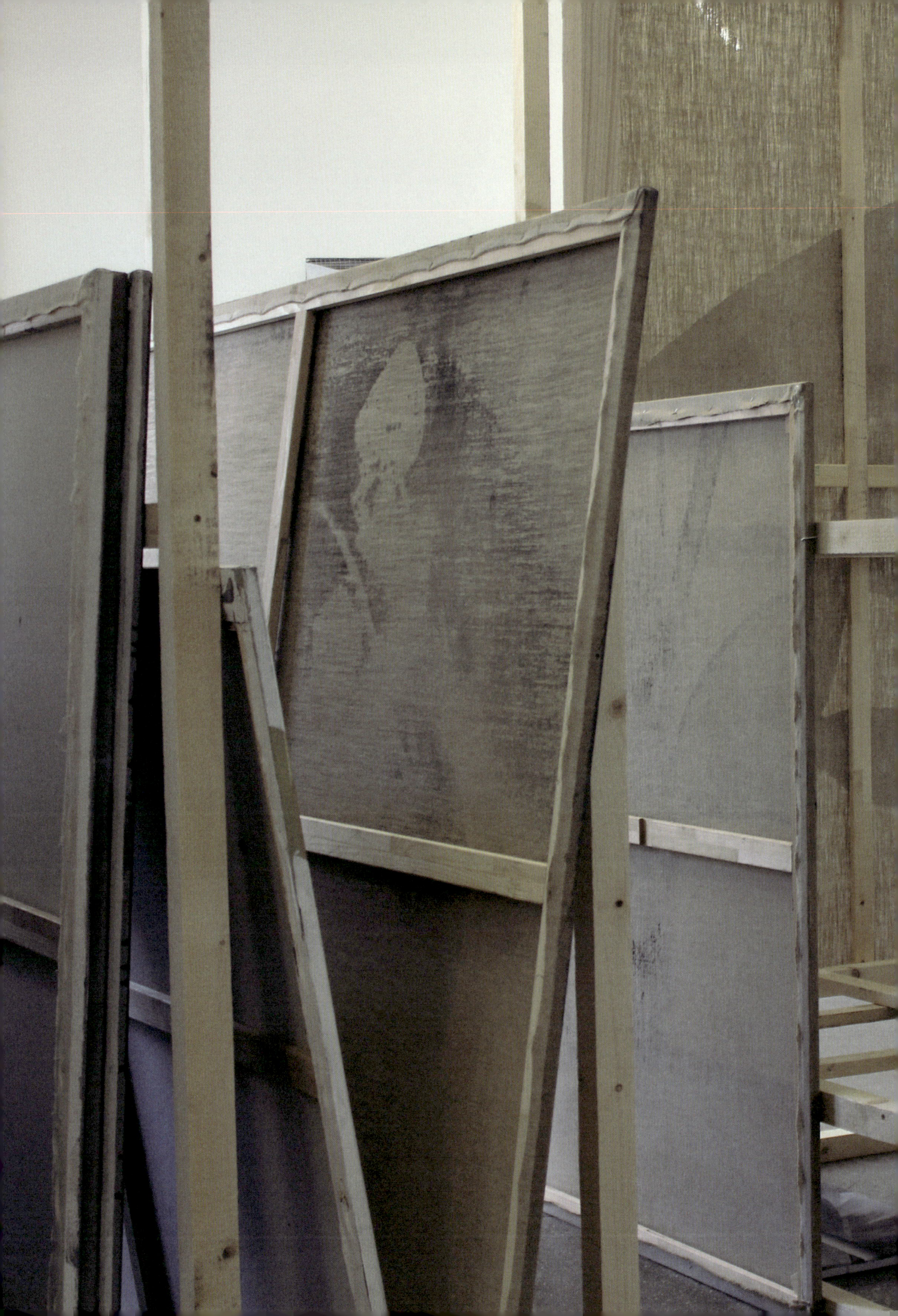

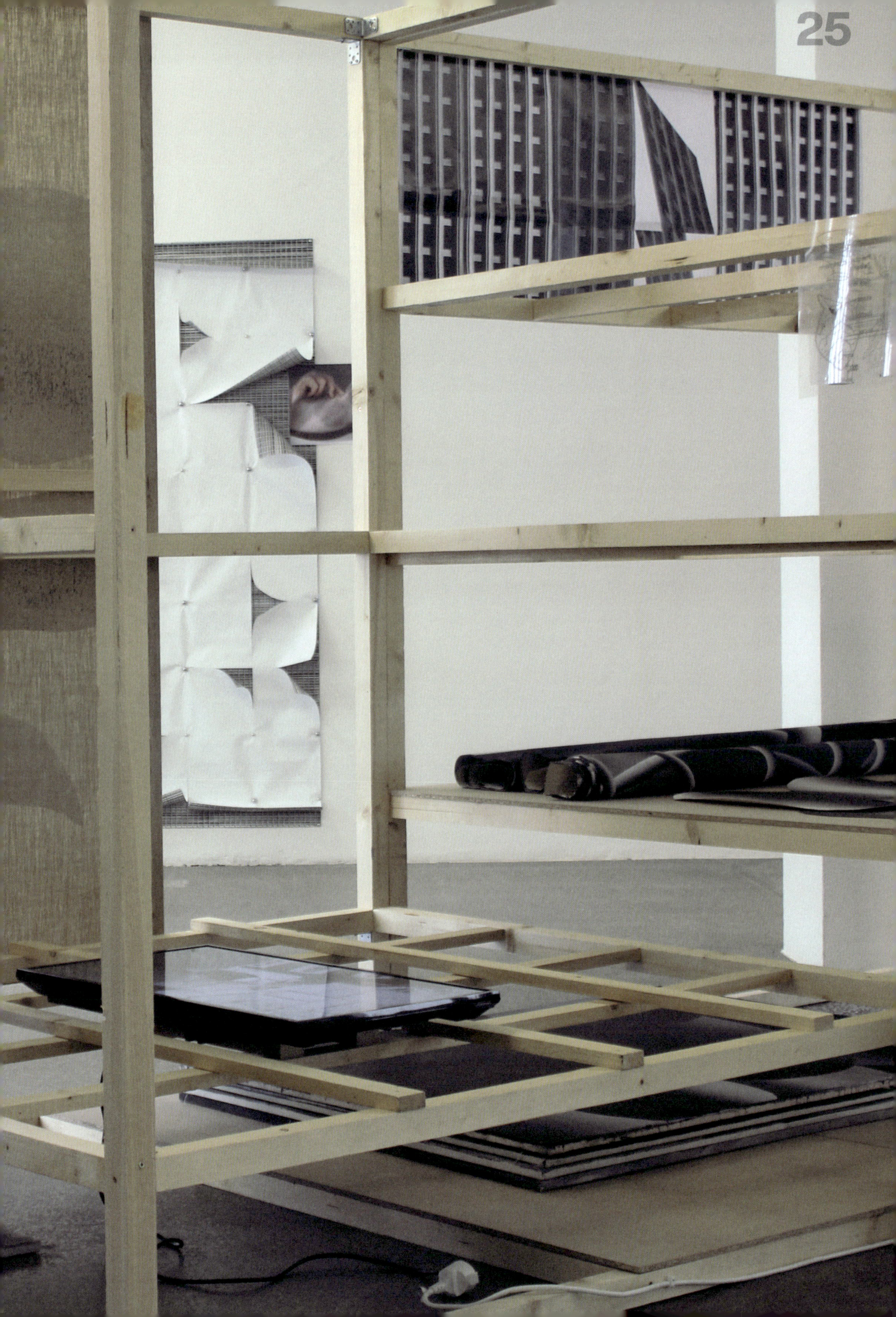

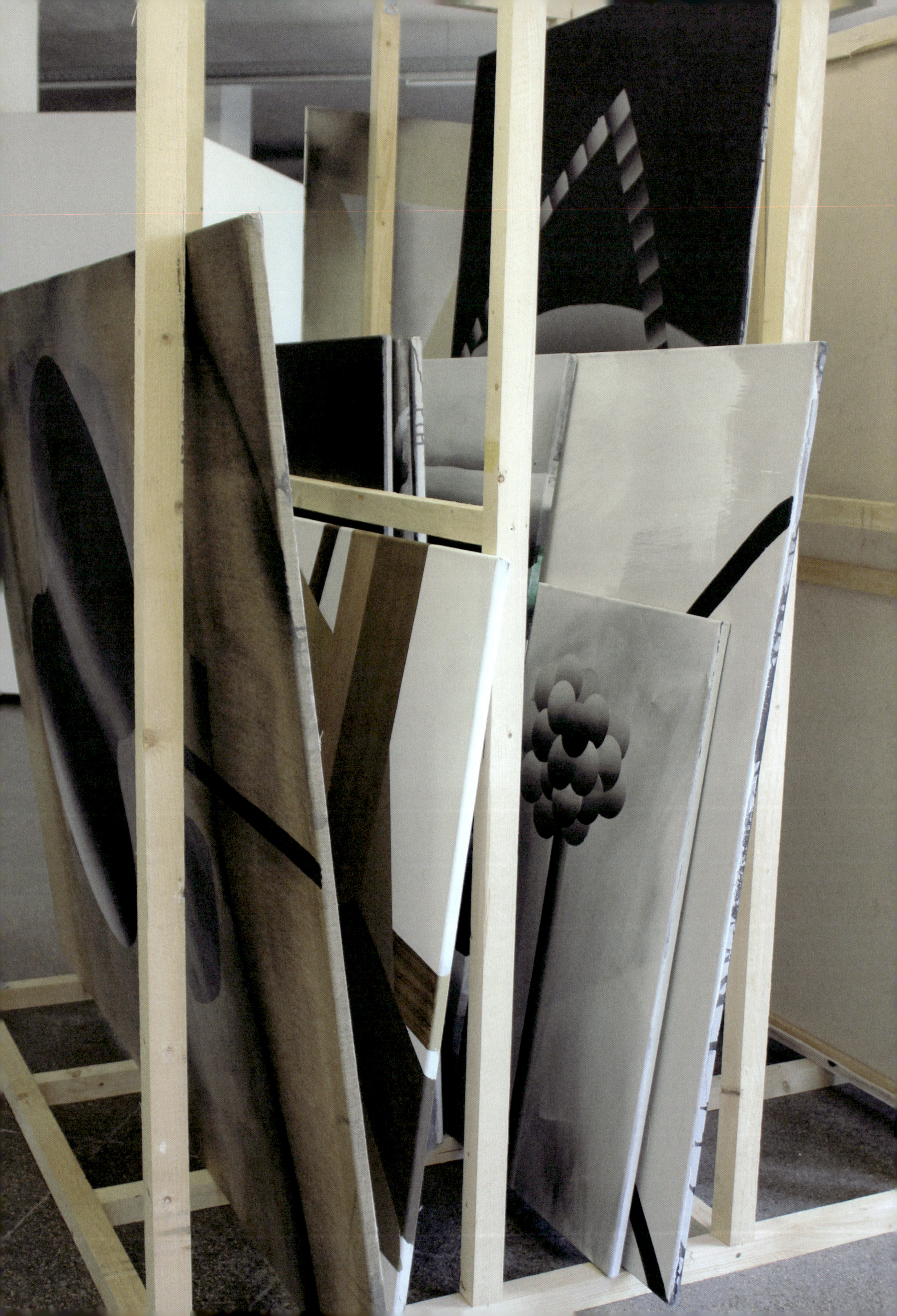

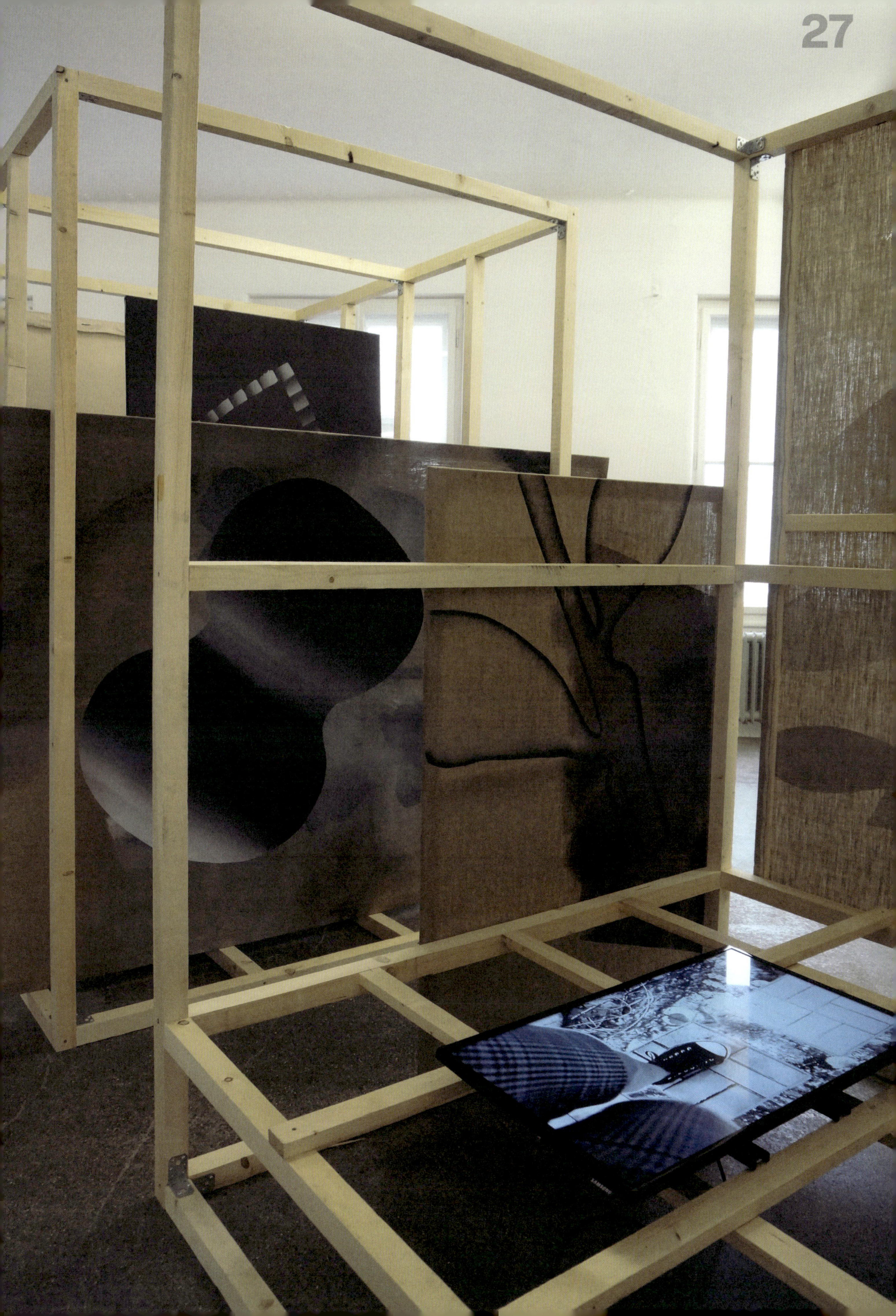

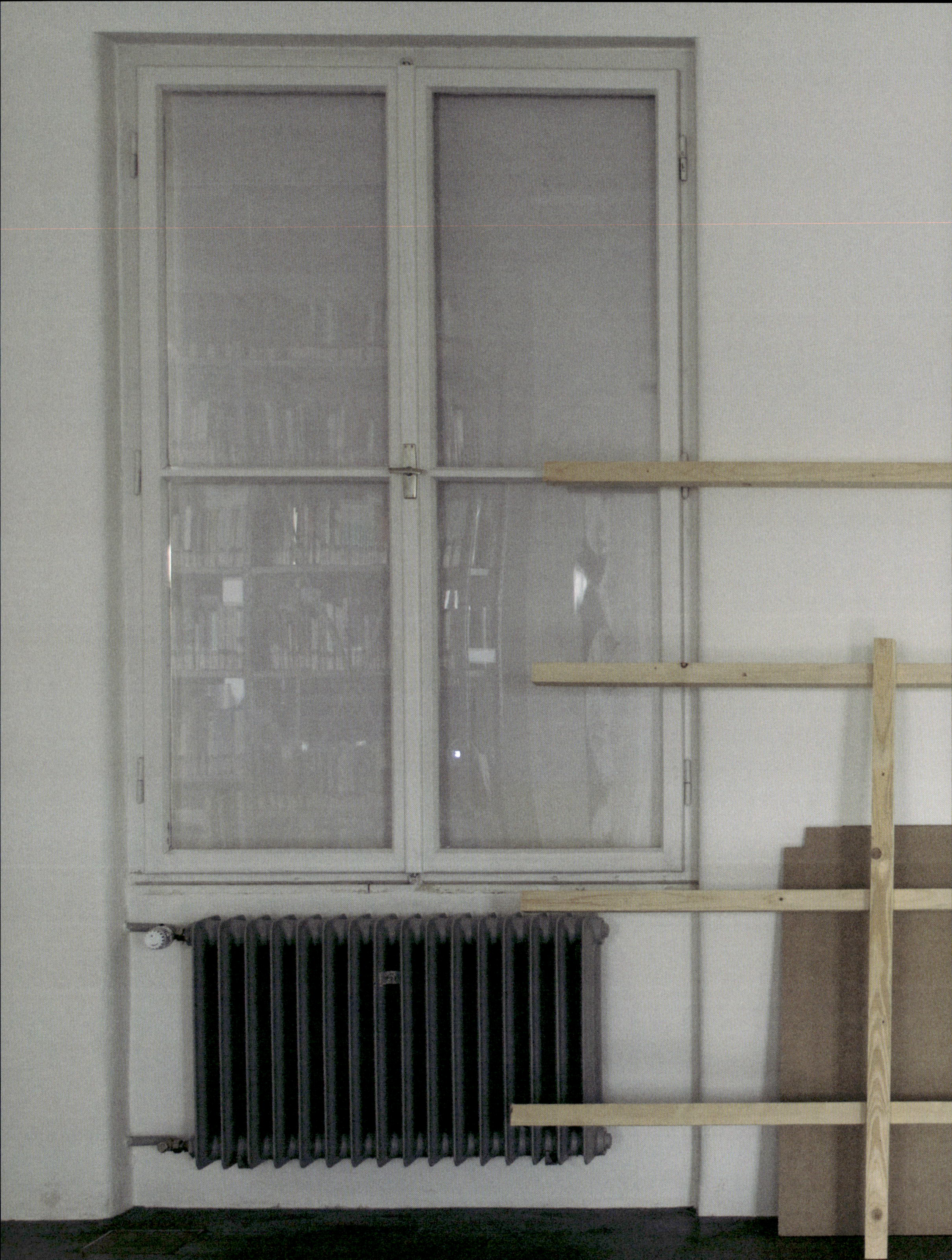

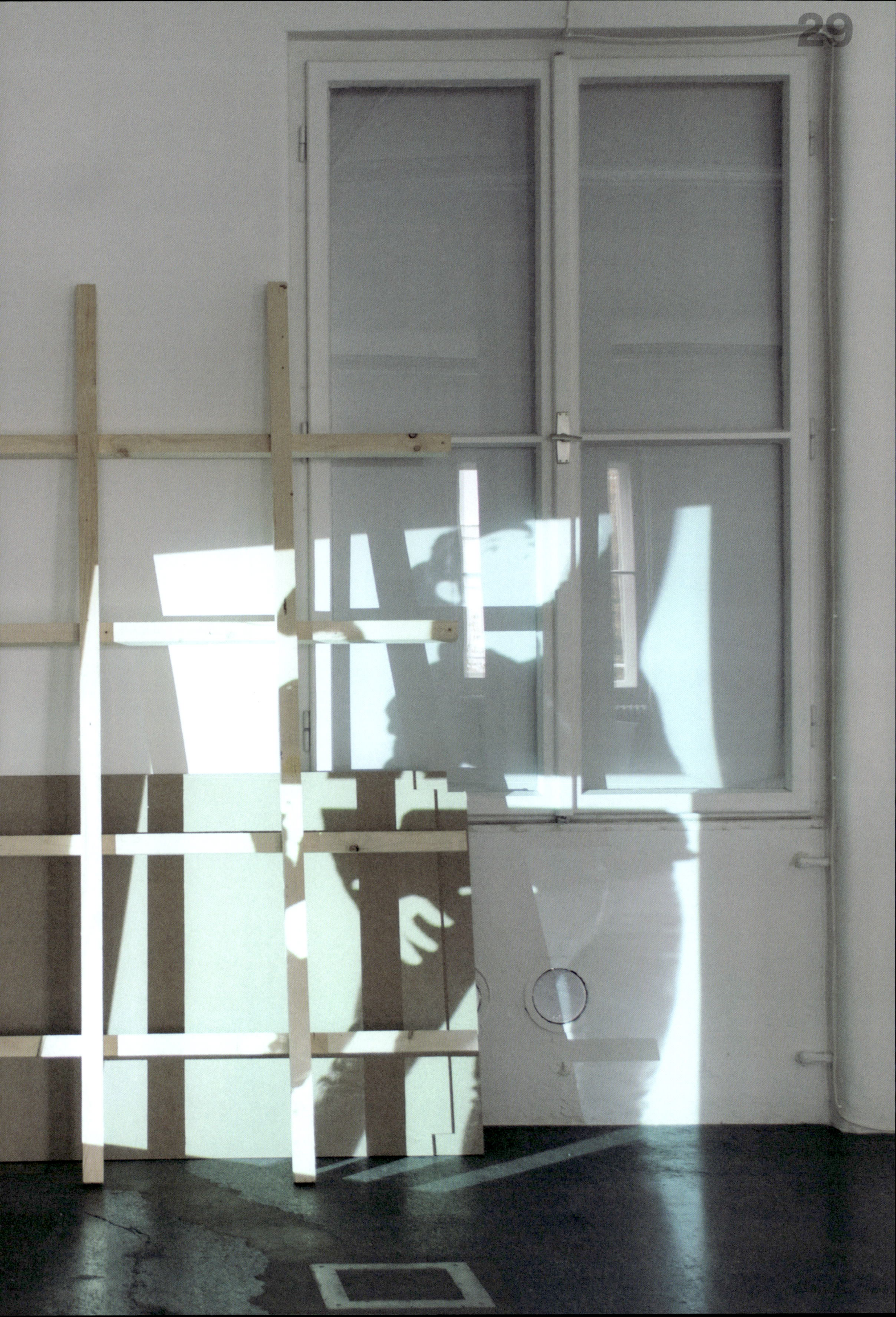

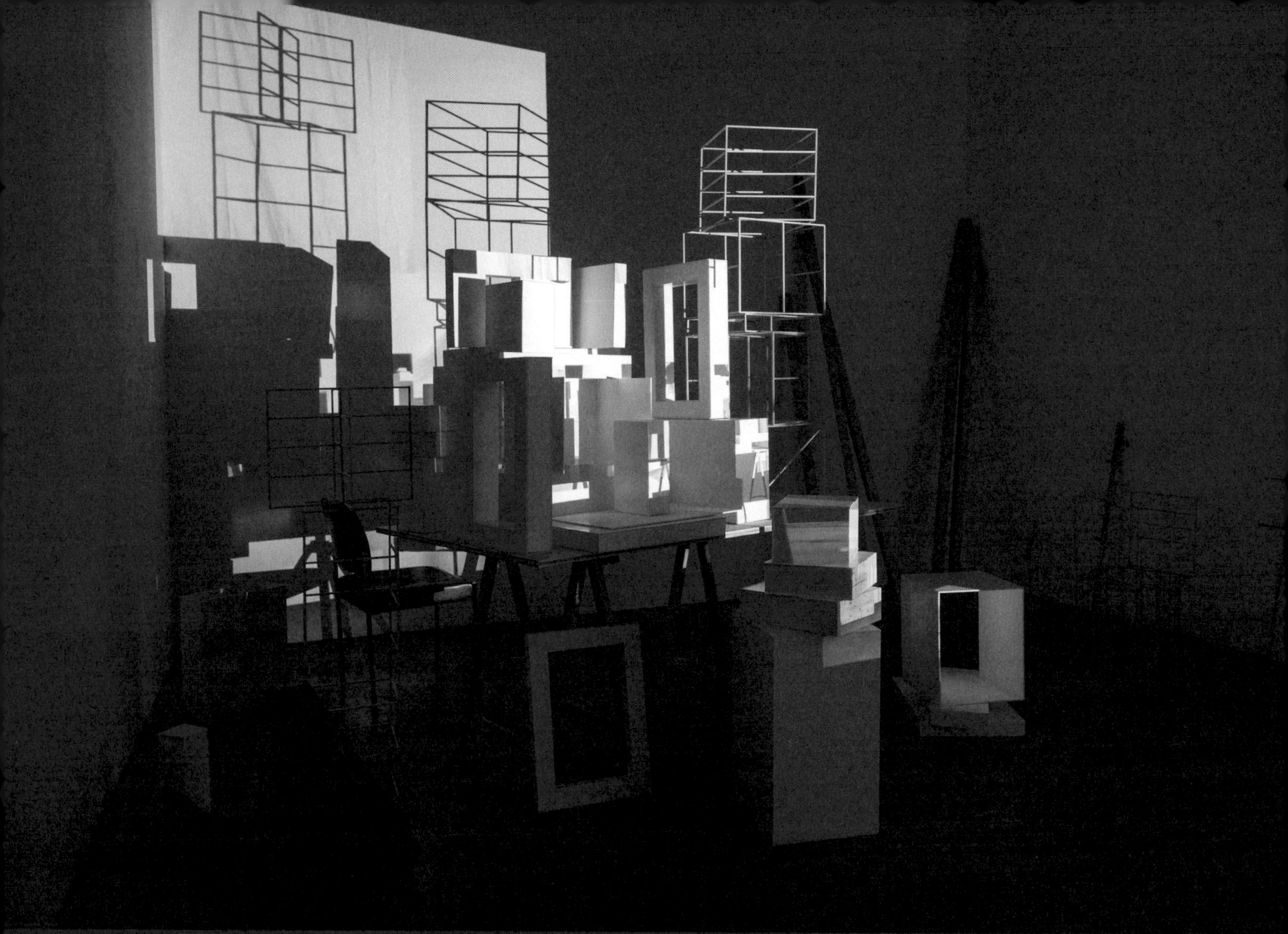

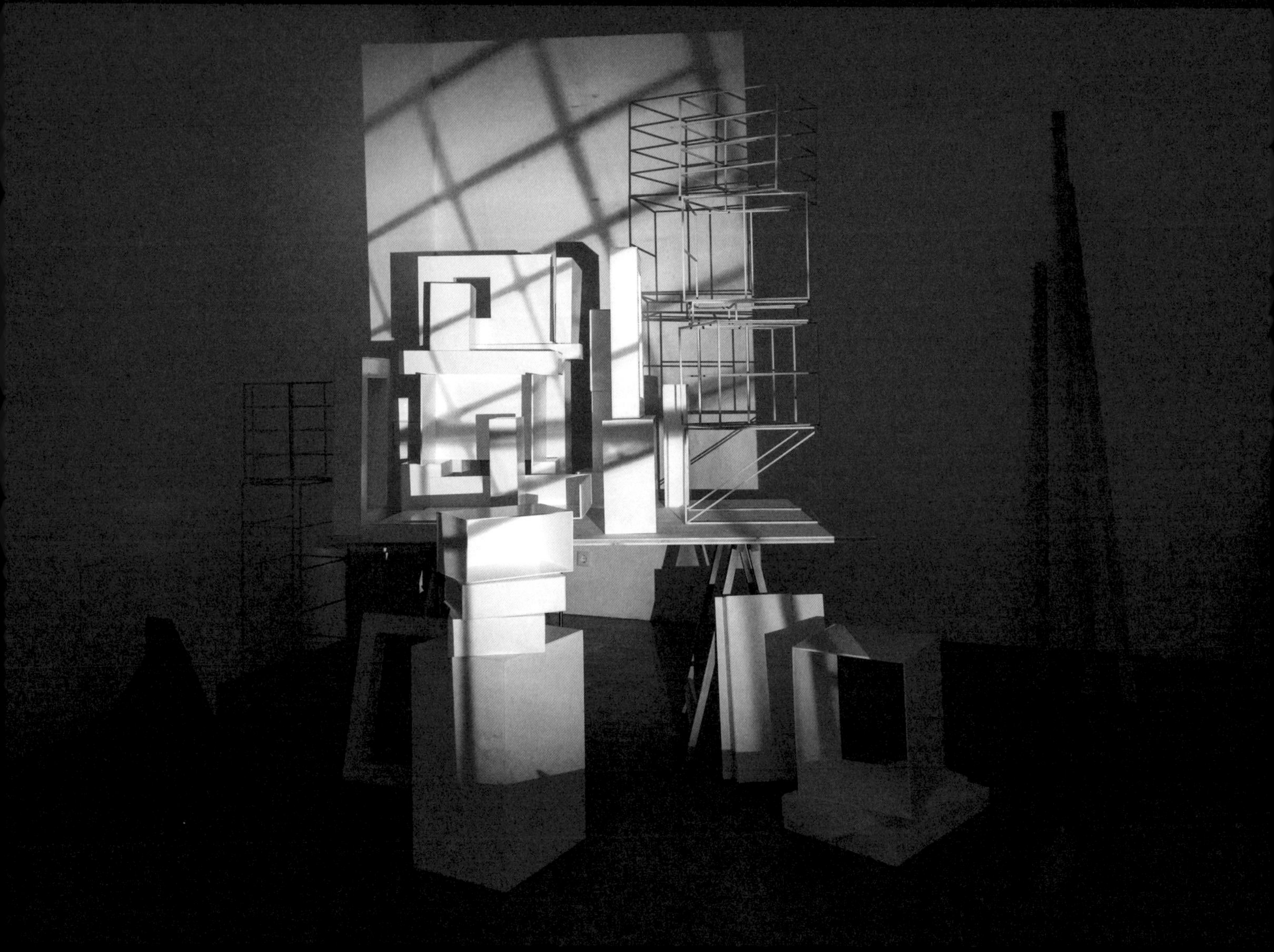

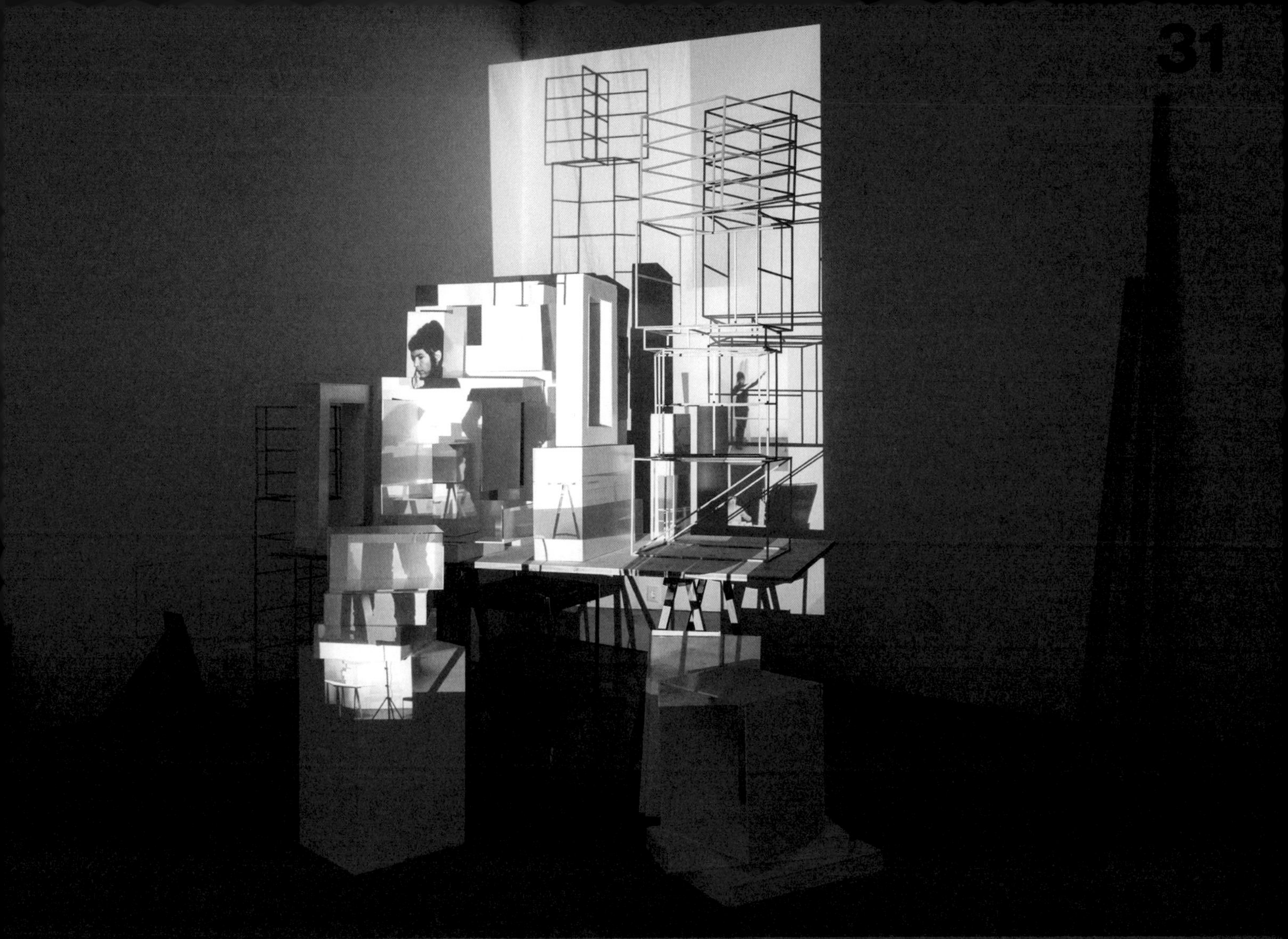

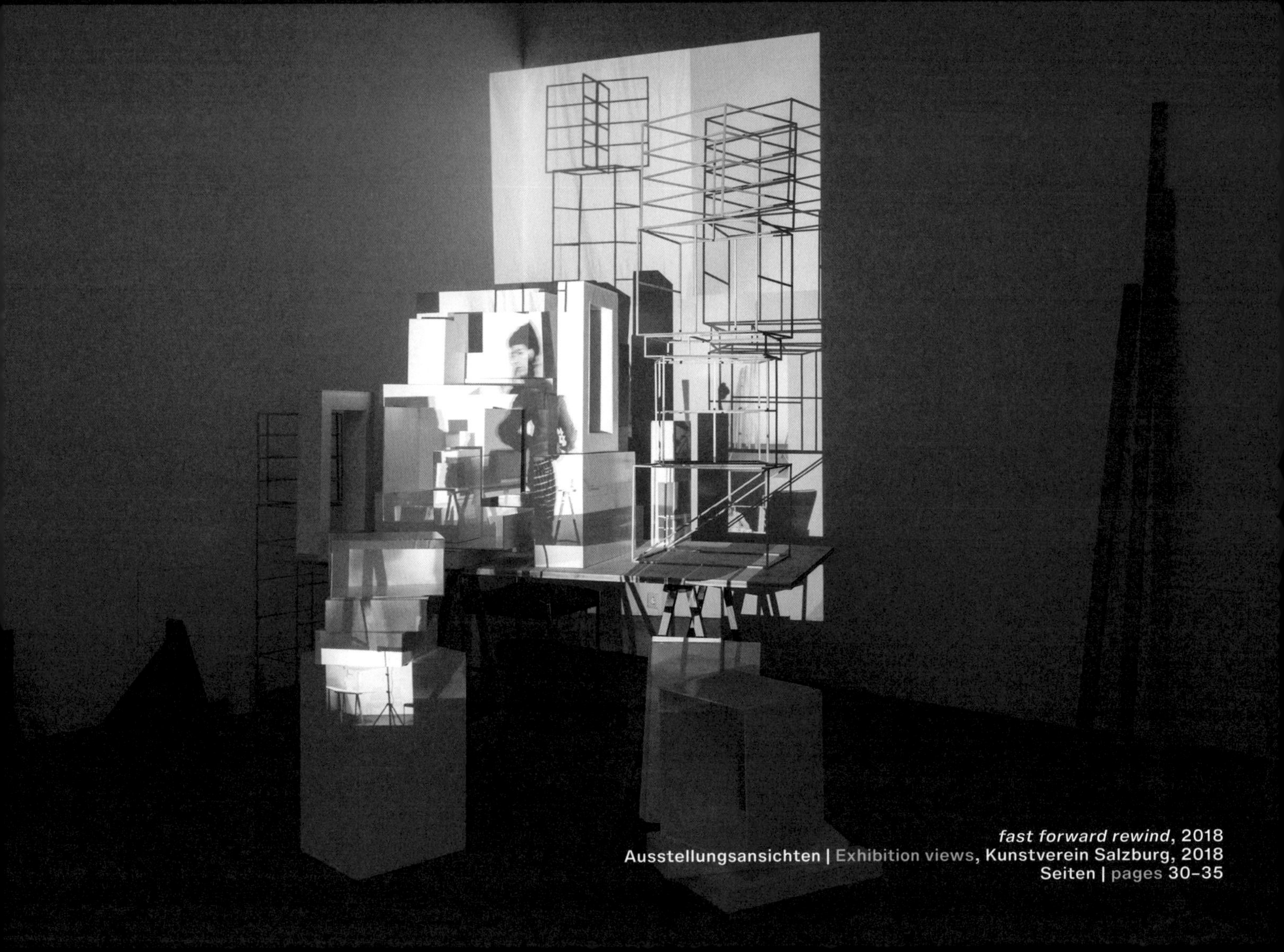

fast forward rewind, 2018
Ausstellungsansichten | Exhibition views, Kunstverein Salzburg, 2018
Seiten | pages 30–35

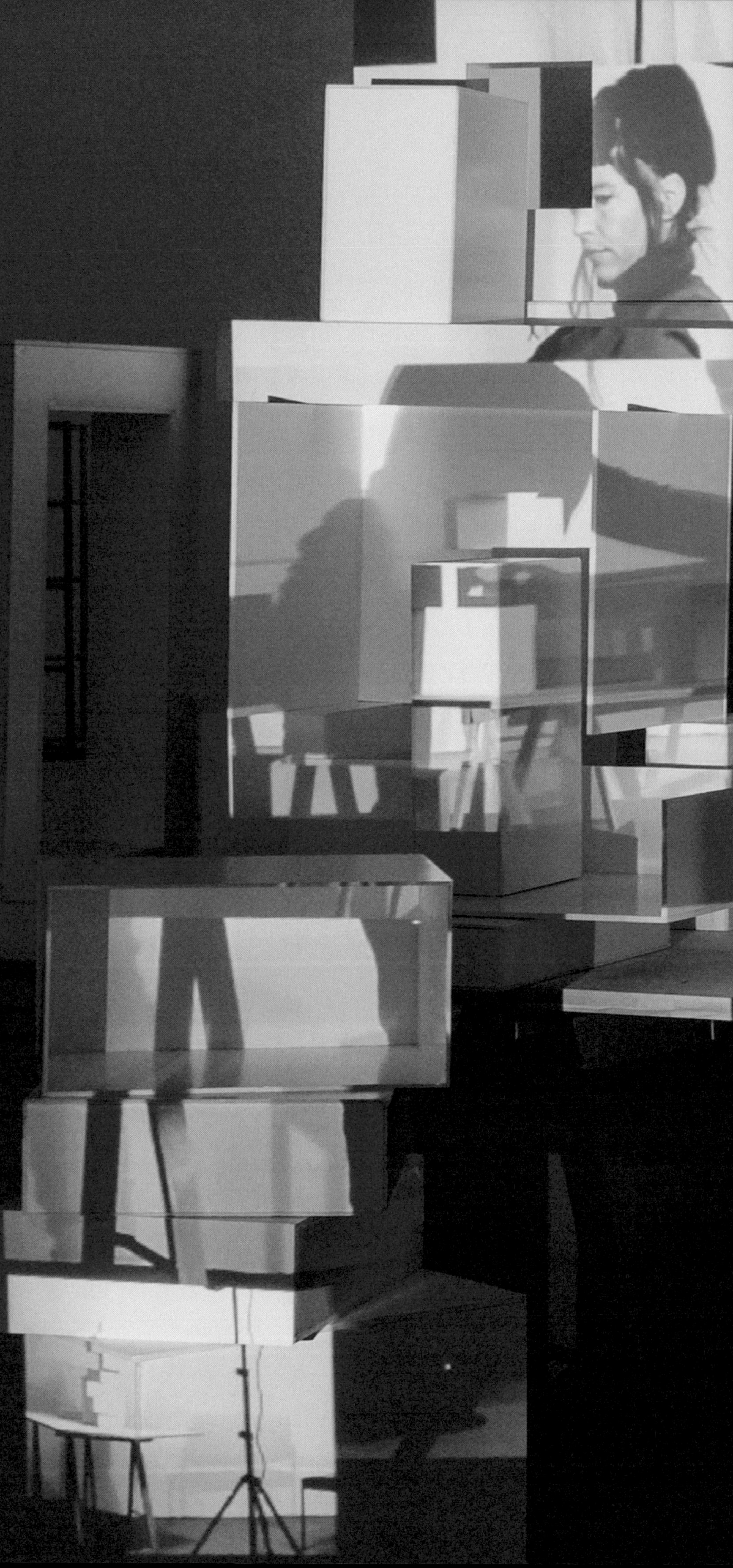

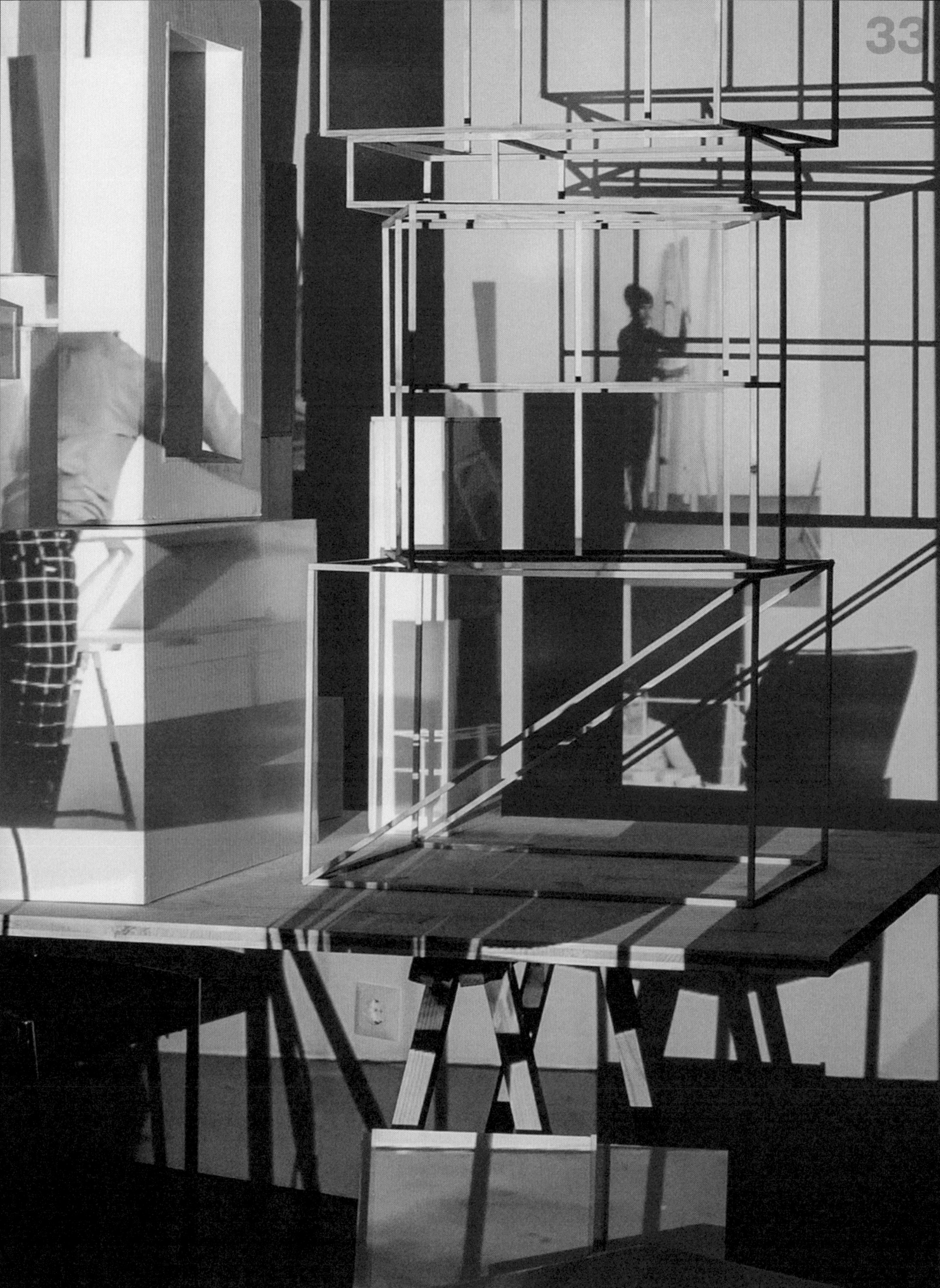

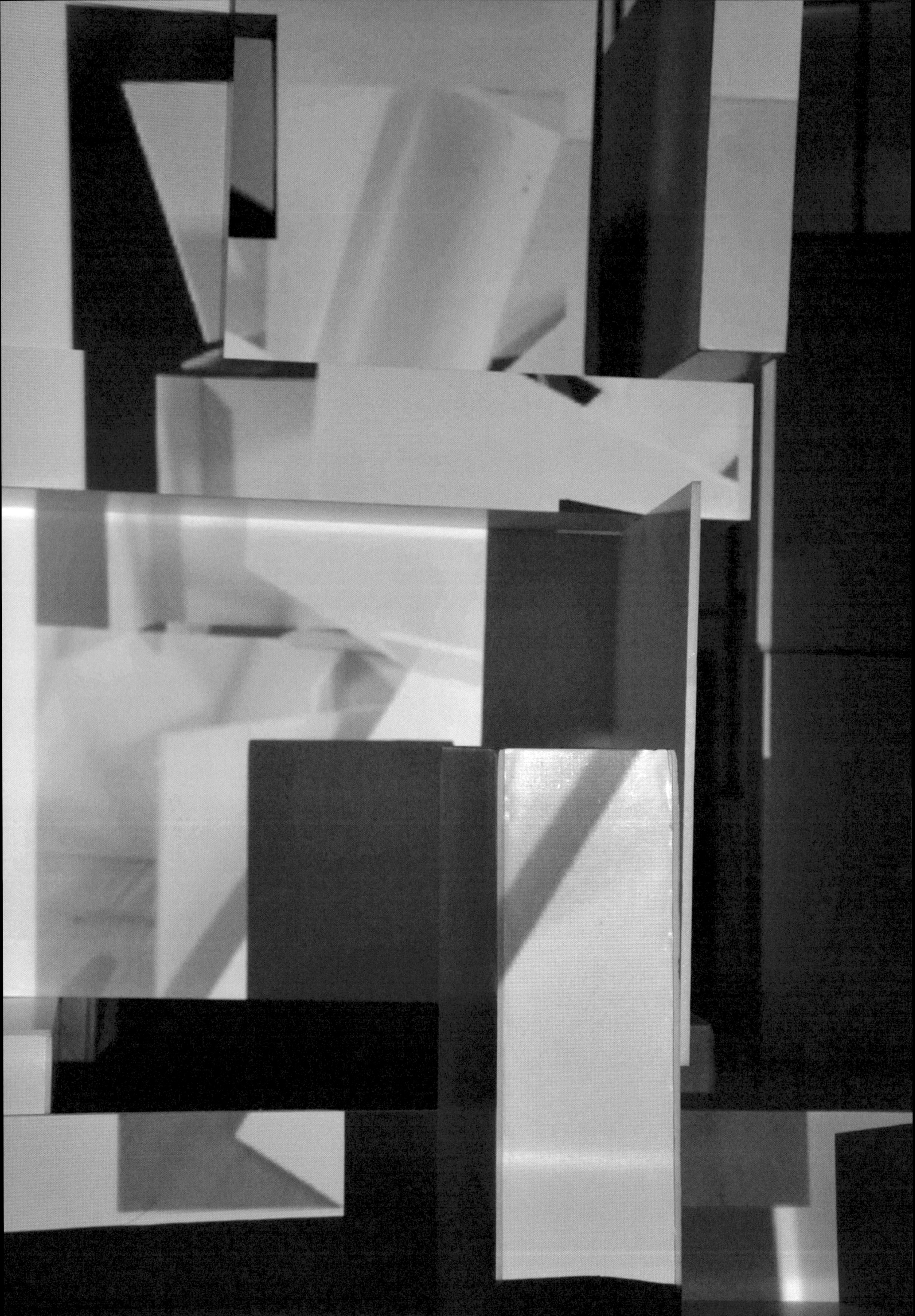

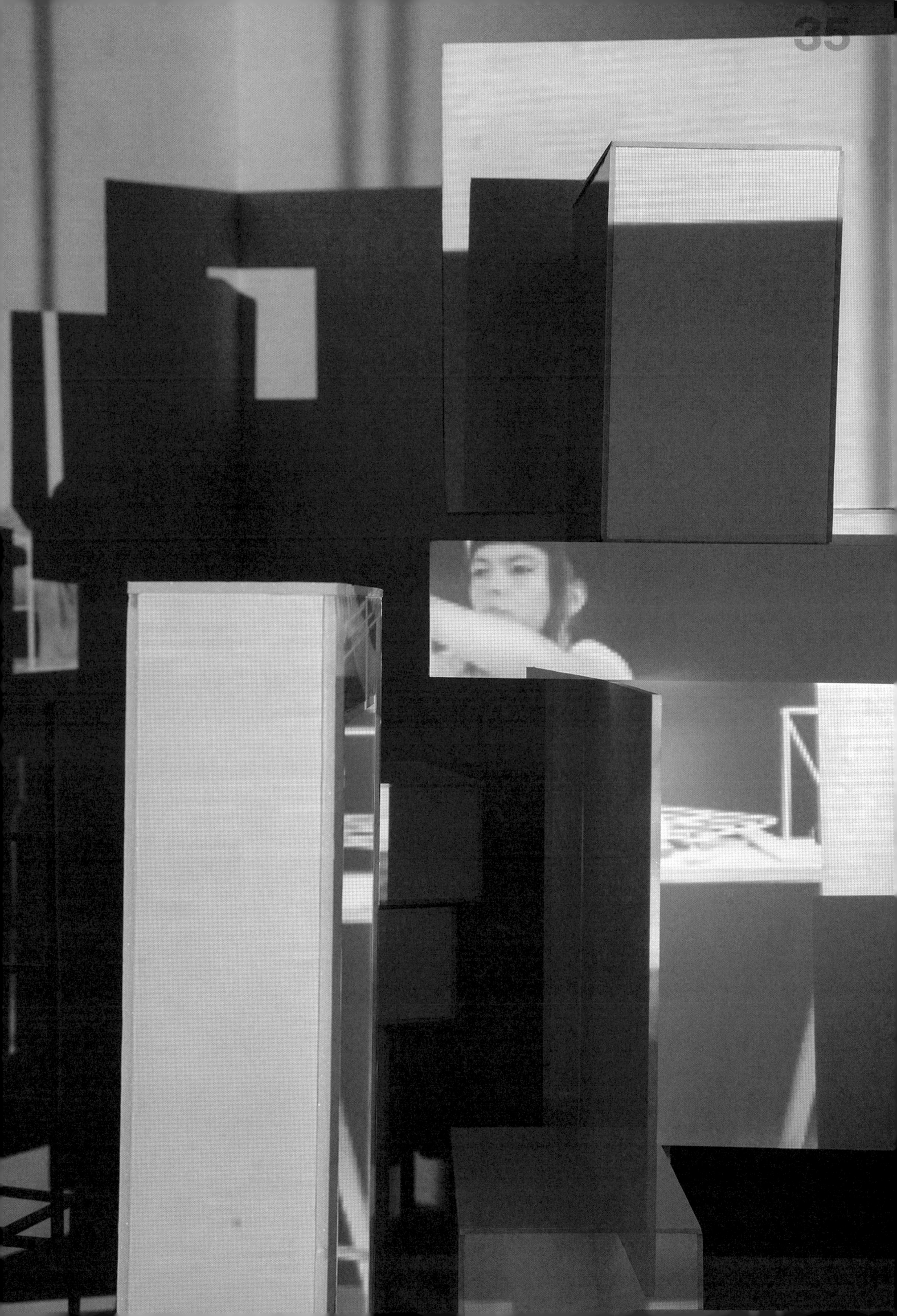

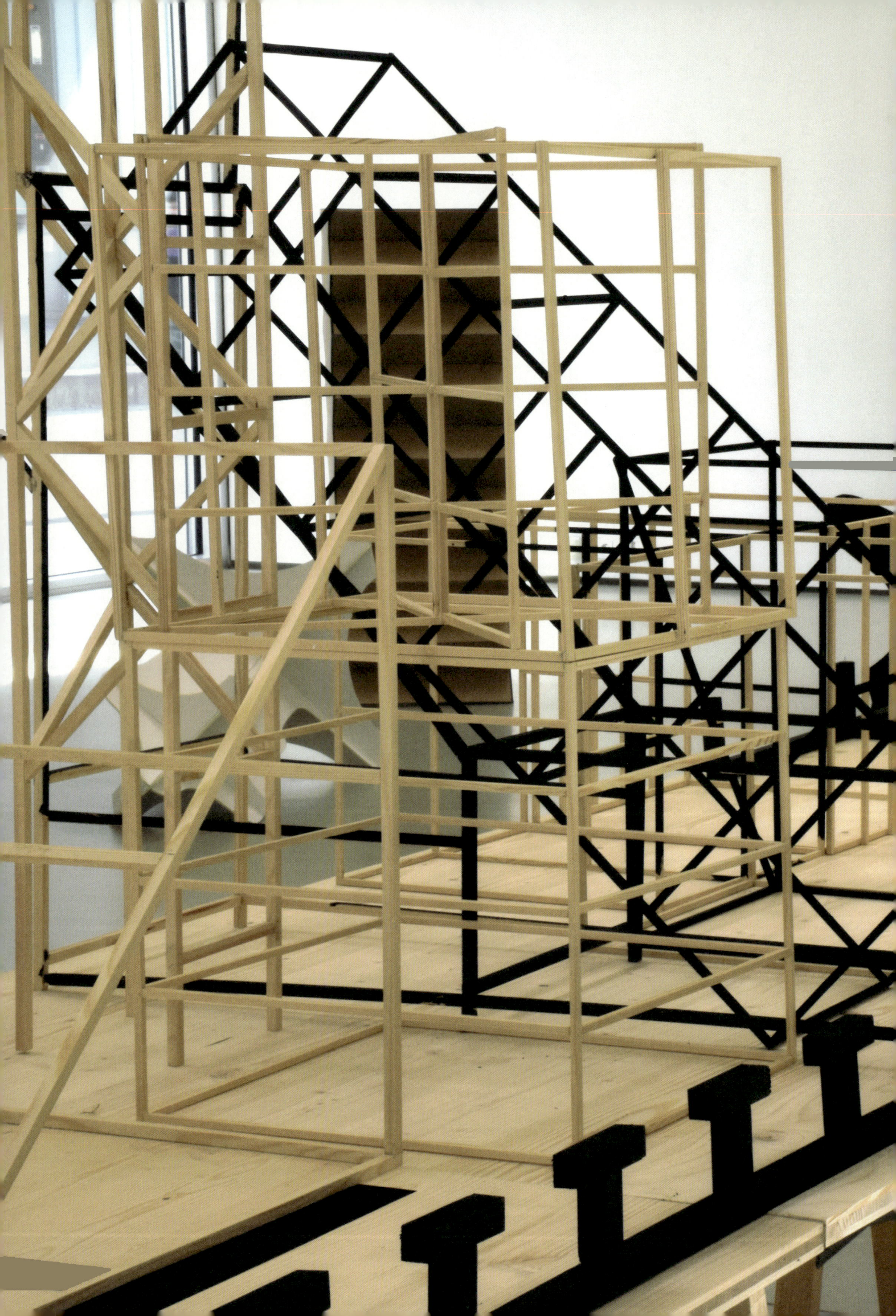

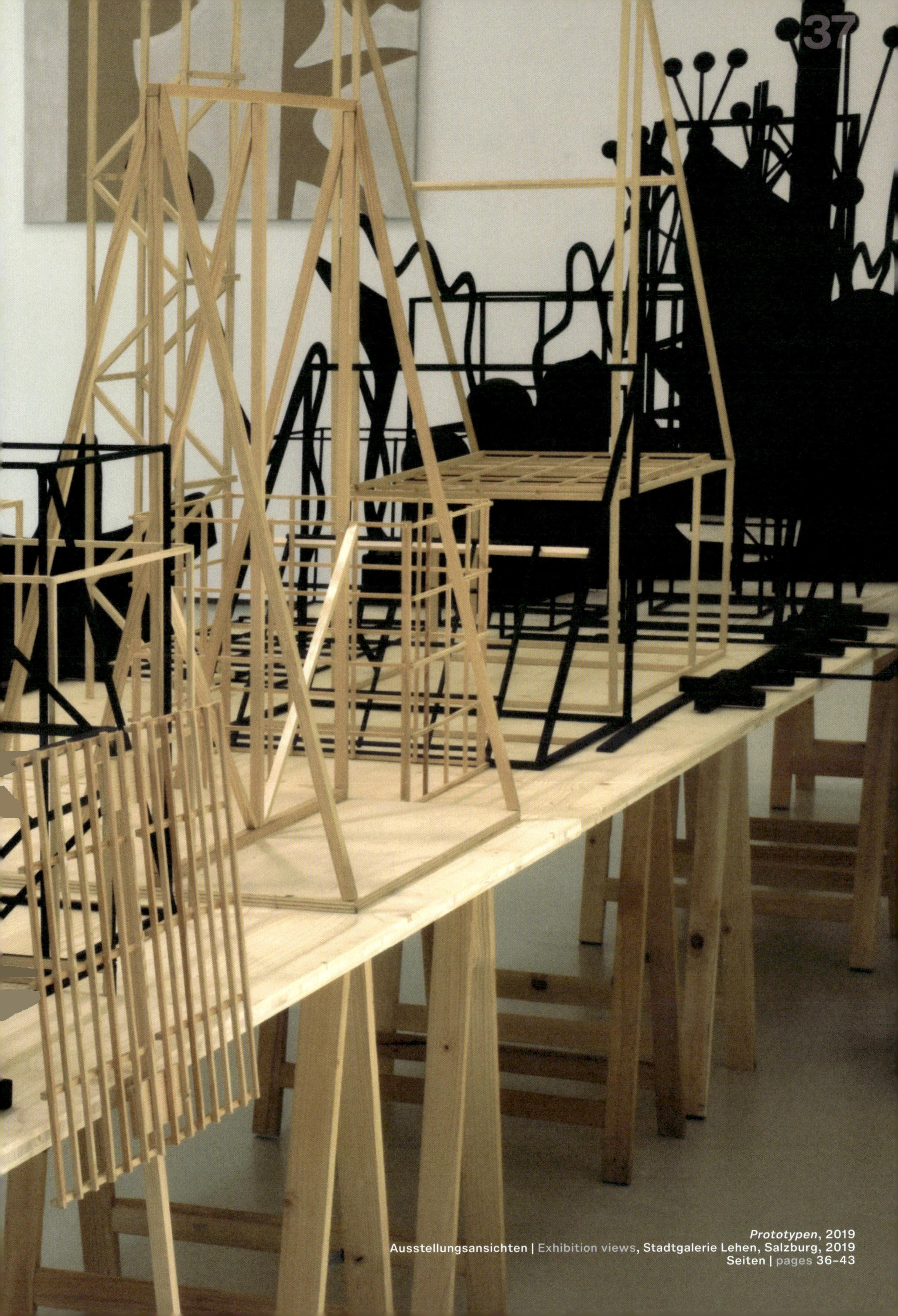

Prototypen, 2019
Ausstellungsansichten | Exhibition views, Stadtgalerie Lehen, Salzburg, 2019
Seiten | pages 36–43

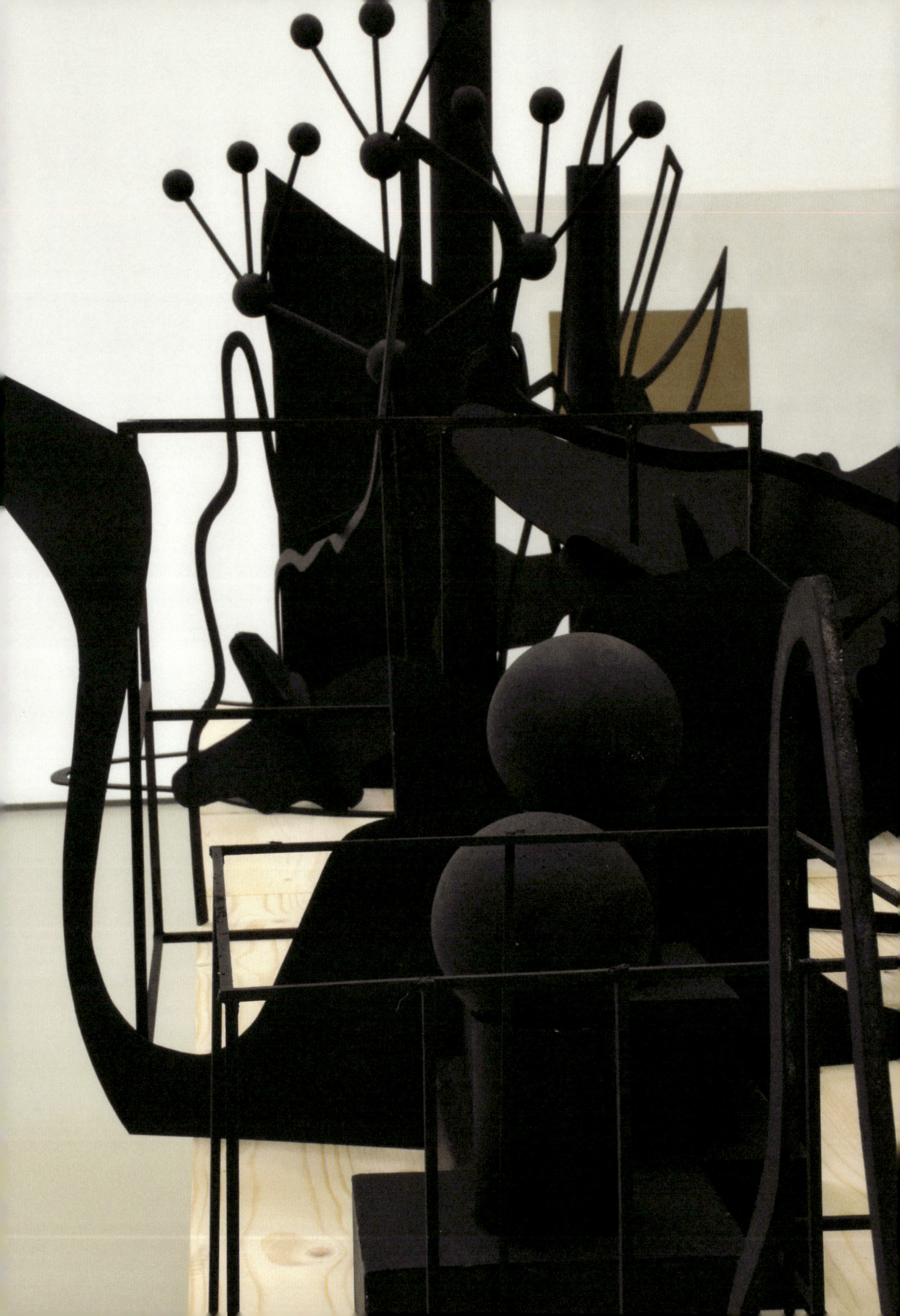

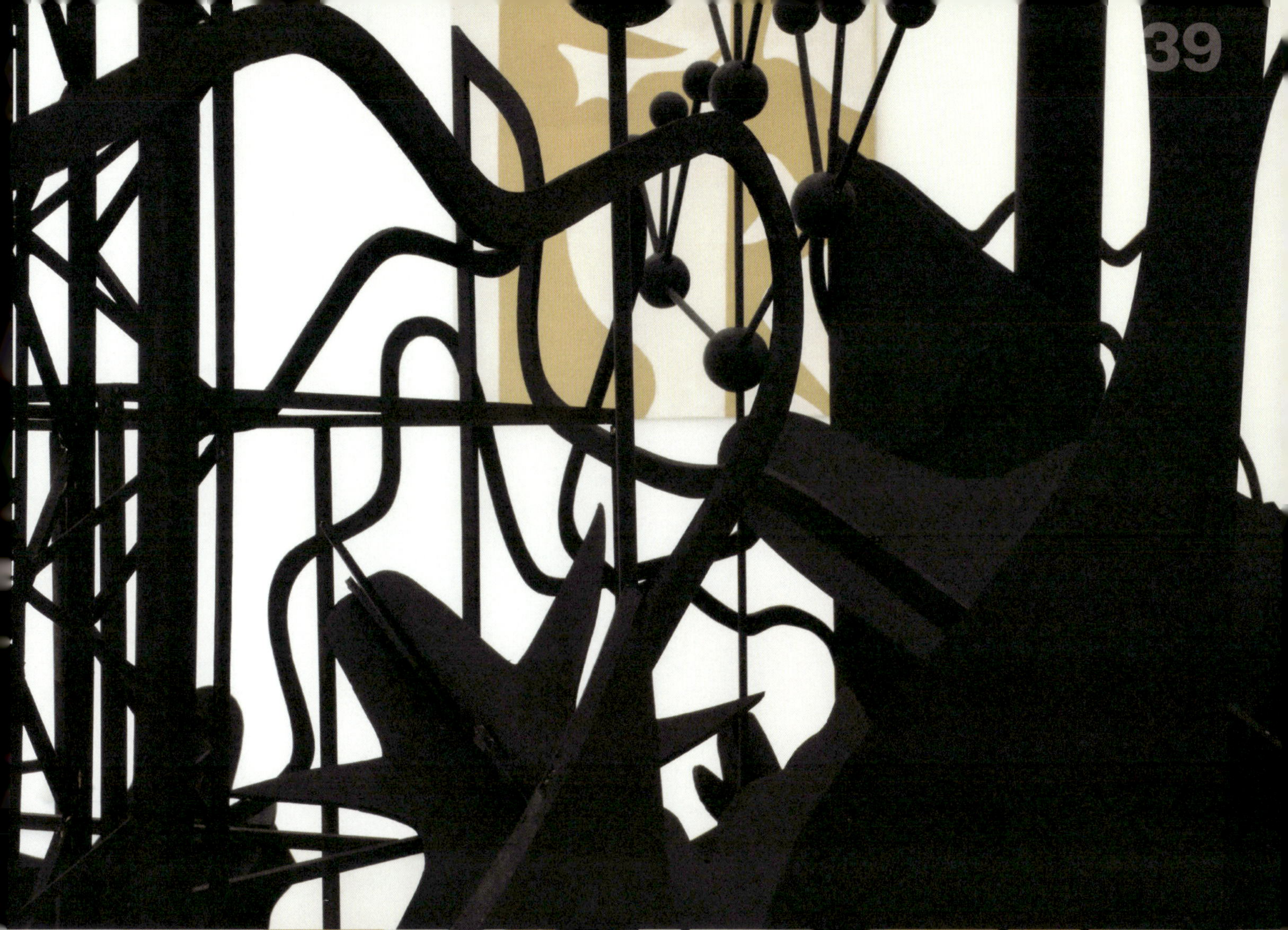

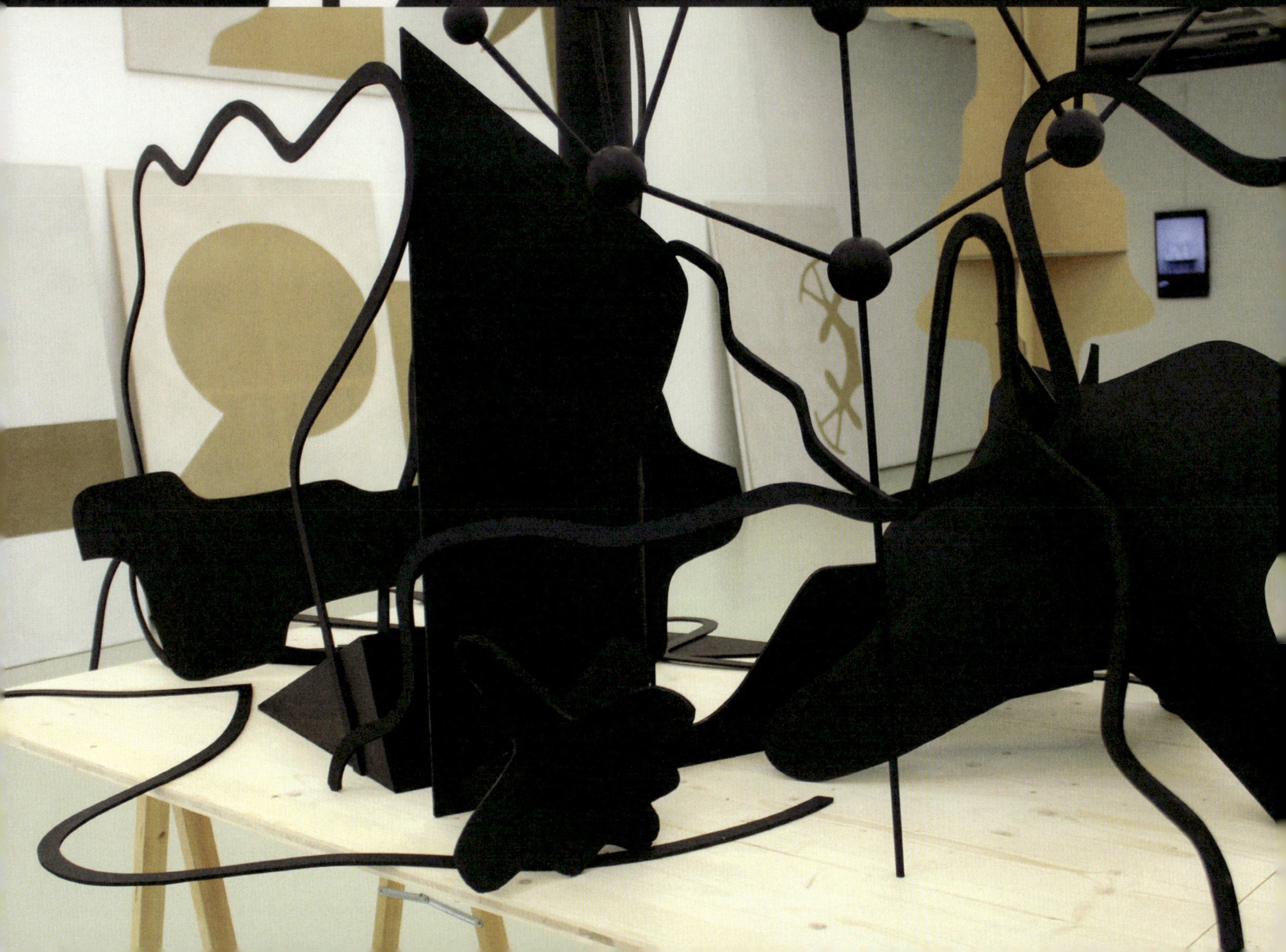

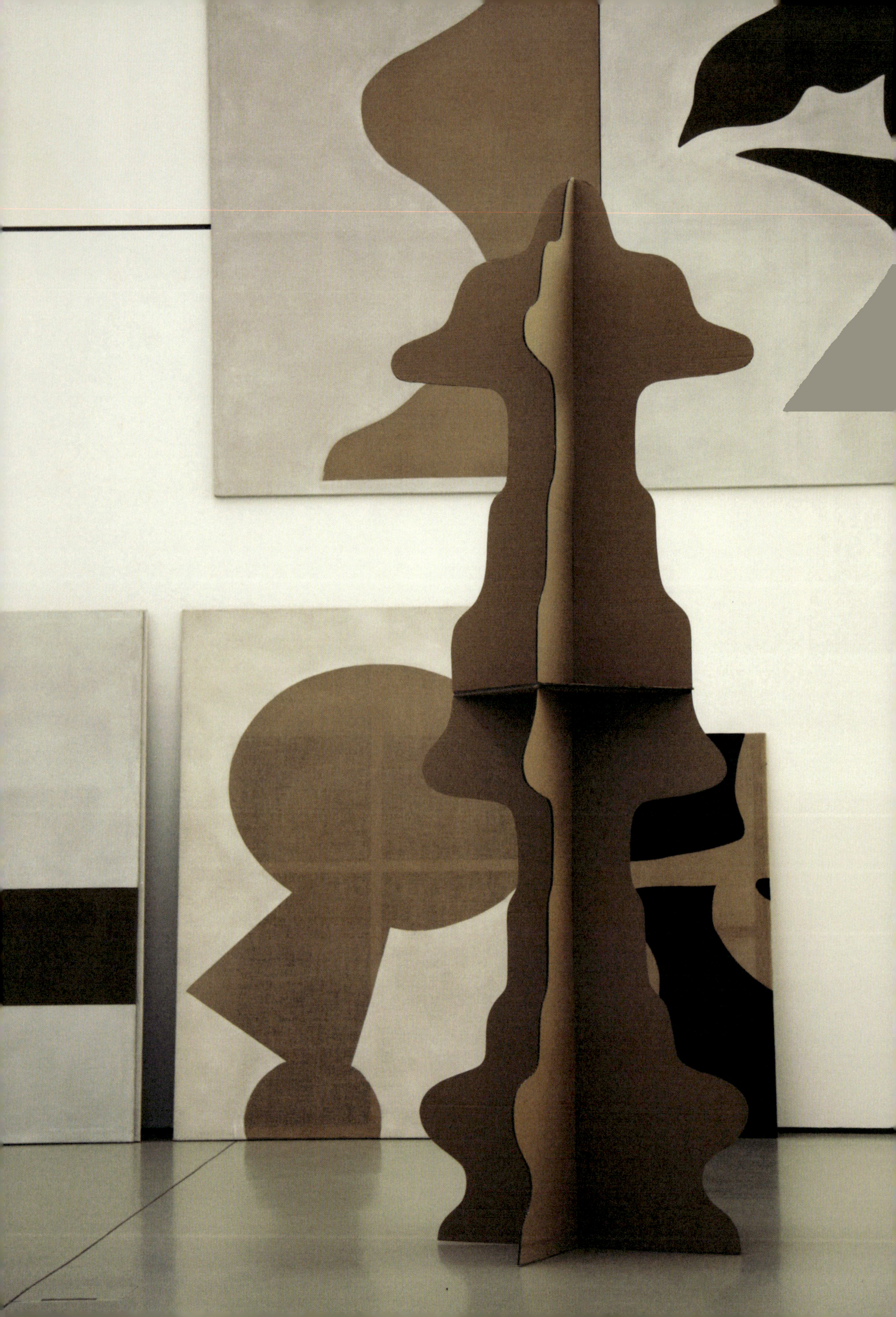

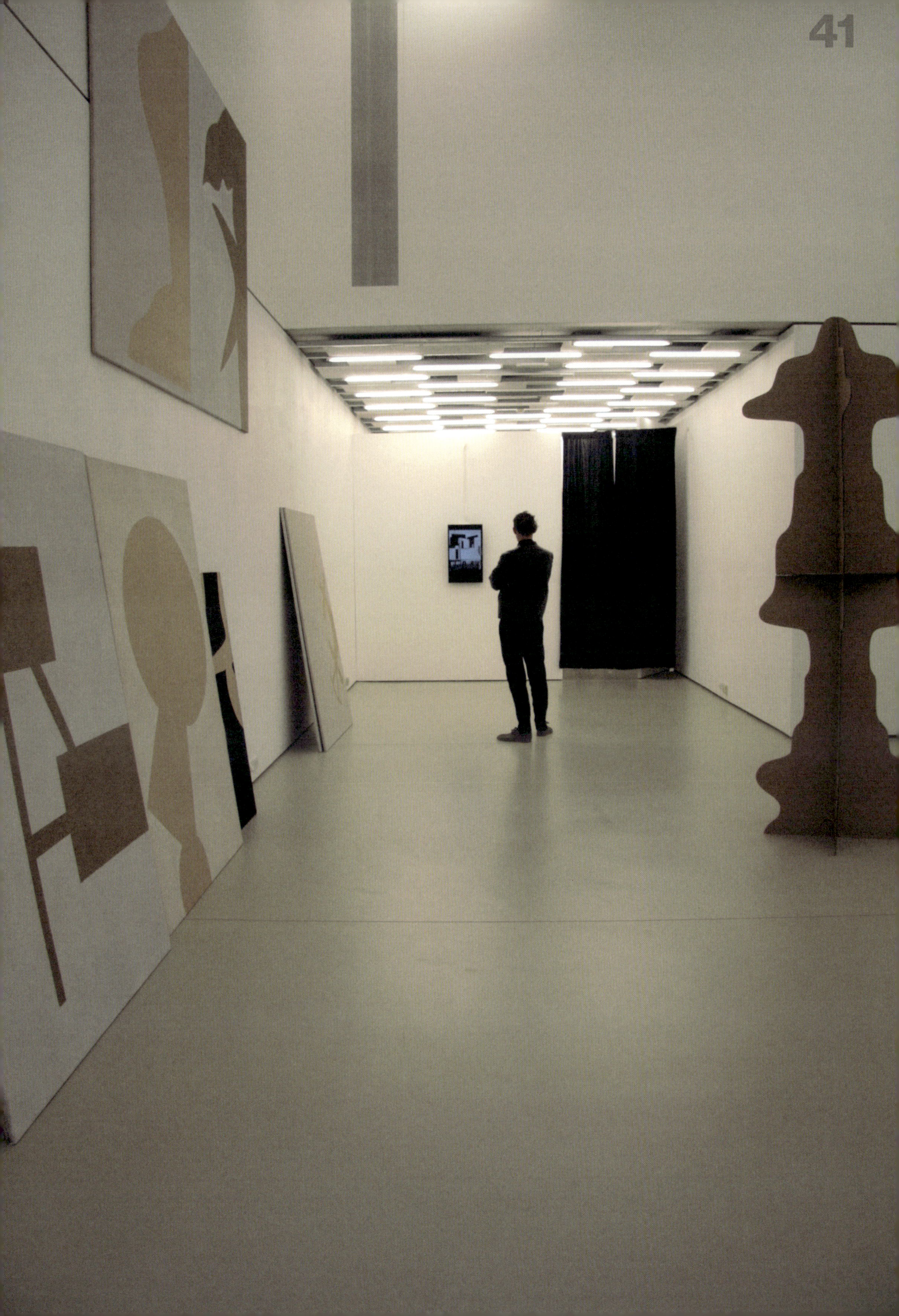

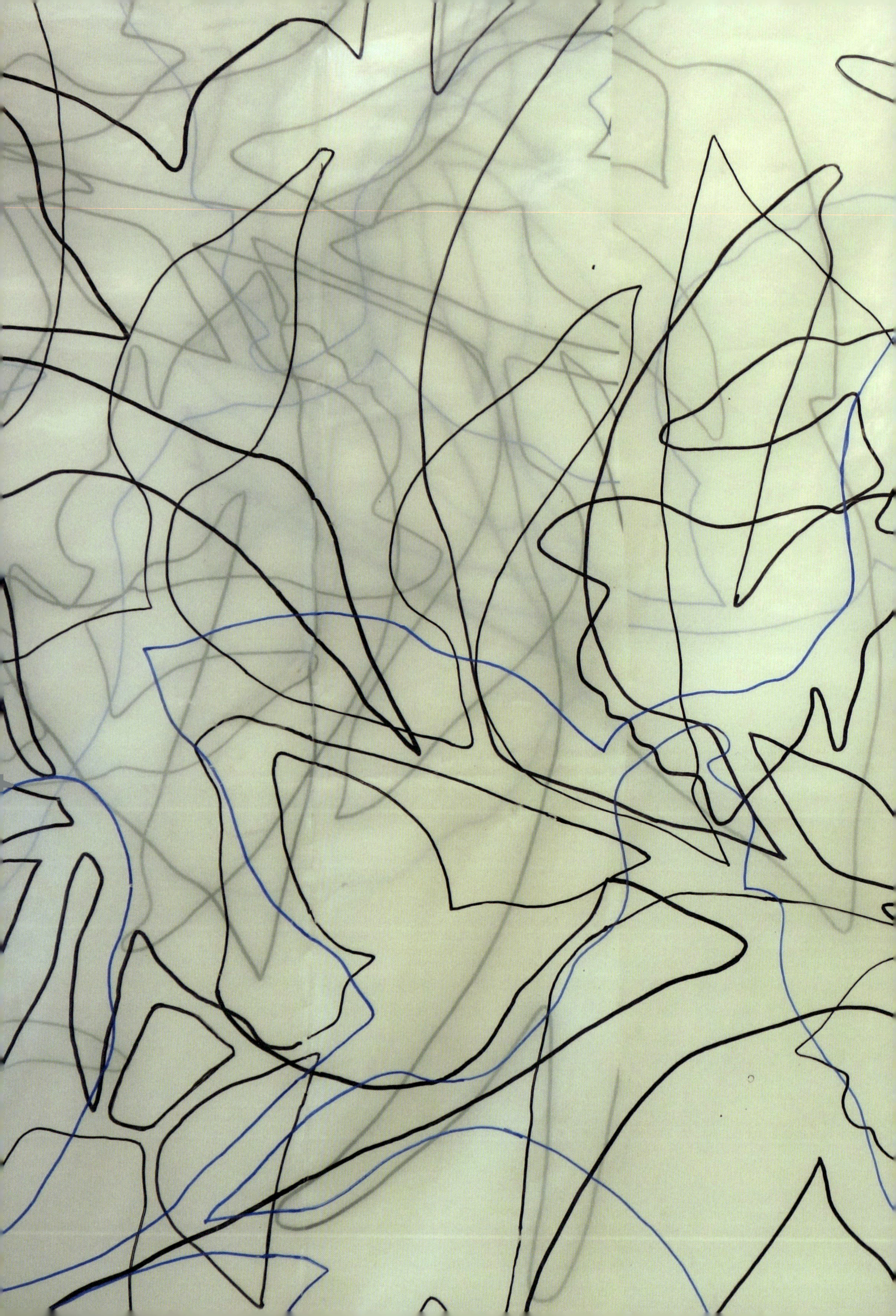

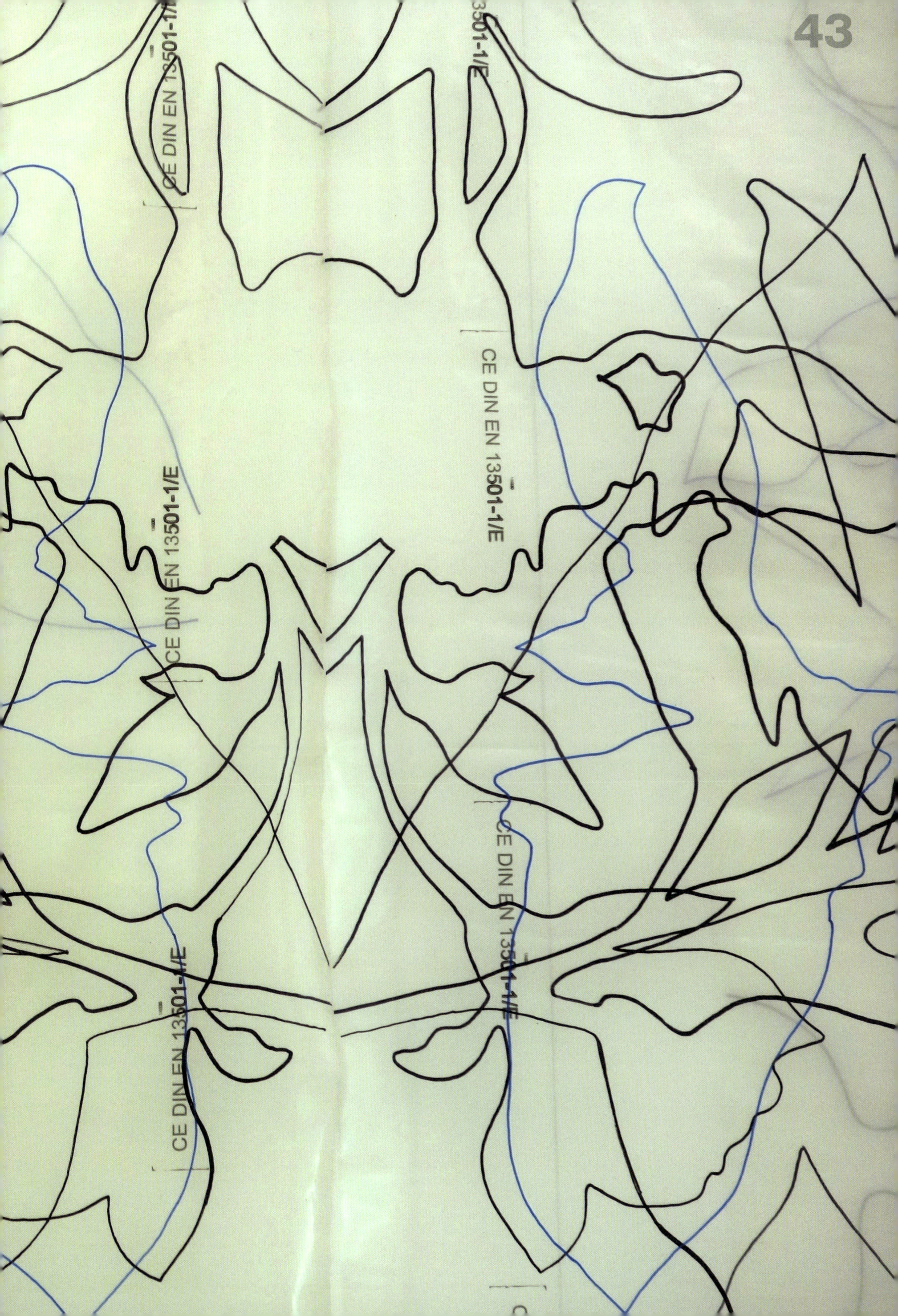
CE DIN EN 13501-1/E
CE DIN EN 13501-1/E
CE DIN EN 13501-1/E
CE DIN EN 13501-1/E
CE DIN EN 13501-1/E
CE DIN EN 13501-1/E

Ctrl+Shift+Z, 2020
Ausstellungsansichten | Exhibition views, Sehsaal, Wien, 2020
Seiten | pages 44–47, 50–51

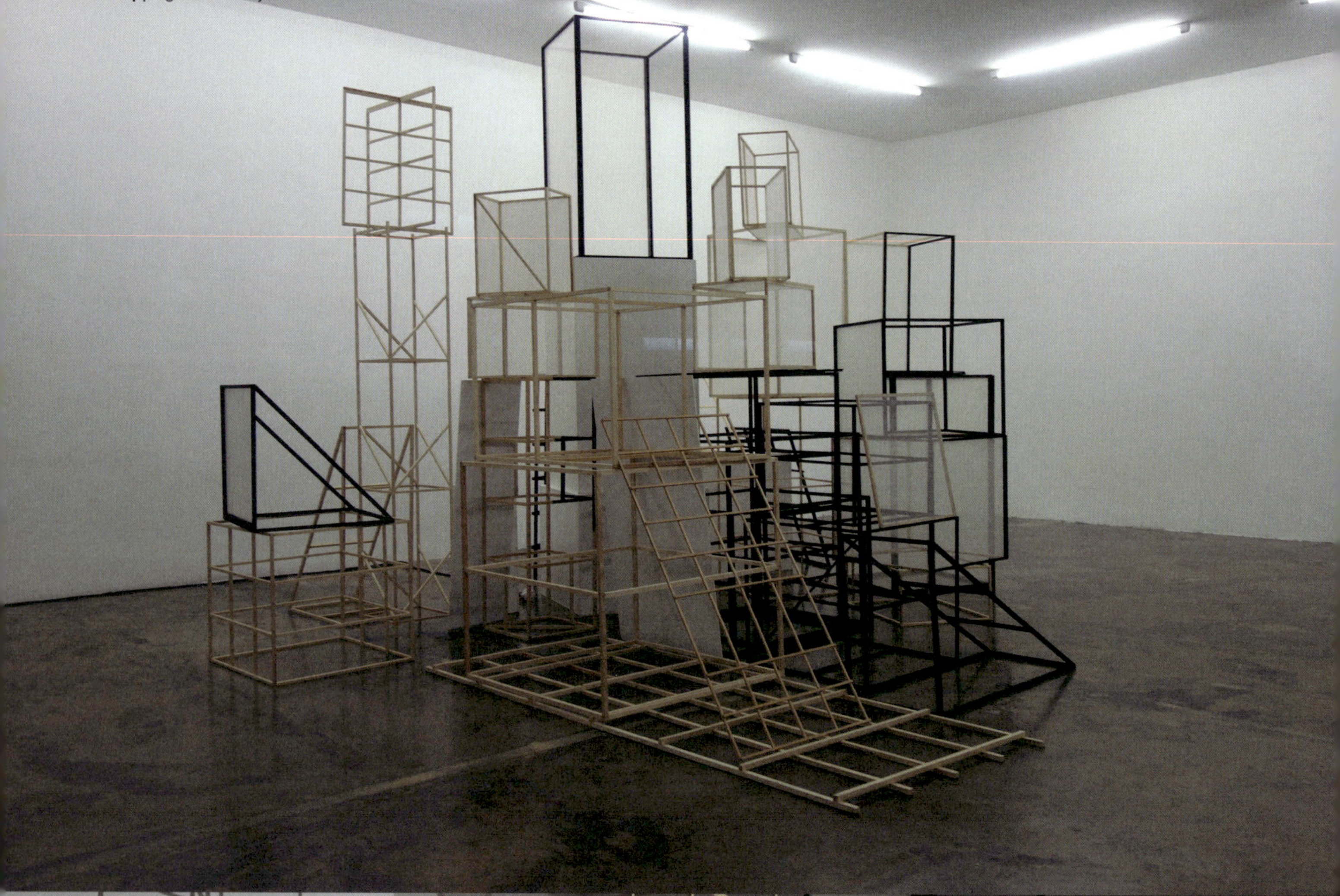

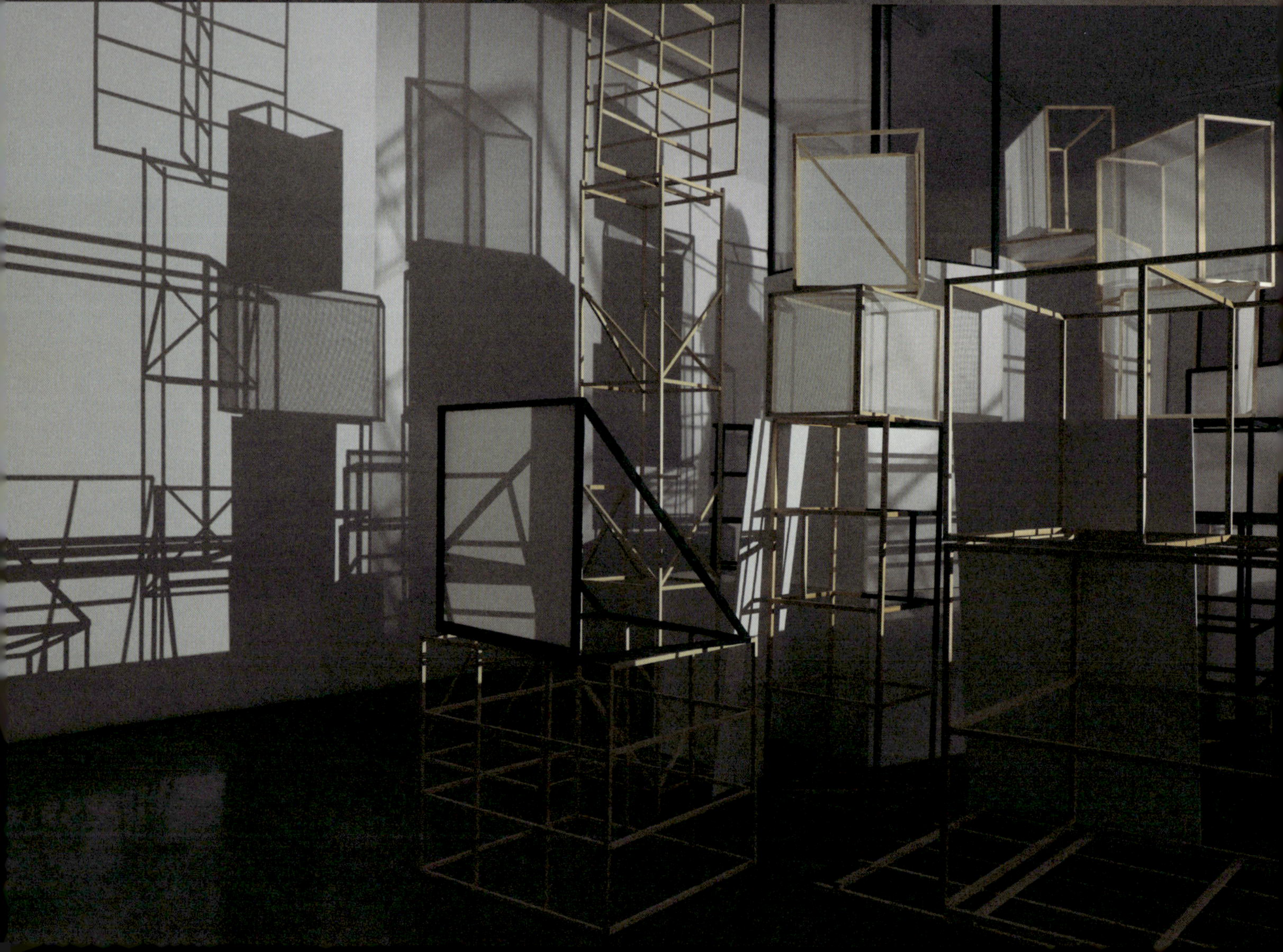

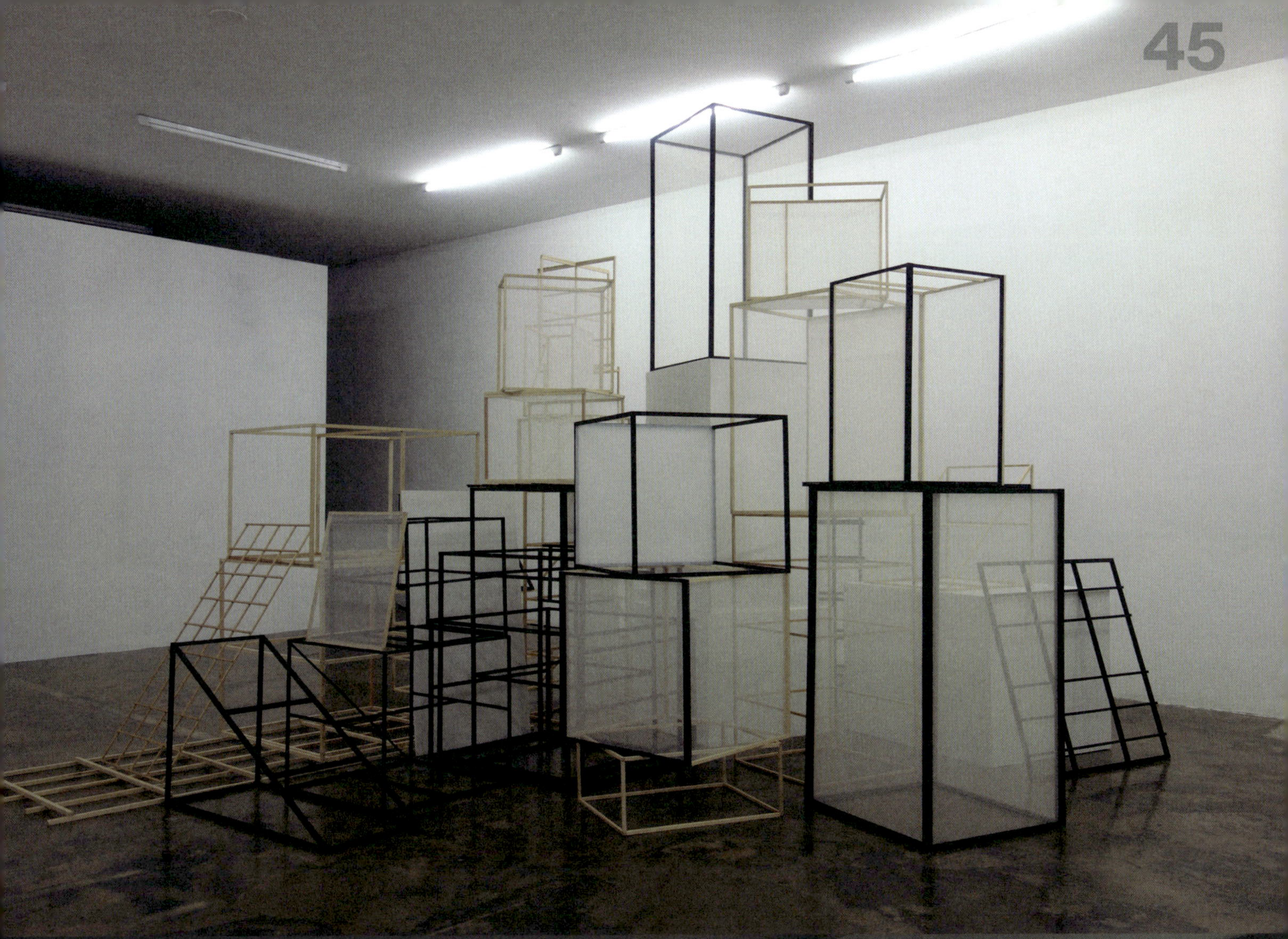

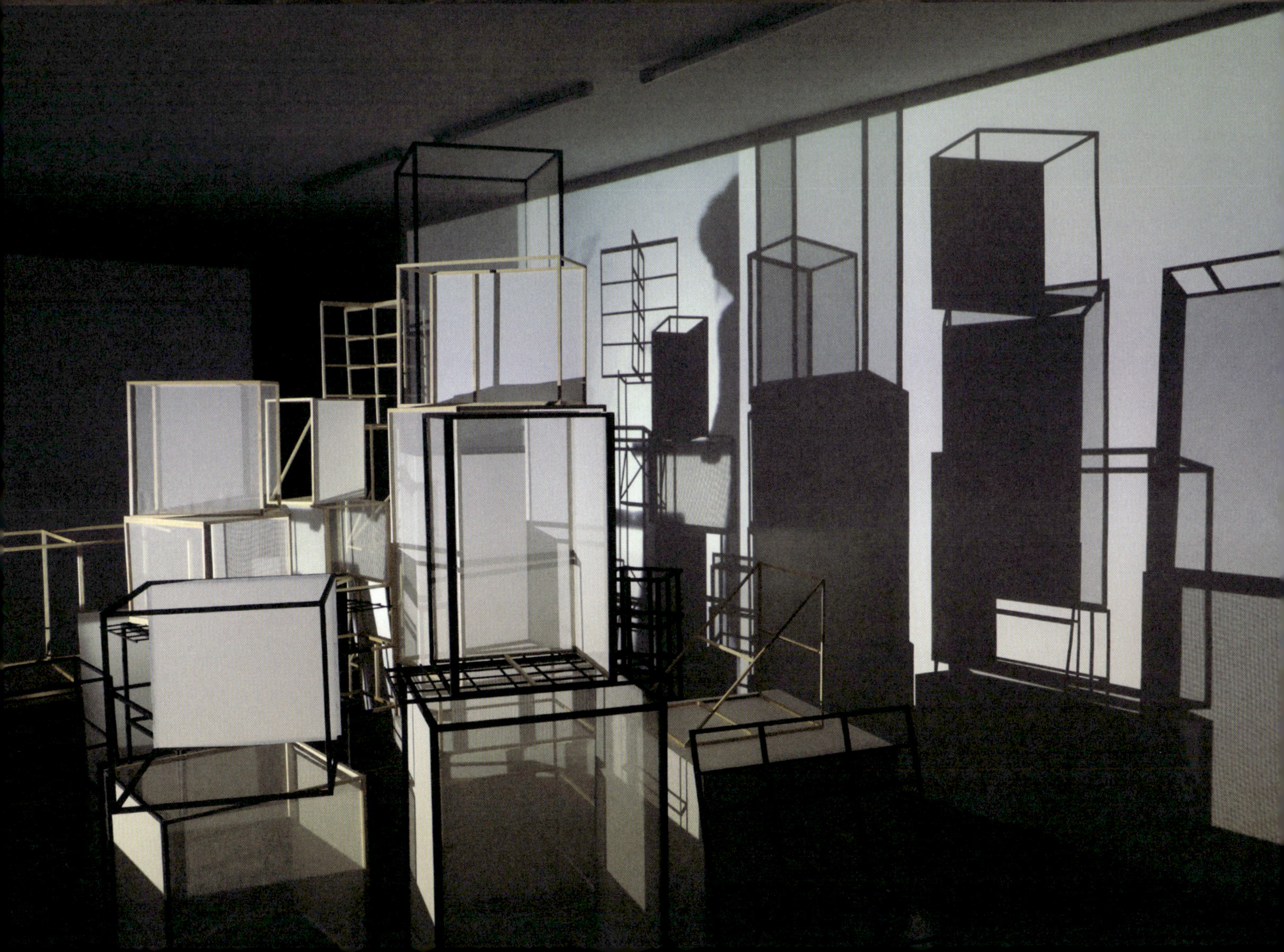

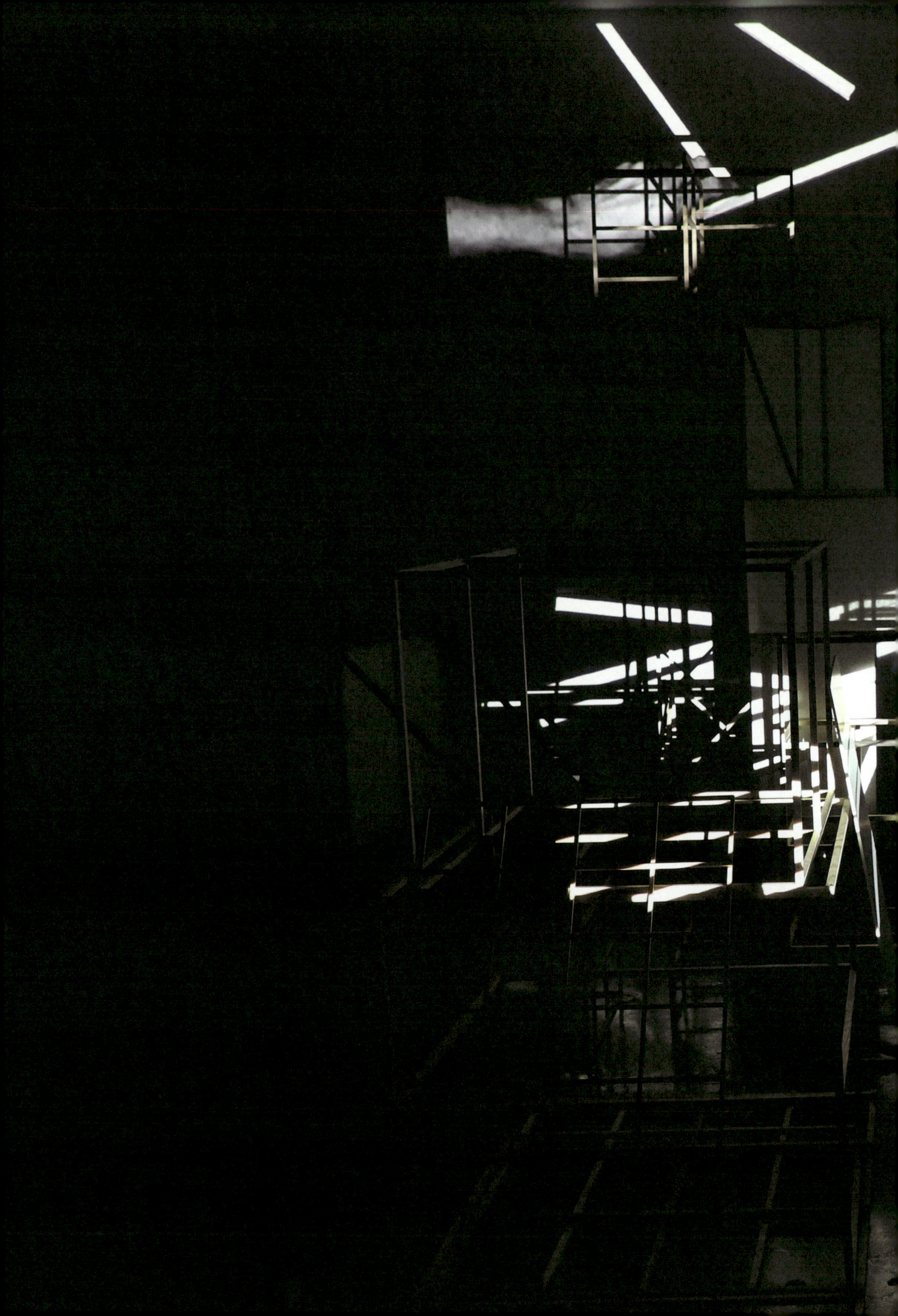

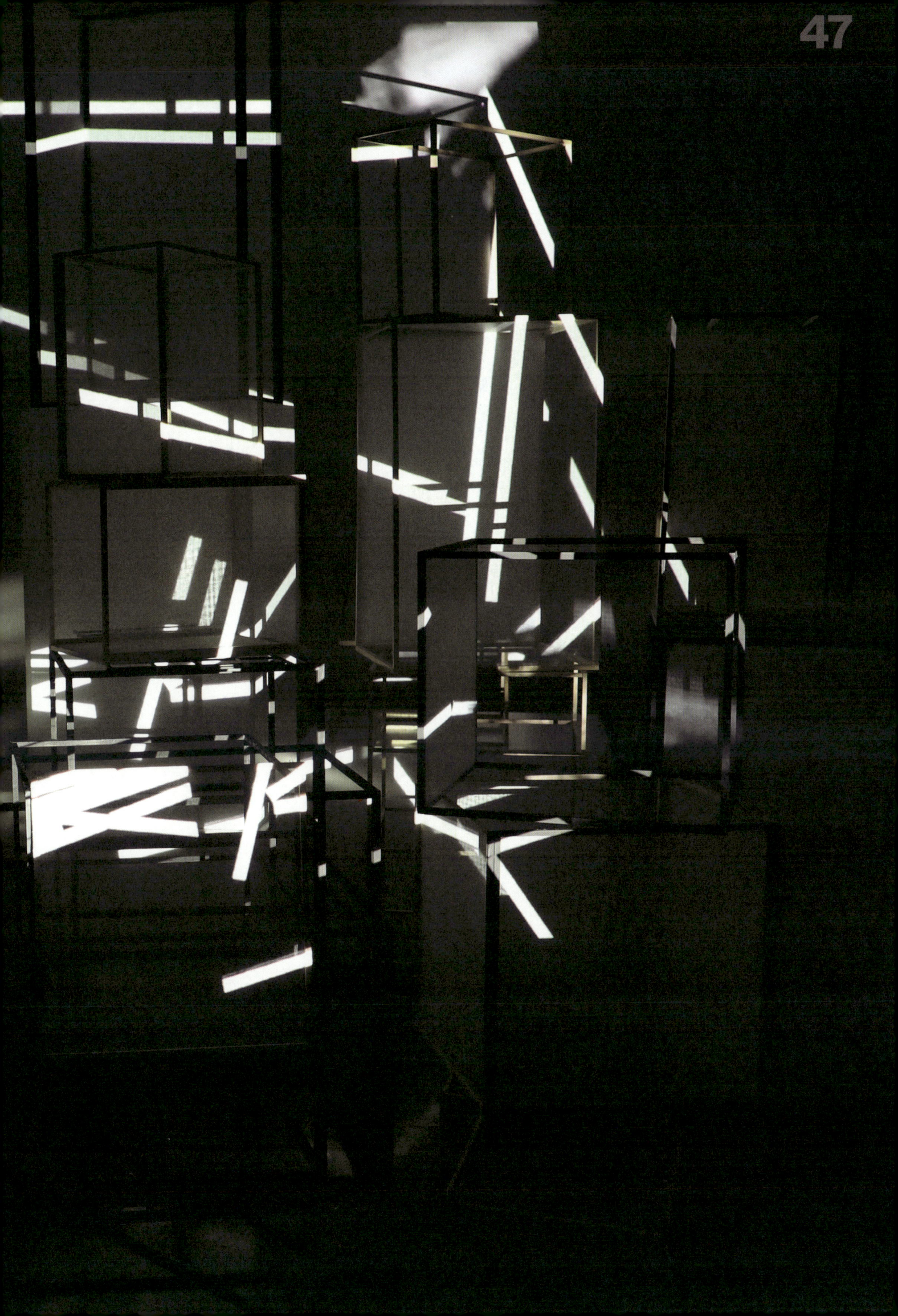

Ctrl+Shift+Z, 2020
Ausstellungsansichten | Exhibition views, Museum der Moderne Salzburg, 2023
Seiten | pages 48–49, 52–53

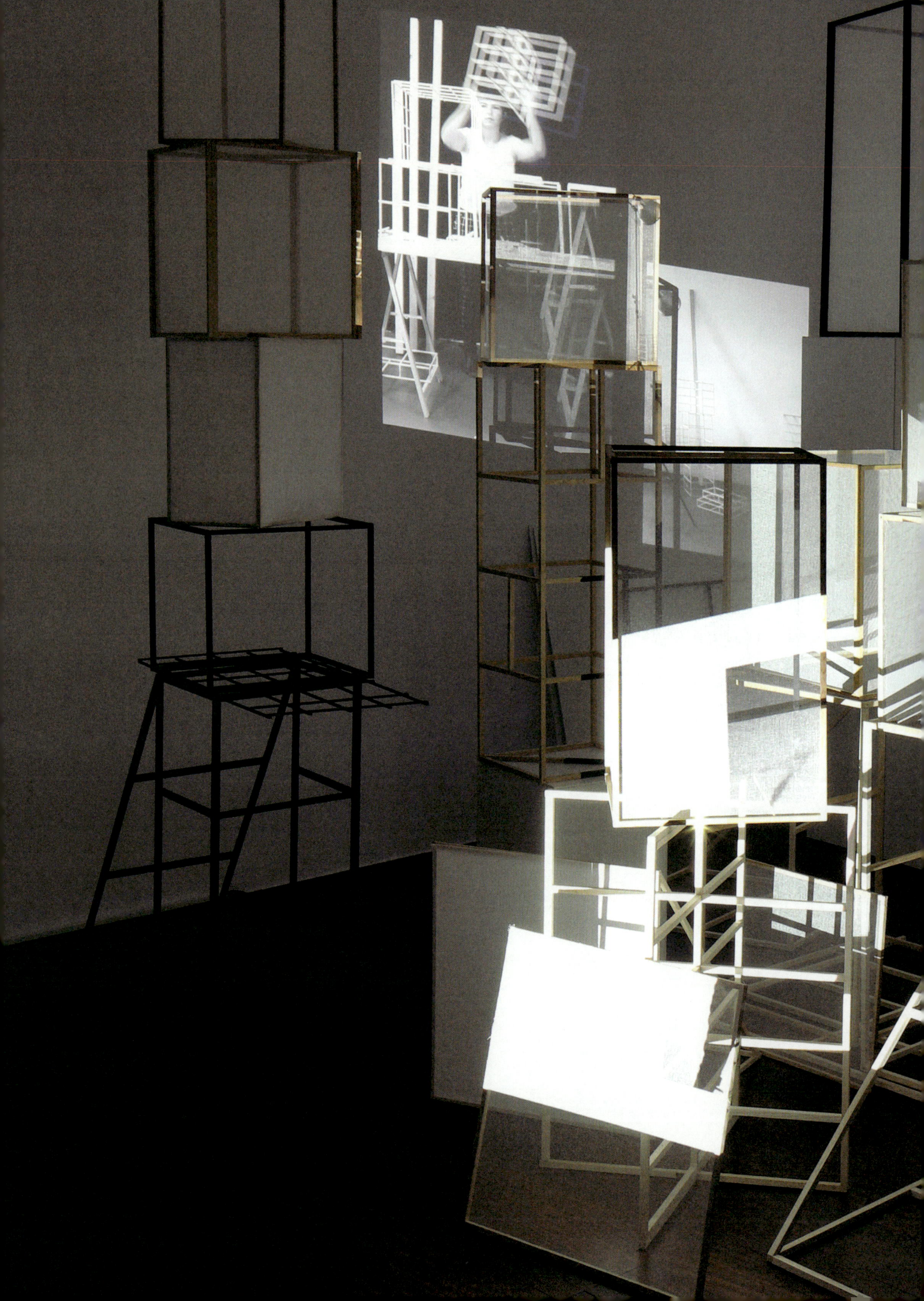

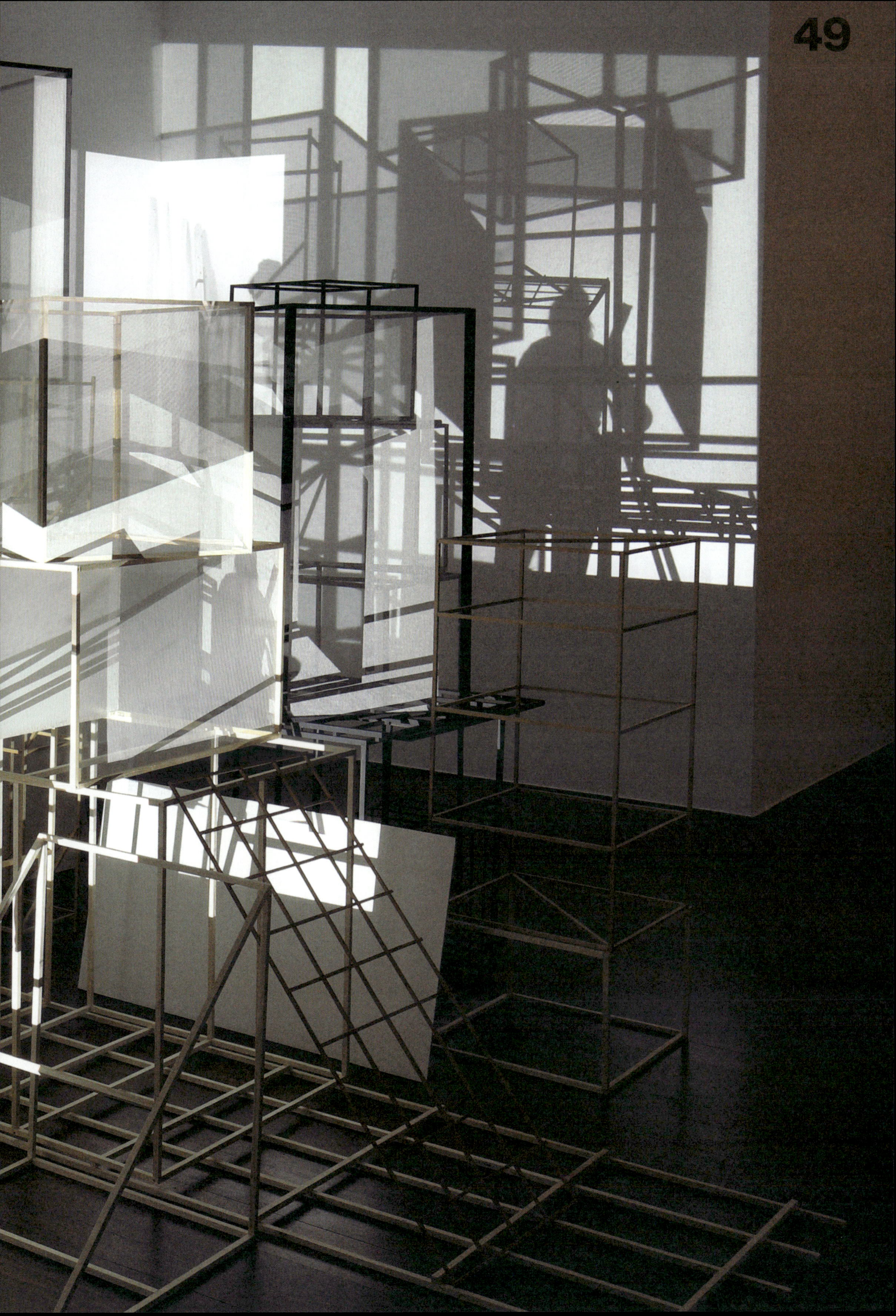

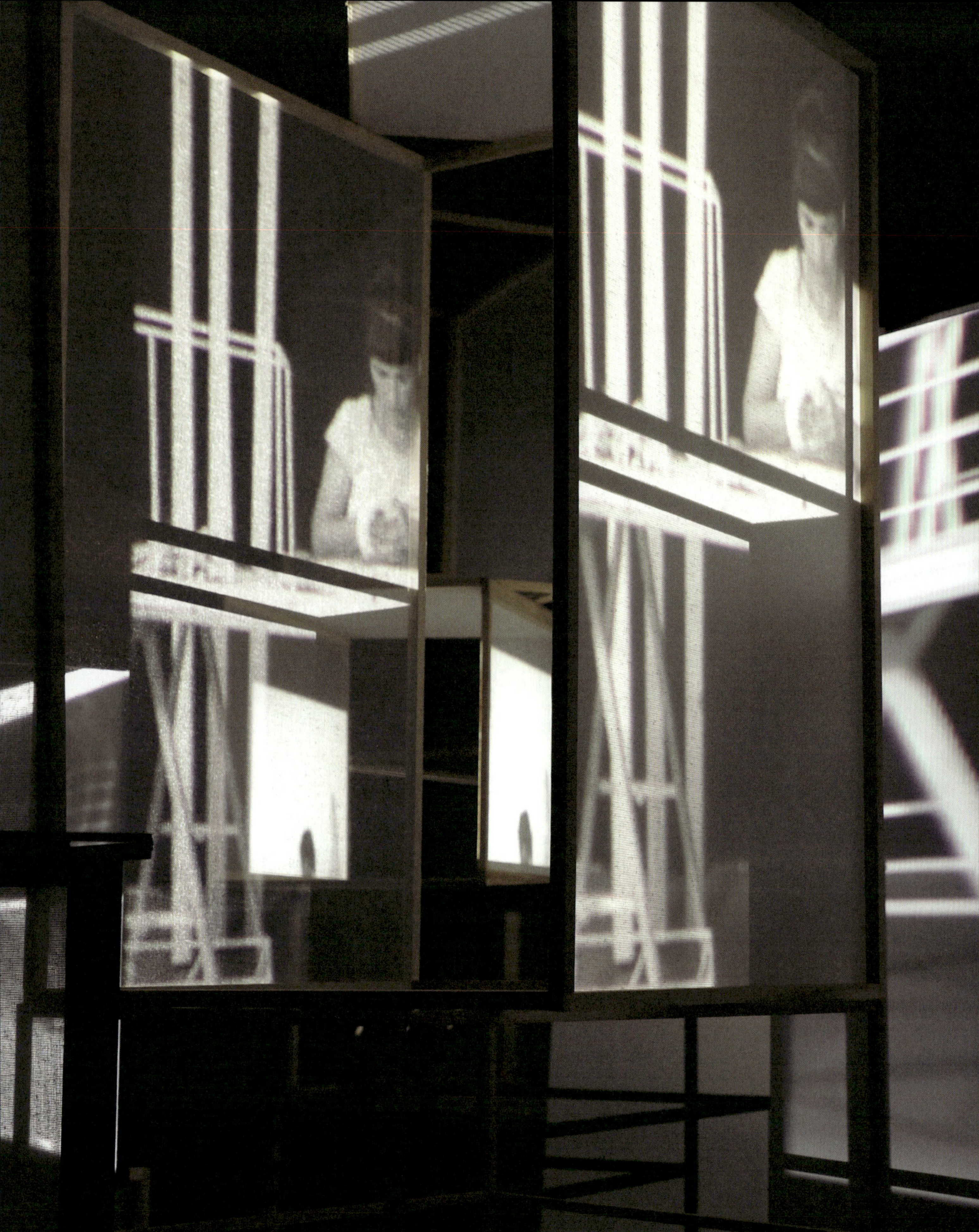

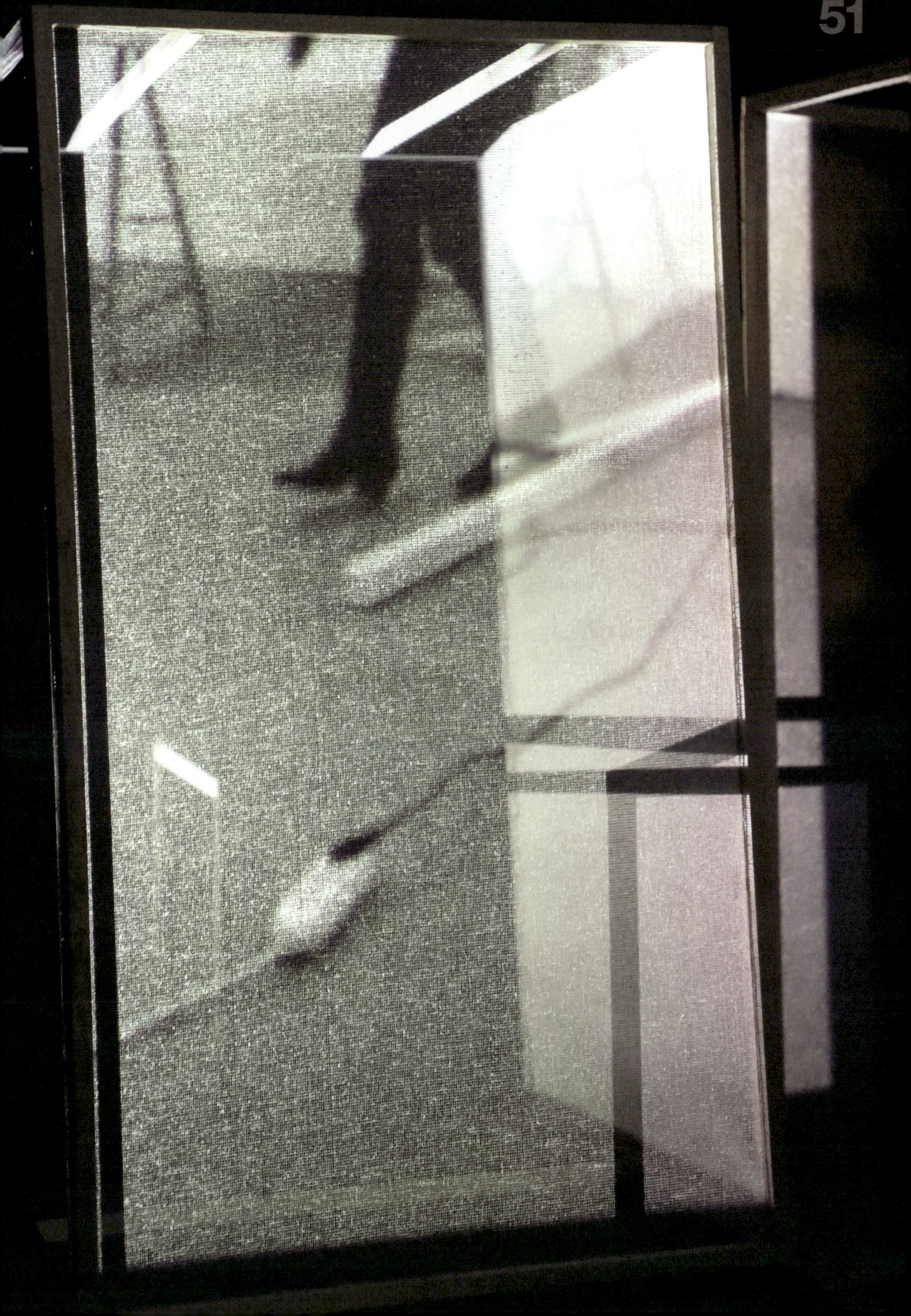

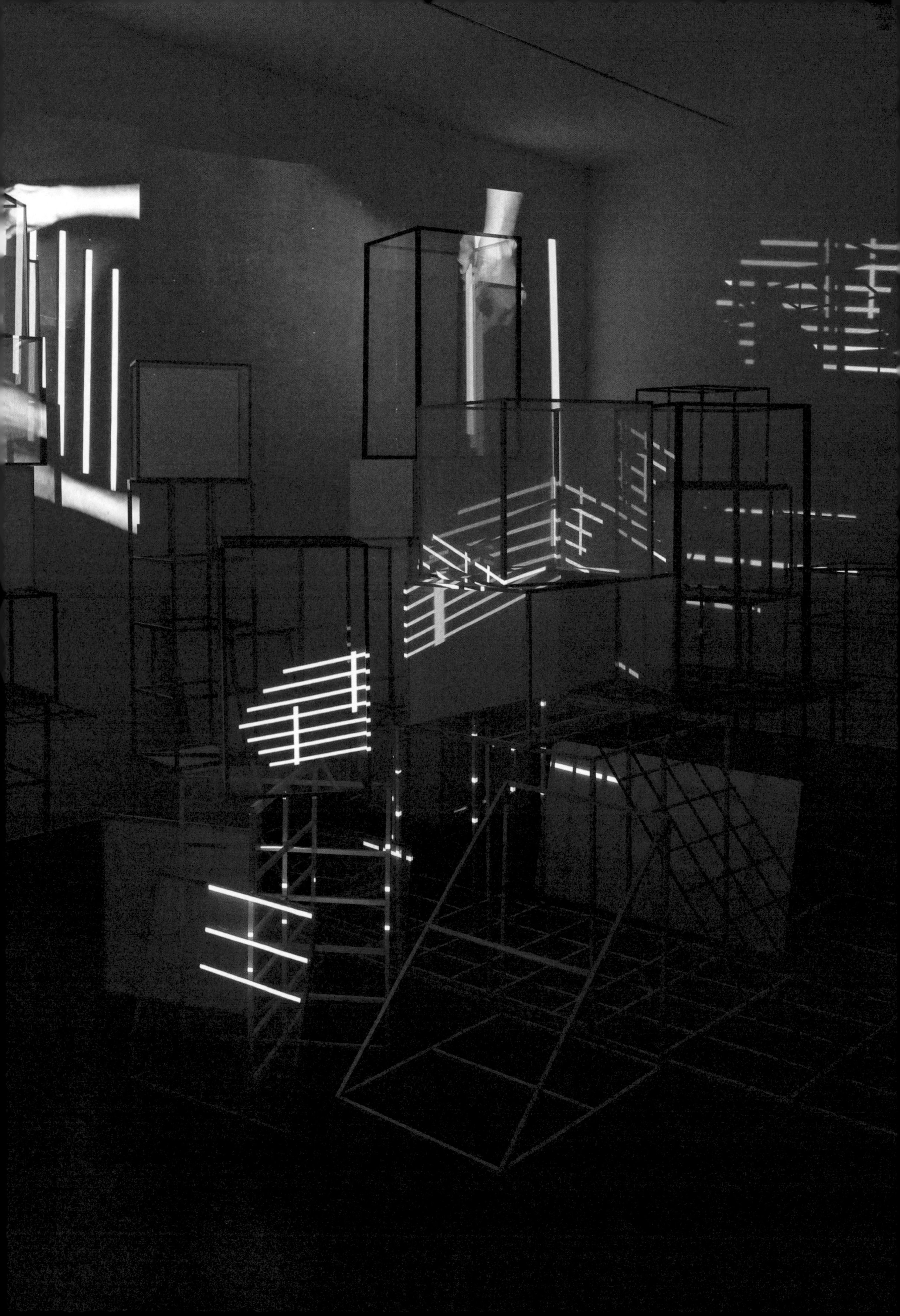

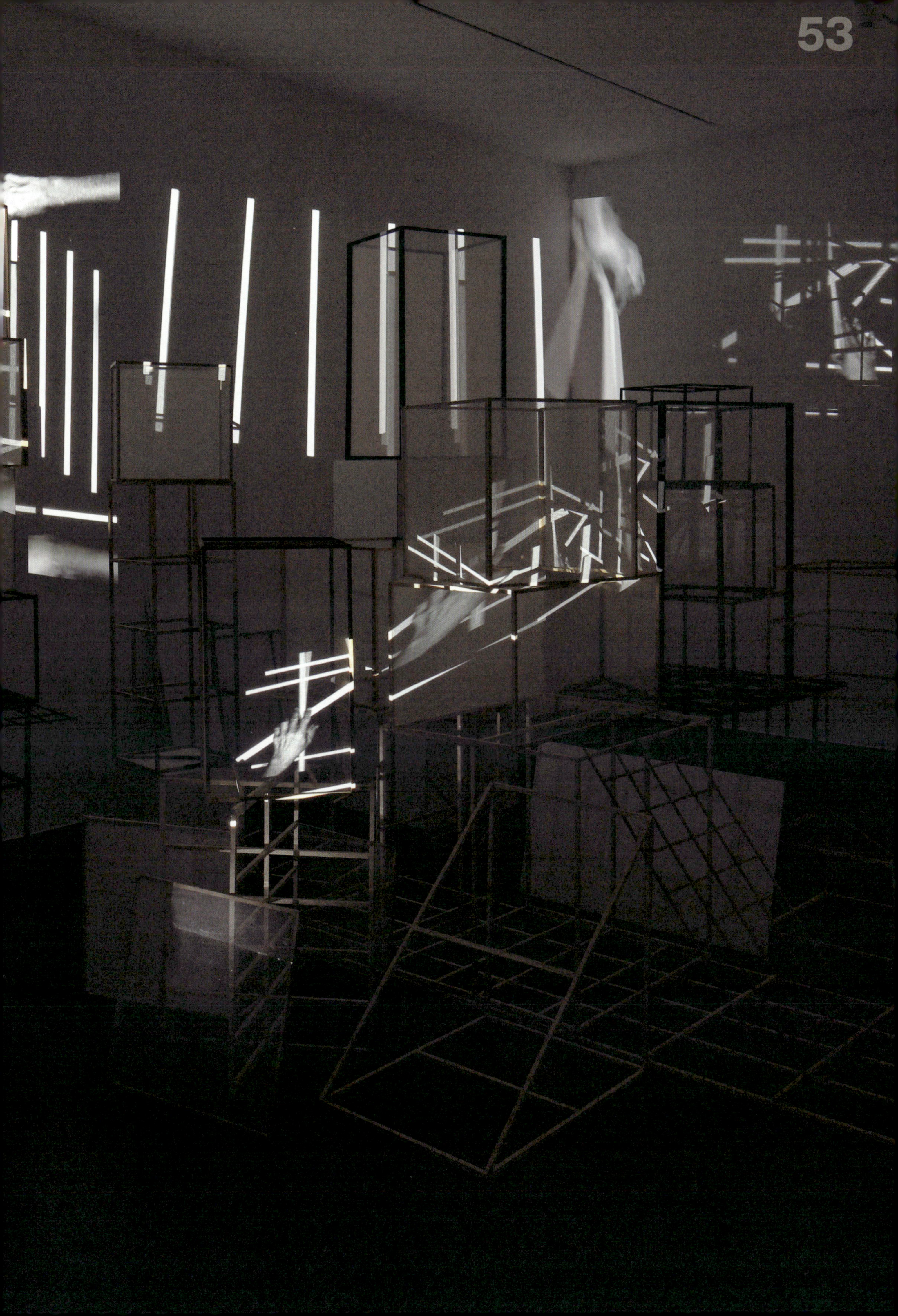

Arbeitstisch, 2022–23
Ausstellungsansichten | Exhibition views, Museum der Moderne Salzburg, 2023
Seiten | pages 54–57

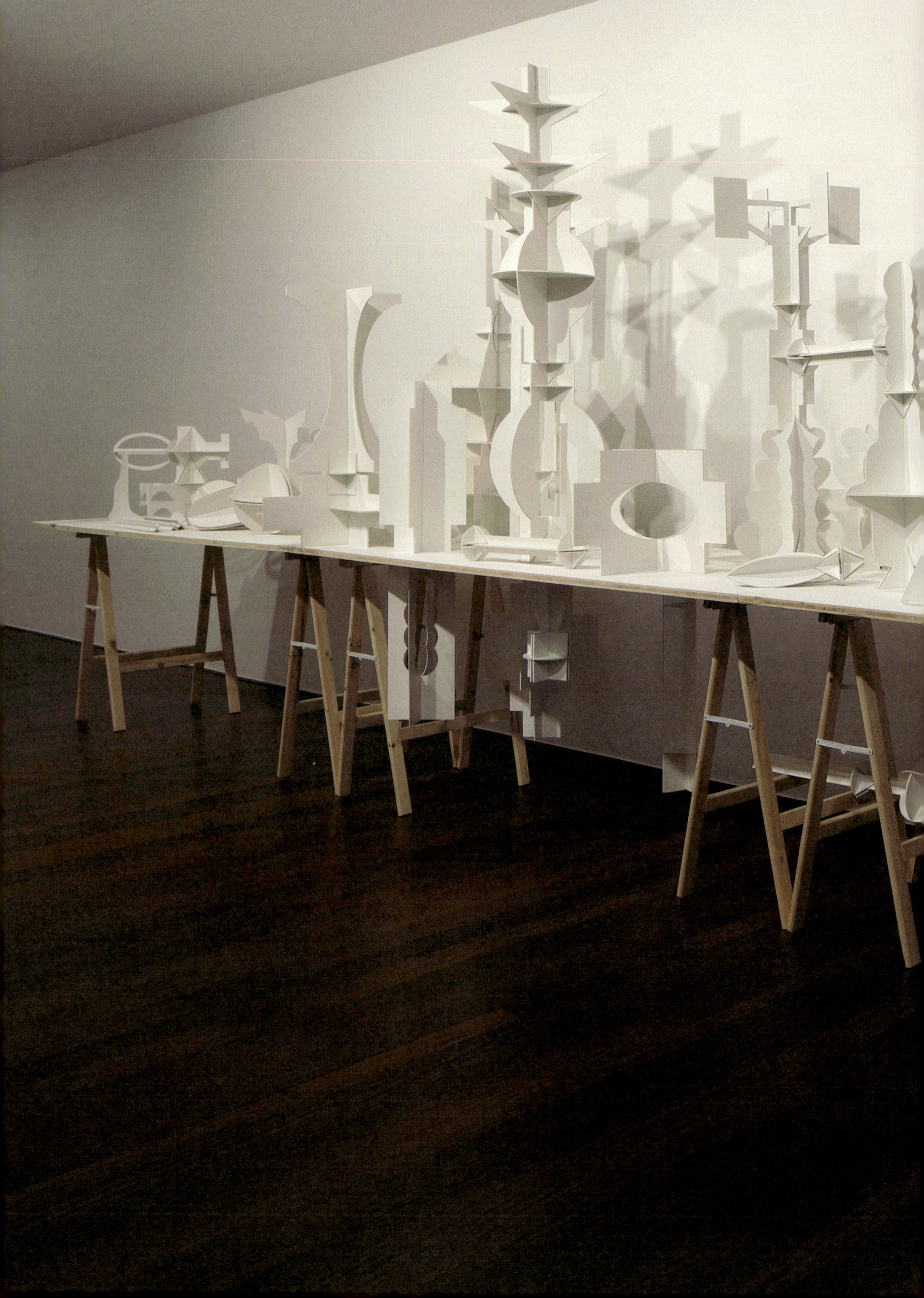

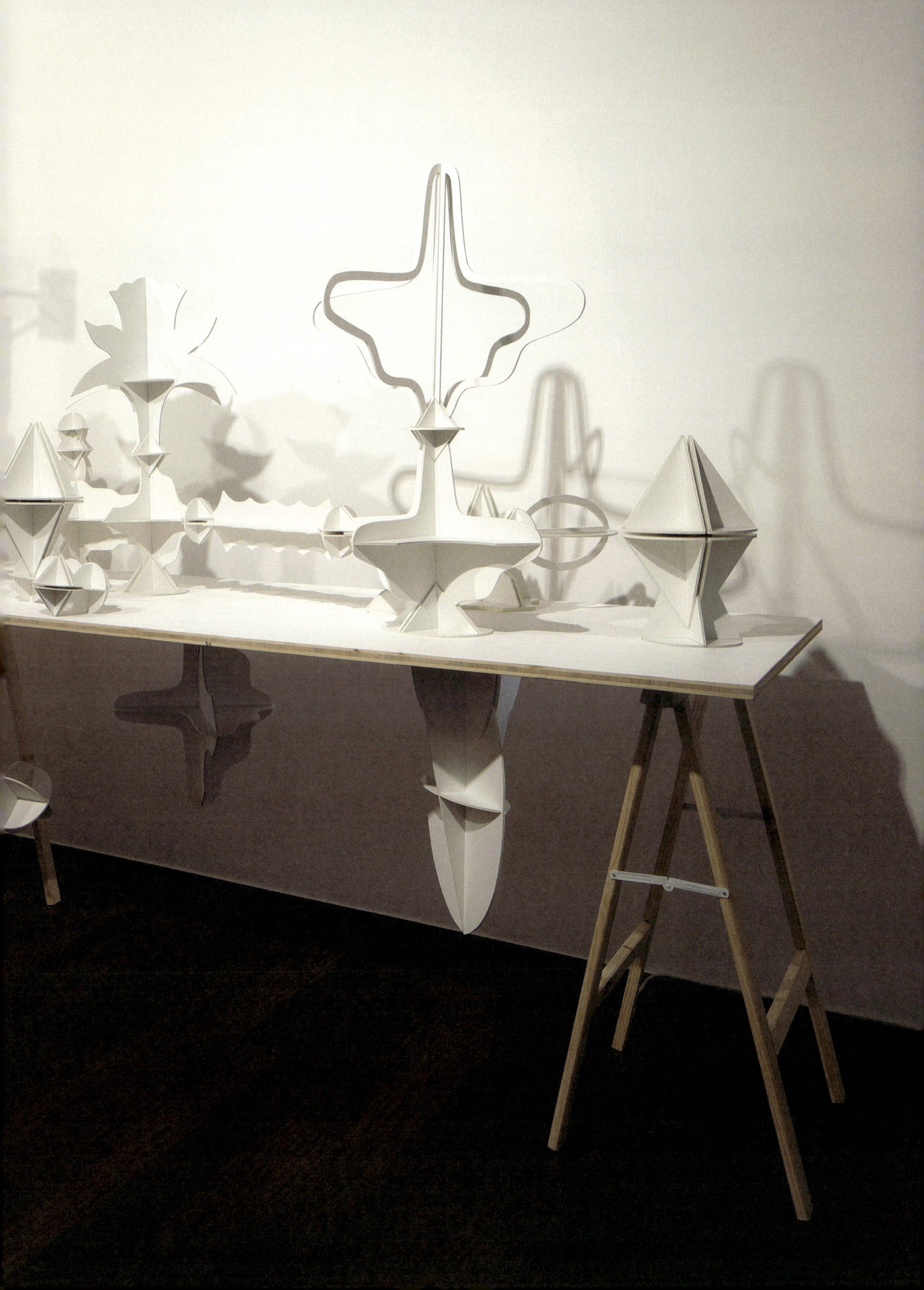

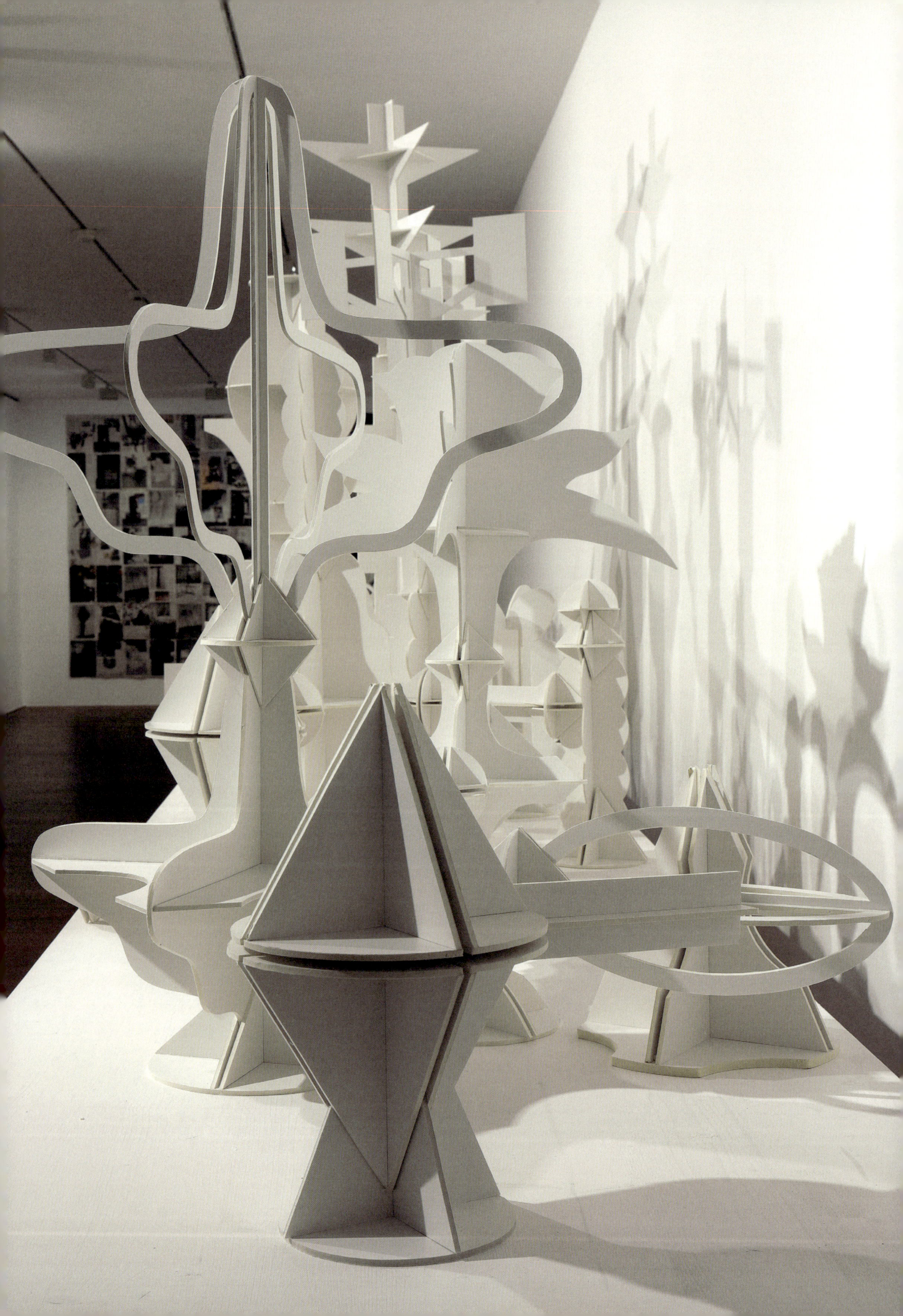

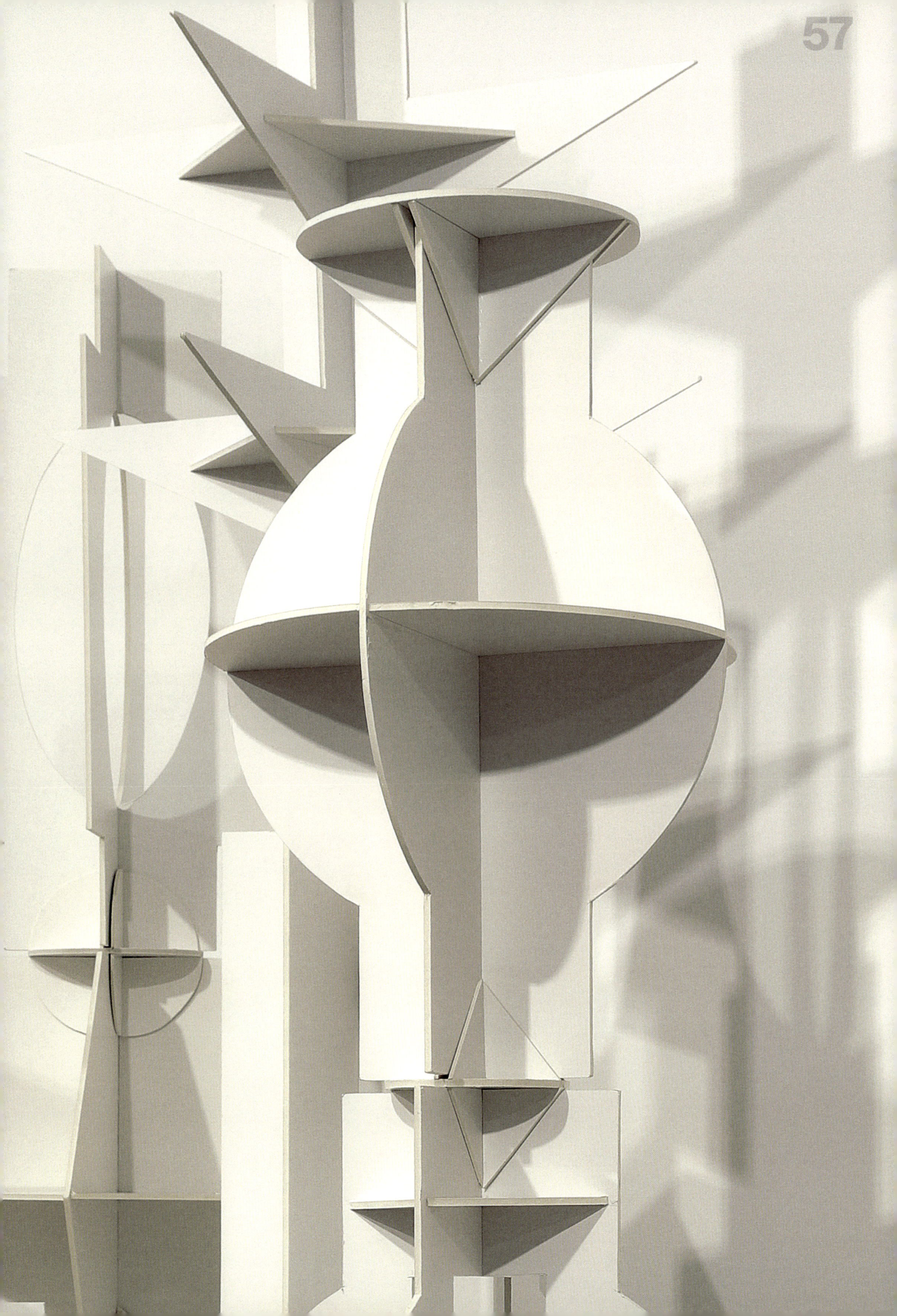

TECHNOGARDEN, 2022
Ausstellungsansichten | Exhibition views, Galerie 5020, Salzburg, 2022
Seiten | pages 58–63

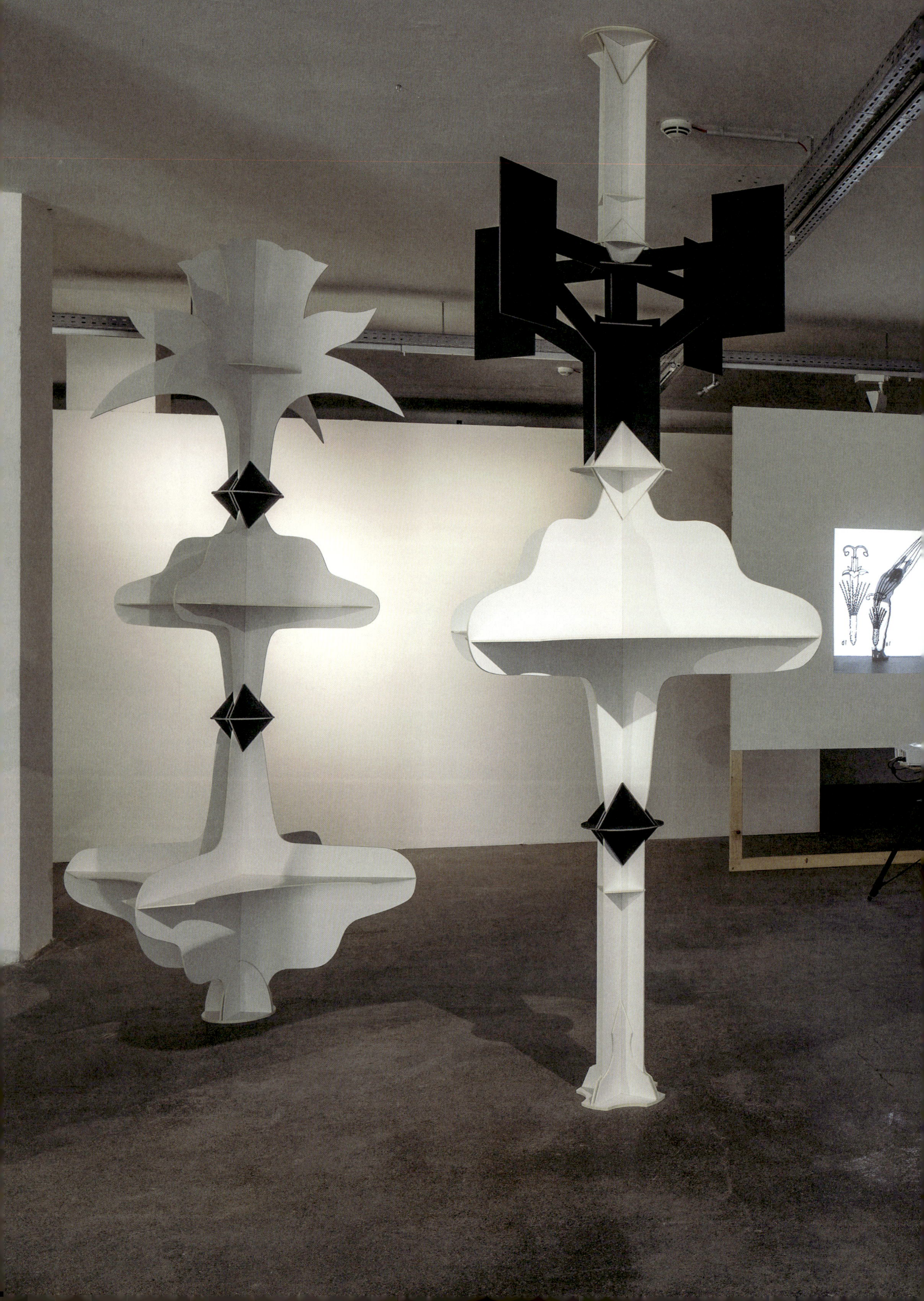

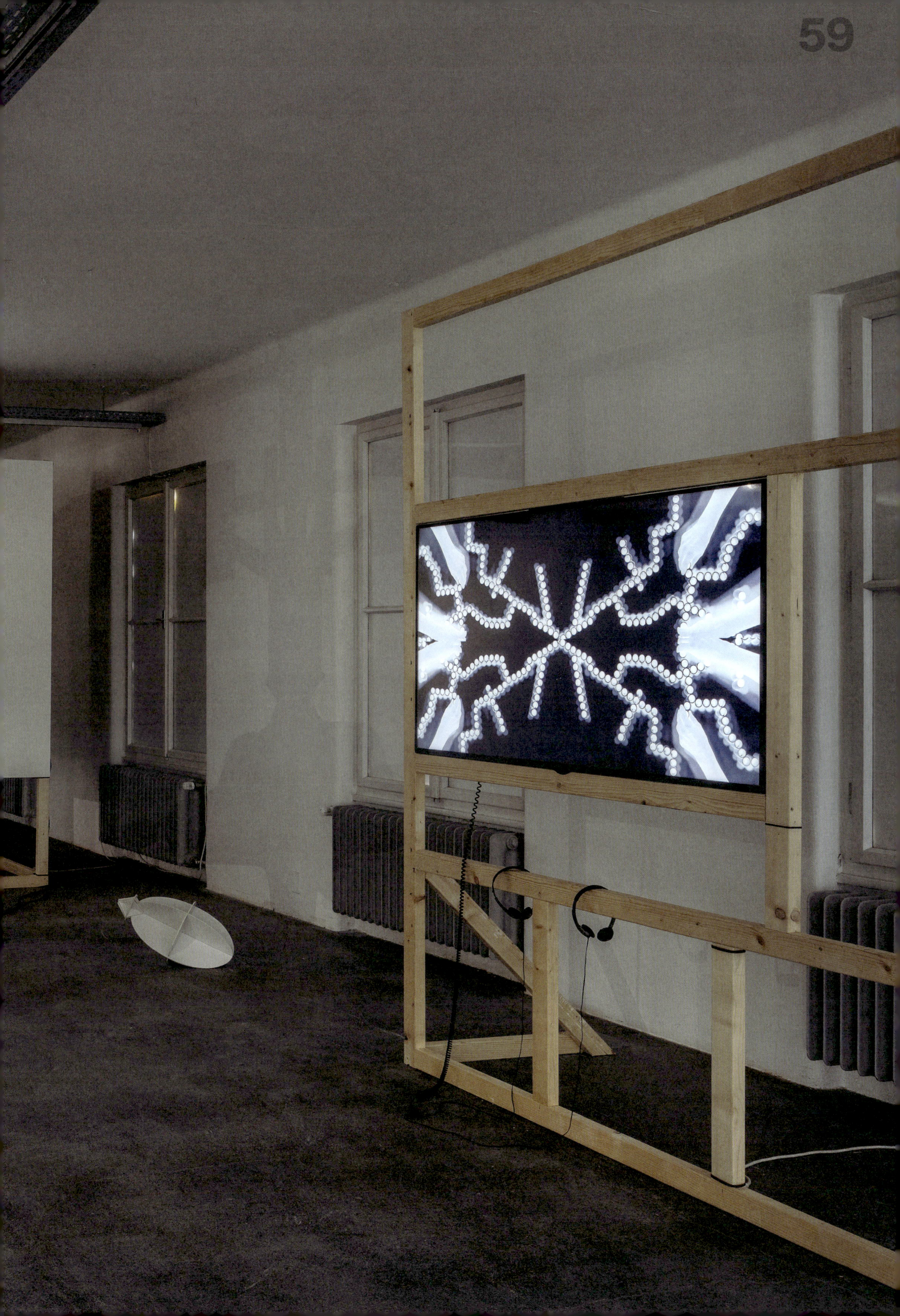

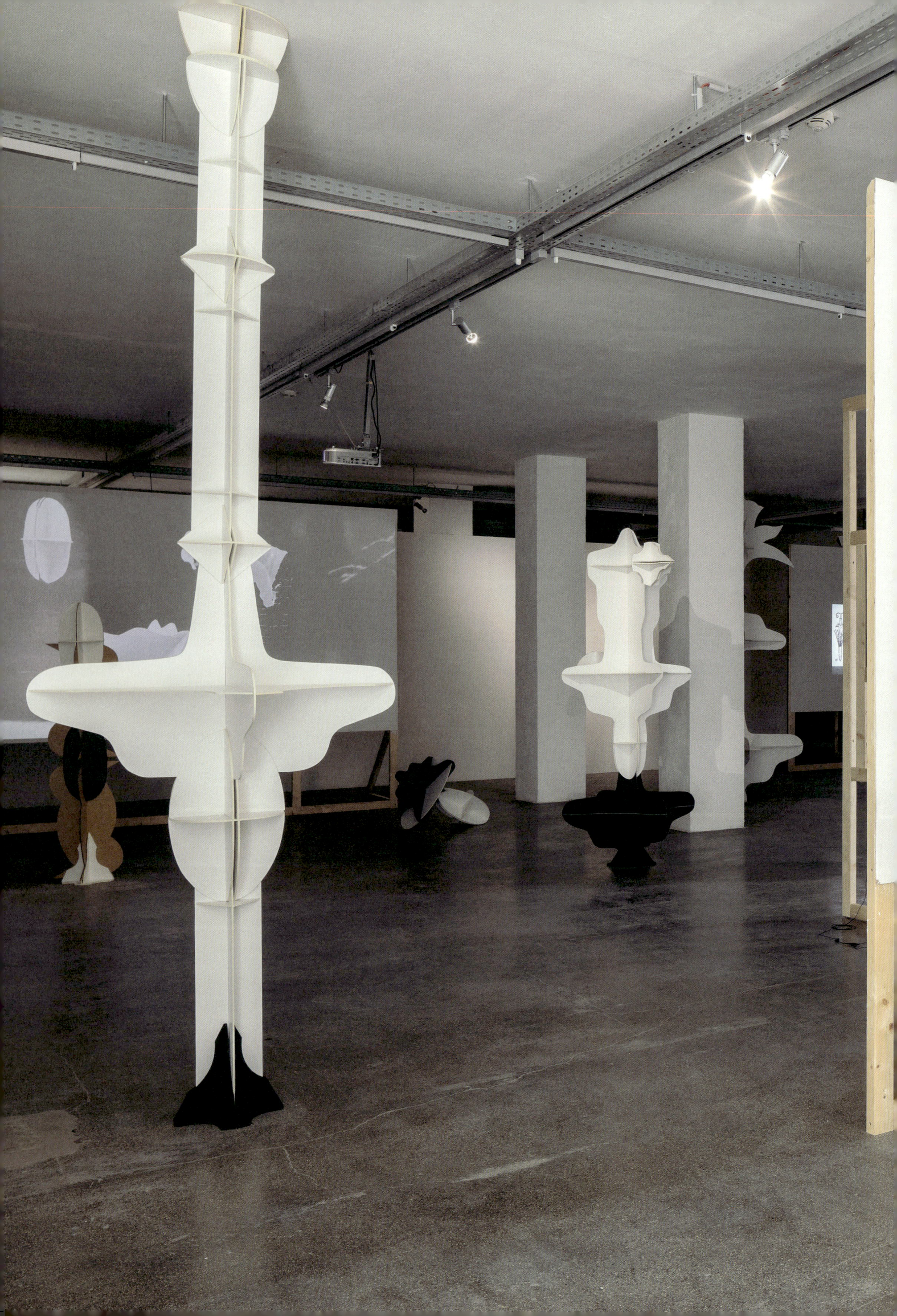

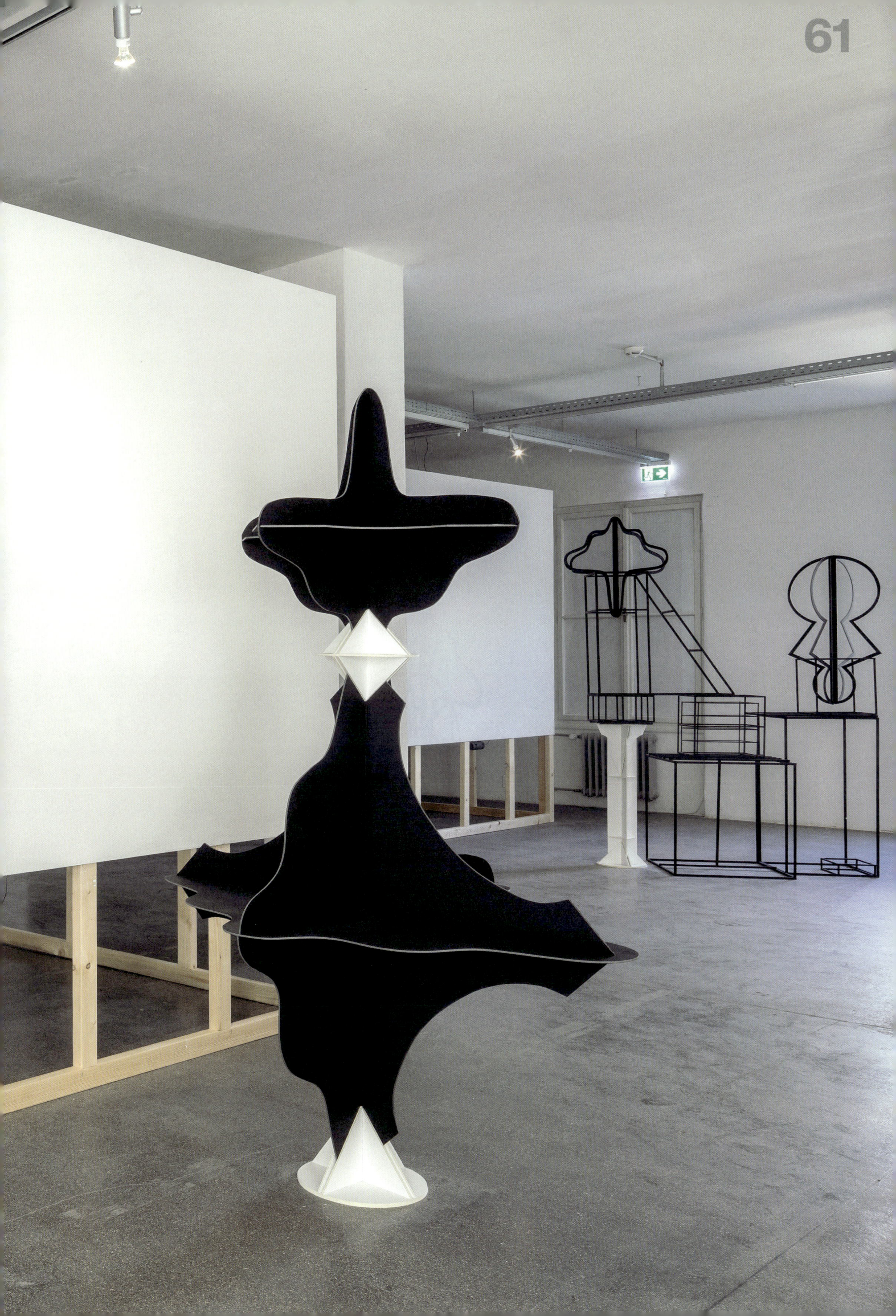

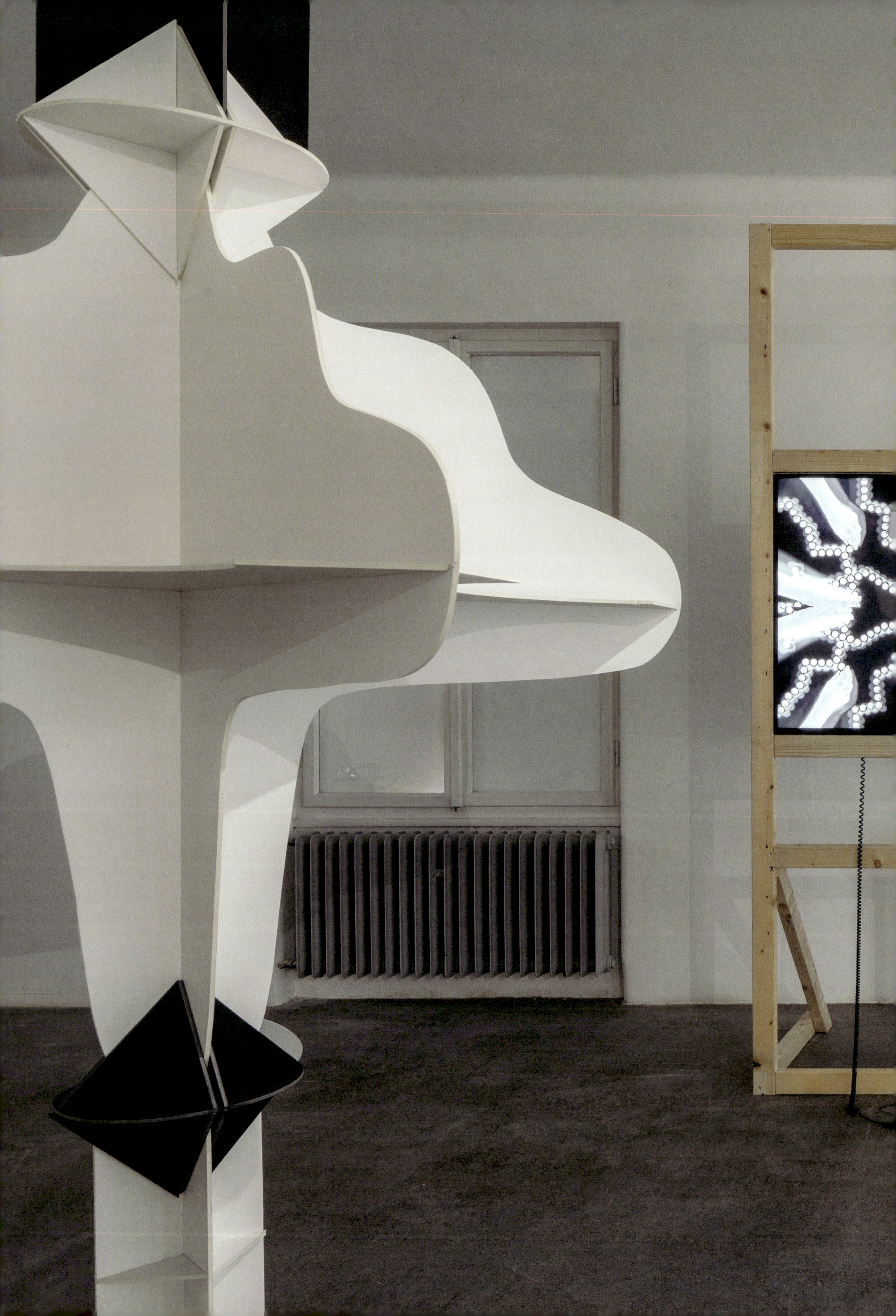

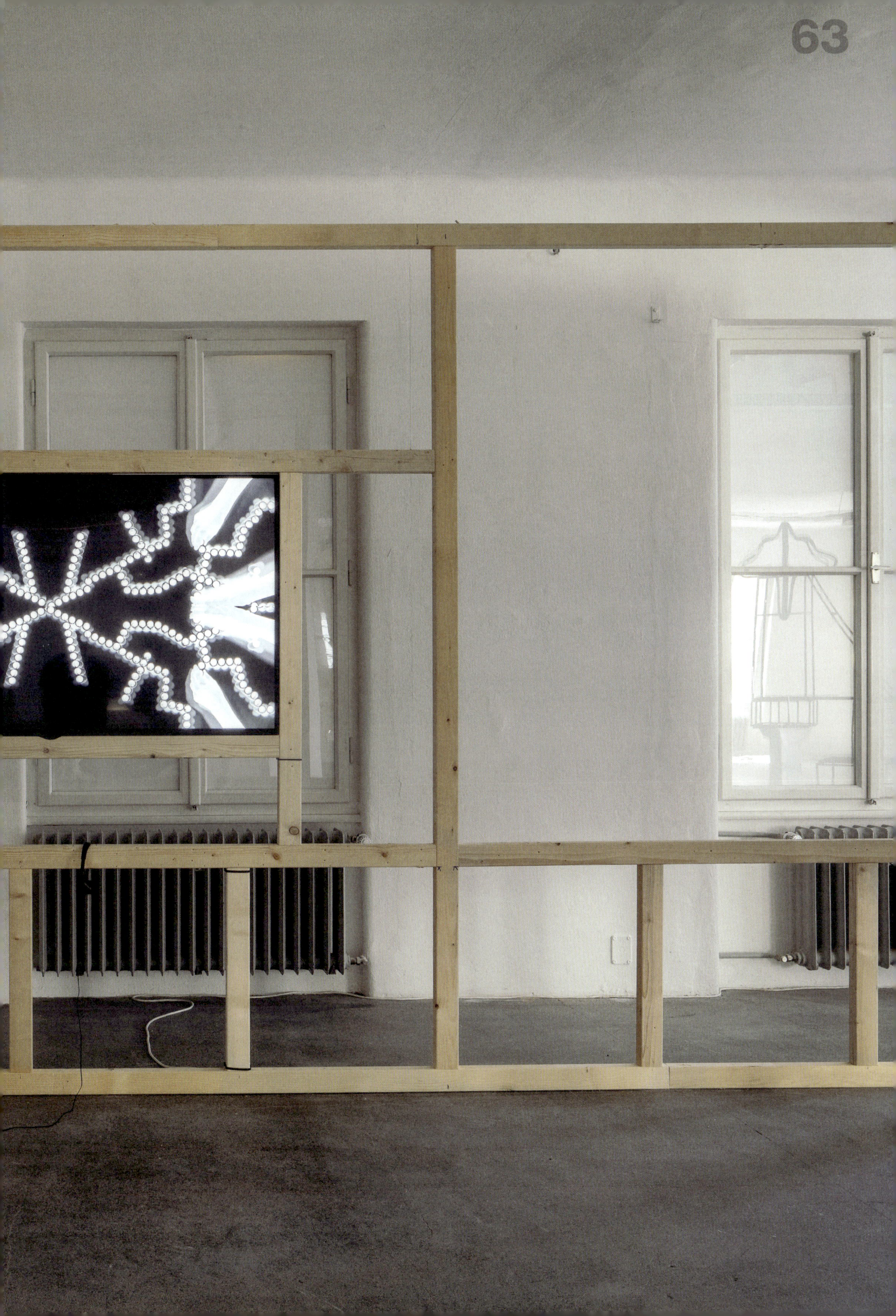

SCHATTENMALEREIEN & LICHTSPIELE

ÜBER DIE VIDEOARBEITEN VON GUNDA GRUBER

I. WORK-LIFE-UNBALANCE

Eines interessiert Gunda Gruber sicher nicht: Die im 18. Jahrhundert praktizierte Trennung zwischen bildender und dekorativer Kunst, also die Unterscheidungen zwischen „männlich" (aktiv, öffentlich) und „weiblich" (passiv, privat) gelesenen Tätigkeiten. Sie dreht jetzt aber auch nicht einfach den Spieß um, sondern wirft diesen eher weg. Denn wenn das Dekorative und vor allem das Handwerk (!) schon mal als „weibliche Tätigkeiten" definiert wurden, wieso nicht daran anknüpfen und daraus eine Kunst machen, die solche Zuschreibungen jedoch auch hinter sich zu lassen versucht?

Den Spieß wegzuwerfen bedeutet in diesem Zusammenhang aber ebenso, den neoliberalen Zerrbildern einstiger utopischer Versprechungen (die Work-Life-Balance aus Arbeit, Leben, Kunst) und ihren aktuellen Manifestationen (Prekarisierung von Arbeit, Leben, Kunst, beziehungsweise „Home Office" als Kinder/Küche/Haushalt und Beruf unter einen Hut/ein Dach bringen zu müssen) nicht auf den Leim zu gehen. Oder es zumindest zu versuchen. Work-Life-Unbalance eben.

II. AUS DER DUNKELKAMMER

Ein immer wiederkehrendes Thema in den Videoarbeiten von Gunda Gruber ist das Atelier. Besser gesagt, das Atelier als Arbeitsraum, gelegentlich erweitert durch White Cubes im wahrsten Sinne des Wortes und die wiederum damit verbundenen Arbeitssituationen beim Ausstellungsaufbau (*Outsideout*, siehe Abb. S. 78–79, *Zwischenzonen*, siehe Abb. S. 70–71).

Was auf den ersten Blick wie ein Switch weg von vermeintlichen Kunst- und hin zu eher offensichtlichen Handgriffen erscheinen mag, erweist sich jedoch meist recht schnell als subtile Methode einer quasi Verunheimlichung durch Bildmanipulationen der jeweils abgefilmten Örtlichkeiten.

Ein Ausstellungsaufbau als Stop-Motion (mit lieben Grüßen an die Anfänge des Trick-Kinos), dazu Mehrfachprojektionen (Hallo Expanded Cinema!) und veränderte Größenverhältnisse, wo die zuvor schon gezeigten Ausstellungsobjekte als Miniaturen wiederkehren, zwischen denen sich die Künstlerin nun jedoch bewegt wie King Kong in New York oder Godzilla in Tokio – alles nur Fragen der jeweiligen Perspektive(n) (*Zwischenzonen*). Wobei sich das Unheimliche hier mindestens zweifach manifestieren kann: entweder in Form eines Ateliers als unheimlicher Ort im Sinne eines neoliberal definierten Workspace mit 24-Stunden-Homework und Home Office in einem zur Optimierung der kreativen Selbstvermarktung oder als Ort eines unheimlich Wunderbaren jenseits ökonomistischer Verwertungsketten. Einfacher gesagt: Gunda Grubers Videos können eine dem Primat des Ökonomischen verpflichtete Work-Life-Balance schon gehörig aus dem Gleichgewicht bringen.

Das Wunderbare daran ergibt sich vor allem aus Materialtransformationen. Sowohl das abgefilmte Material (Dinge, Objekte, Körper) wie das Filmmaterial (egal ob digital oder analog) morphen sich sozusagen gegenseitig als munter ineinander verschlungene Möbiusschleifen.

Es wäre jedoch naiv, zu glauben, dass solch rein materialästhetische Kniffe und Tricks mehr aus dem Gleichgewicht bringen als ästhetische Vorlieben. Denn um Ideologien – welcher Art auch immer – wirklich aus dem Gleichgewicht zu bringen, das heißt sie zu verwirren, indem nicht einfach ein „Anti-Irgendwas" gemacht wird, braucht es Tun, welches eben kein Anti-Tun, sondern ein gewitztes Nicht-Tun darstellt. Das mag zunächst etwas komisch anmuten, da viele Videos Tätigkeiten zeigen: Dinge, Sachen, Körper, Objekte umstellen, abstellen, anstellen, aufräumen, abräumen, umräumen, aufbauen, abbauen, wegstellen, hinstellen, andeuten, umdeuten, zusammenbauen, umbauen.

Was Gunda Gruber in ihren Videos tut, ist gekennzeichnet von einer stoischen Ruhe bei gleichzeitig gereizter Langeweile. Das ist die Ironie an der Sache, verändert aber auch die jeweiligen Beziehungen zwischen dem, was in den Videos mal als Objekte und mal als Subjekte und vice versa erscheint. Aber vielleicht steckt das größte Potenzial ja sowieso in einem Grundcharakteristikum zeitbezogener audiovisueller Kunst: Zeit als Dauer darzustellen. Nur ist bei Gunda Gruber nie ganz klar, ob damit Langeweile gefüllt oder Zeit totgeschlagen wird, Zeit also mit nichts gefüllt wird.

Ein Effekt davon kann ein Tunnelblick sein (oder ein „Ins-Narrenkastel-Schauen"), mit dem Effekt, dass die Dinge plötzlich nicht mehr das sind, was sie scheinen oder als was sie erscheinen (*Systemerhalter*, siehe Abb. S. 75).

Das Alltägliche – die Atelierroutine mit all den damit verbundenen Stillständen, Leerläufen, Handgriffen – als ebenso nötige Bedingung wie absurdes Reenactment funktionaler Vorgänge wird hierbei nicht einfach ästhetisiert, in ein besseres Licht gesetzt, sondern trotz Verfremdungen als (auch psychisch) wahrgenommene Entfremdung dargestellt. Das Tun wird einem selber fremd, Automatismen werden von Somnambulismus nicht mehr unterscheidbar. Die Dinge und die Gestalten fangen an zu spuken. Oder das Außen dringt mit aller Brutalität immer mehr ein in einen White Cube und zerstört diesen „safe space" derart, dass „die Kunst" nur noch ratlos und geschlaucht im Sessel sitzen kann und sich dabei trotzig jeglicher romantischen Anwandlung etwaiger Melancholie verweigert (*Outsideout*).

Gerade dass nicht alles erkennbar, aber vermutbar ist, lässt genauer hinsehen – und in die Blickfalle tappen. Hinzu kommt, dass das Atelier gemeinhin ja auch jene „Dunkelkammer", jenen unsichtbaren Ort darstellt, ohne den es zwar keine Ausstellungen gäbe, der aber bei öffentlichen Präsentationen nicht immer seiner Wichtigkeit entsprechend mitschwingt. Und auch Gunda Gruber drückt uns das nicht sofort und für alle gleich ersichtlich aufs Auge. Ihr geht es hierbei auch um Aspekte des Handwerks und des Gemachten. Nicht zuletzt um Basteln als Kunst und die Kunst des Bastelns im Dienste mannigfaltiger Irritationstechniken, die je nachdem mal als Traummaschinen, Illusionsapparate oder Mobiles erscheinen können. Gedankensprungbretter sind sie allemal: Jede Fläche ist eine Projektionsfläche für die Schaulust, selbst wenn dafür alles zuvor Aufgebaute so lange übermalt wird, bis es wieder verschwindet, was ebenso zynisch wie als Notwendigkeit gedeutet werden kann.

III. NÄHEN UND SCHNEIDEN

Jeder Schnitt, egal ob bei Kleidern, audiovisuellem Material oder bei Mary Shelleys *Frankenstein*, vernäht auch etwas Neues. Wenn sich Sergei Eisenstein und der Surrealismus je einig waren, dann wohl in dem, was die funktionalen Aspekte der „Kunst der Montage“ betrifft. Die Montage als Aufforderung zum selber Regisseur:in-Werden (zum Beispiel im Gegensatz zur eher passiv genossenen Überwältigungsästhetik von Filmtricks).

Jetzt muss aber nicht gleich jede visuelle Montagetechnik mit dem Surrealismus rückgekoppelt werden, damit das dann auch irgendwie kunsthistorisch markiert und abgesichert ist. Neues, aktives Sehen durch Irritationen des Zeitlichen, des Räumlichen, des Narrativen gibt es mittlerweile durch das Internet in allen möglichen Variationen: von „YouTube Kacke“, über Low-Fi-Surrealismus bis hin zu nun schon historisch zu nennenden Fraktal-Versionen psychedelischer Lightshows und fast allem, was jemals als Fluxus gegolten hat.

Gerade angesichts dieser Überfülle an audiovisuellen Artefakten (viele davon jenseits jeglichen Kanons und deshalb umso spannender) erübrigt es sich auch bei den Arbeiten von Gunda Gruber, einzelne Namen oder konkrete Stile zu erwähnen. Was wie die Turmspitze einer Barock-Kirche erscheinen mag, kann ebenso eine Hommage oder Anlehnung an das *Triadische Ballett* von Oskar Schlemmer sein (Wortspiele bzgl. des Terminus „Bauhaus“ inklusive). Anders gesagt: Hier durchkreuzen sich permanent nicht nur die Stile, sondern auch die Sphären Kunst und Handwerk. Surrealismus trifft auf Heimwerken, Expressionismus auf Lagerhaus.

Dieses vermeintliche Wirrwar ist umso köstlicher, je genauer dessen Ursachen erkennbar werden.

Es sind kleine, dezent versteckte Cuts, keine Montage-Artistik (*Bodyscan*, siehe Abb. S. 80–81). Auch hier findet sich das Prinzip des scheinbar nicht Zusammenpassenden, des Widersprüchlich-Ambivalenten (die Jump-Cuts der Nouvelle Vague treffen auf die unsichtbaren Schnitte des klassischen Hollywood-Kinos) als Voraussetzung für lustvolle Blick-Unfälle.

Gerade das Schwarz-Weiß generiert hier mitunter eine dunkle Psychedelic zwischen Jahrmarktszauber und B-Movie-Ästhetik.

Mehrfachprojektionen und Gespiegeltes transformieren sich zu kaleidoskopischen Mustern. Achsenverschiebungen vervielfältigen sich zu Labyrinthen und Faltungen in Bewegung oder Bewegungen als Faltungen (*Bodyscan*). So entsteht eine Geometrie der Nicht-Ordnung(en) durch permanent geremixte Spielanordnungen, wo die teilweise selben Objekte immer wieder neu geordnet und umgeordnet werden (*Bodyscan*).

Hinzu kommen eine Strenge und ein Witz als Effekte eben dieser Remixe: Die Augen machen „Oh!“ beim Wiedersehen, während sie eine imaginäre Möbiusschleife entlangfahren.

Konzeptuelle Strenge und eine damit und dadurch generierte Leichtigkeit gehören vielleicht zu den augenfälligsten Merkmalen angesichts der Videos von Gunda Gruber. Jede verschobene Perspektive suggeriert auch ein gewisses ironisches Zwinkern und fordert regelrecht auf, durch die Bilder zu gehen (*X10+2*, siehe Abb. S. 82–83).

Dazu passt auch die Musik von ROT (Franz Bergmüller, Markus Kircher), die bei vielen Videos erklingt und die mit ihren Klangerzeugungen in expressiv-spontaneistischer Improvisiertheit einen harschen Anything-Goes-Gegenpol schafft.

IV. LICHTSCHATTEN

Die Verunheimlichung der Realität – verstanden als das, was von Wirklichkeit wahrgenommen wird – führt gerade durch mit Möglichkeiten technisch generierter Abstraktionen schon seit Anbeginn bewegter Lichtbilder zum Phantastischen (Laterna Magica, Georges Méliès). Schatten, Spiegelkabinette, Scherenschnitte, Schattenrisse als Bilderlabyrinthe zum Entdecken vermeintlicher Objekte oder Phantome haben schon immer an die Schaulust als Quelle neuer Erkenntnisgewinne appelliert. Dabei reicht es schon aus, ein Wort wie „Lichtbild" wortwörtlich zu nehmen, um daraus Lichtkunst, Lichtmalerei zu machen. *Painting With Light* heißt dann auch das 1949 erschienene Standardwerk des US-amerikanischen Kameramanns John Alton, bekannt für seine hochstilisierten Arbeiten zwischen Film Noir (*The Big Combo*) und Musical (*An American in Paris*).

Gunda Gruber vertauscht aber nicht einfach den Pinsel, der bei ihren Arbeiten sowieso eher zum Malen und Anstreichen von Dingen verwendet wird, mit der Kamera. Ihr geht es ganz grundsätzlich um Lichtflackern, um Lichtflackern ohne ausreichende Koordinaten, also um Spaß am Flackern. Was da so flackert und flimmert, kann ja später geklärt werden (Ist das ein Lichtpunkt? Ein Ball? Zwei- oder dreidimensional?) (*Dunkelkammer*, siehe Abb. S. 86–87).

So paradox es klingen mag: In den besten Momenten gelingt es Gunda Gruber in ihren Videoarbeiten, gerade durch das Zeigen einer im Grunde banalen Gemachtheit des zu Sehenden (zum Beispiel einer Lichtshow, in der sowohl die Lichtquelle – eine Lampe – als auch die Hand, die sie schwenkt, zu sehen sind) das Wunderbare als umso größeres Illusionspotenzial manifest werden zu lassen. Zudem inspiriert es zum Selber- oder Nachmachen. Gerade durch minimale optische Verfremdungen des Visuellen (durch Licht, welches die Dinge verzerrt, wie durch Schatten, die als rätselhaftes Dekor herumgeistern) entstehen hier Bilder, die – je nach Perspektive – sowohl als „Optisch-Magisches", wie es Lotte H. Eisner in ihrem Standardwerk zum expressionistischen Film *Die dämonische Leinwand* 1952 beschrieben hat, wie als „Optisch-Unbewusstes" im Sinne von Walter Benjamin gesehen werden können.

Körper werden zu Gestalten (zu Gestaltetem, zu Projektionsflächen für Lichtbilder und Lichtspiele, wie etwa in *Bodyscan*), zu virtuellen Erscheinungen (es reicht die Anwesenheit der Künstlerin bei einer Vernissage als virtuelles Bild). Gunda Gruber zeigt aber auch: Jedes Bild hat einen Schatten. Diese Negativ- oder Röntgen-Bilder sind bevölkert von Wesen, die mal Hausgeister, mal Doubles, mal Doppelgänger:innen, mal Phantome – womöglich aus anderen Dimensionen – und dann auch wieder gespiegelte Schattenwesen sein können (*X10+2*). Jedenfalls tragen sie oft Kleidung, die auf die sie umgebenden Objekte abgestimmt ist und in der sich die Muster gegenseitig ergänzen oder verzweigen.

Und dann wäre noch dieses glühende Weiß. Immer wieder füllt es das Bild aus, verschlingt fast alles. Das glühende Weiß als negatives Schwarz (Heute mal wieder ganz schlecht drauf?), die Schönheit zersprungener Spiegel als fraktale Auflösung durch passiv-aggressive Geisterhände. Das Bild vom Atelier (das Bild an sich) löst sich auf (*Ctrl+Shift+Z*; *X10+2*). Eine letzte Materialvergewisserung (unter dem Pflaster nachschauen, wie es der Wunde geht).

V. CALL ALICE ...

So sehr einzelne Videos auch allein für sich stehen können – im Ausstellungskontext ebenso wie als Visuals für Konzerte oder im Club –, so sehr sind sie mit den jeweiligen Installationen von Gunda Gruber verwoben. Sie (er)öffnen und erweitern diese hin zu neuen Räumen und fungieren hier gleichsam als Risse, Brüche oder Frakturen im Gewebe der Ausstellungen. So gesehen, sind die Videos auch Wurmlöcher (der Bau des weißen Hasen, dem Alice auf ihrem Weg ins Wunderland folgt, ist ja auch nichts anderes).

Was in den Rauminstallationen noch fehlt (weil es nur in einem/als anderes Medium eingefangen und/oder transportiert werden kann), erschließt sich (erst) in den Lichtspielen. Da kann ein Ausstellungsrundgang schon mal zu einer audiovisuellen Reise mit ungewissem Ausgang werden.

Aber wie sagte schon Alice dereinst hinter den Spiegeln: „Irgendwie kommen mir dabei lauter Gedanken in den Kopf, aber ich weiß nicht welche.“[1]

1 Lewis Carroll, *Alice hinter den Spiegeln*, Frankfurt am Main: Insel Verlag, 1963, S. 28.

Zwischenzonen, 2019
Videostills

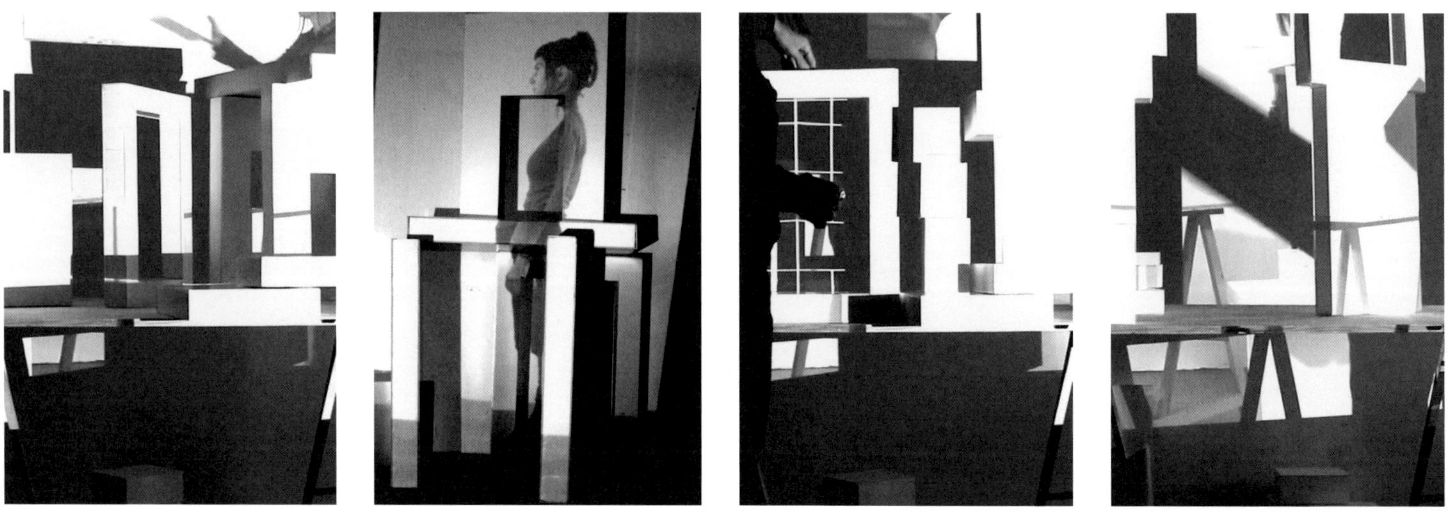

DIDI NEIDHART

SHADOW PAINTINGS & LIGHT PLAYS

ON THE VIDEO WORKS OF GUNDA GRUBER

I. WORK/LIFE IMBALANCE

One thing that Gunda Gruber is certainly not interested in is the separation between "fine" and "decorative" art practiced in the eighteenth century: that is, the distinction between activities read as male (active, public) and female (passive, private). But rather than simply turning the tables, she discards them. For if the decorative aspect and handicrafts in particular have already been defined as "women's activities," then why not build on that and turn it into an art that at the same time seeks to leave such attributions behind?

In this context, discarding the tables also means not falling for the neoliberal travesties of one-time utopian promises (work/life/art balance) and their current manifestations (precarization of work/life/art, or "working from home" as having to juggle, to literally bring under one roof, children/cooking/housekeeping and work. Or at least trying not to succumb to that frantic, futile endeavor. Indeed, work/life imbalance.

II. FROM THE DARKROOM

A recurring theme in Gunda Gruber's video works is the studio or, more precisely, the studio as a workspace, occasionally expanded to include literal white cubes and the related work situations when installing an exhibition (*Outsideout*, see fig. pp. 78–79, *Zwischenzonen* ["intermediate zones"], see fig. pp. 70–71).

What at first glance may look like a switch away from supposedly artistic devices to more obvious hand movements, however, tends to soon turn out to be a subtle method of injecting uncanniness, as it were, through image manipulation of the particular locations filmed.

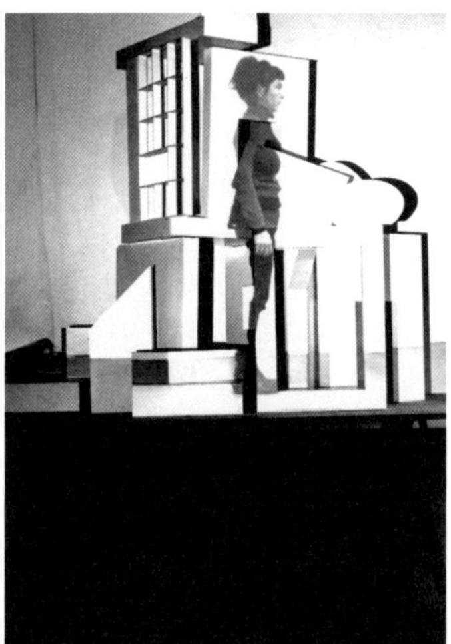

The installation of an exhibition as stop-motion (with a tip of the hat to the beginnings of animated film), plus multiple projections (hello expanded cinema!) and changed proportions, with the previously-shown exhibits returning as miniatures, among which the artist now moves like King Kong in New York or Godzilla in Tokyo—all just a matter of the respective perspective(s) (*Zwischenzonen*). Although there are at least two ways the uncanny can manifest itself here: the studio as an uncanny place in the sense of a neoliberally defined workspace with 24-hour homework/work from home to optimize creative self-marketing, or as a place of something uncannily wonderful beyond economic valorization chains. To put it more simply: Gunda Gruber's videos can thoroughly disrupt a work/life balance that is committed to the primacy of economics.

What is wonderful about it is mainly the result of material transformations. Both the filmed material (things, objects, bodies) and the film material (be it digital or analogue) morph into one another, so to speak, as cheerily intertwined Möbius strips.

However, it would be naïve to believe that such purely material-aesthetic tips and tricks give rise to more imbalance than do aesthetic preferences. For effectively unbalancing ideologies of whatever kind—that is, unsettling them in ways other than simply creating an "anti-something"—requires action that is not anti-doing but, rather, shrewd non-doing. This may seem a bit strange at first, given that many videos show activities: shifting things, bodies, objects, putting them down, activating them, cleaning them up, clearing them away, rearranging them, installing them, dismantling them, putting them away, putting them down, indicating them, reinterpreting them, putting them together, altering them.

Gunda Gruber's activities in her videos are characterized by a stoic calm and a simultaneously irritated boredom. That's the irony of it, but it also changes the relationships between what in the videos appear sometimes as objects, sometimes as subjects, and vice versa. But the greatest potential may lie in one of the basic characteristics of time-based audiovisual art anyway: its rendering of time as duration. Except that in the work of Gunda Gruber it is never quite clear whether it serves to fill boredom or to kill time—that is, to fill time with nothing.

One effect of this can be tunnel vision (or just gazing into nothingness), with the result that things are suddenly no longer what they seem to be or appear as (*Systemerhalter* ["system maintainer"], see fig. p. 75).

In the process, the everyday aspect—the studio routine and all the downtimes, idling, movements associated with it—as both a necessary condition and an absurd reenactment of functional processes is not simply aestheticized, cast in a better light, but is presented as (mentally) perceived alienation despite instances of defamiliarization. The activities become foreign to oneself; automatisms are no longer distinguishable from somnambulism. Things and figures begin to haunt. Or the outside increasingly invades a white cube with all its brutality and destroys this "safe space," such that "art" can only sit helplessly and exhausted in the armchair, defiantly denying itself any romantic fit of possible melancholy (*Outsideout*).

The fact that not everything is visible but can be conjectured impels us to take a closer look—and to fall into the visual trap. In addition, the studio generally is that "dark room," that invisible place without which there would be no exhibitions, although in public presentations it doesn't always resonate in a manner commensurate with its importance. Nor does Gunda Gruber force this on us immediately, and equally visibly for all. She is also concerned with aspects of craftsmanship and what is created—not least with crafting as art and the art of crafting in the service of various irritation-techniques that, as the case may be, can sometimes manifest themselves as dream machines, illusion apparatuses, or mobiles. Invariably, they are springboards for ideas: every surface is a projection screen for the curious eye, even if everything that has been built up for it is painted over until it disappears again, which can be equally interpreted as being cynical or as a matter of necessity.

III. SEWING AND CUTTING

Any cutting, whether it's clothing, audiovisual material, or Mary Shelley's *Frankenstein*, also sews something new. If there was anything Sergei Eisenstein and Surrealism agreed on, it was surely the functional aspects of the "art of montage." Montage as an invitation to become a director yourself (in contrast to, say, the more passively enjoyed, overwhelming aesthetics of cinematic special effects).

There is no need, however, for any visual montage technique to be linked back to Surrealism in order for it to somehow be art-historically tagged and established. New, active ways of seeing due to irritations of temporal, spatial, or narrative dimensions now exist on the Internet in all kinds of variations: from "YouTube poop" to low-fi Surrealism to the by now already historical fractal versions of psychedelic light shows and almost everything that has ever passed for Fluxus.

Especially in view of this profusion of audiovisual artifacts (many of them beyond any canon and therefore all the more exciting), there is no need to mention individual names or specific styles with reference to the work of Gunda Gruber. What may appear to be the spire of a Baroque church can just as well be a tribute or reference to Oskar Schlemmer's *Triadic Ballet* (complete with puns relating to the term "Bauhaus"). In other words: not only the styles but also the realms of art and handicraft constantly intersect one another here. Surrealism meets DIY, Expressionism meets warehouse.

This supposed jumble is all the more delectable the more precisely its causes can be identified.

They are small, discreetly hidden cuts, no montage artistry (*Bodyscan*, see fig. pp. 80–81). Here, too, we find the principle of the seemingly incompatible, the contradictory or ambivalent (the jump cuts of the Nouvelle Vague meet the invisible cuts of classic Hollywood cinema) as a condition for pleasurable accidents of looking.

The black-and-white in particular sometimes generates a dark psychedelic between fairground magic and B-movie aesthetics.

Multiple projections and reflections morph into kaleidoscopic patterns. Axis shifts multiply and turn into labyrinths and foldings in motion or movements as foldings (*Bodyscan*). As a result, constantly remixed playing regulations create a geometry of non-order(s) where the objects, sometimes the same ones, keep being reordered and rearranged (*Bodyscan*).

Add to that a rigor and wit as effects of said remixes: the eyes go "Oh!" when re-viewing while cruising along an imaginary Möbius loop.

Conceptual rigor and the lightness generated as a result are perhaps among the most obvious features of Gunda Gruber's videos. Every shifted perspective also suggests a certain ironic wink and literally invites you to go through the images (*X10+2*, see fig. pp. 82–83).

The music by ROT (Franz Bergmüller, Markus Kircher) that can be heard in many of the videos suits this as well. Their expressive, spontaneous improvisational sounds create a harsh anything-goes antithesis.

IV. LIGHT SHADOWS

Ever since the beginning of moving images (the magic lantern, Georges Méliès), the act of imparting uncanniness to reality—understood in terms of those aspects of reality that are perceived—has been leading to the fantastic, especially due to the very possibilities of technically generated abstractions. As image mazes to discover supposed objects or phantoms, shadows, halls of mirrors, paper cuts, and silhouettes have always appealed to the curious eye as a source of new knowledge. It is enough to take a word like "light drawing" (the meaning of "photograph") literally in order to turn it into light art, light painting. *Painting with Light* is also the title of the seminal 1949 book by American cinematographer John Alton, known for his highly stylized work somewhere between film noir (*The Big Combo*) and musical (*An American in Paris*).

Gunda Gruber, however, does not simply swap the brush, which in her work tends to be used to paint things anyway, for the camera. She is quite fundamentally interested in light flicker, in light flicker without sufficient coordinates—in other words, in having fun with flickering. What exactly is doing the flickering and glimmering can be clarified later (Is that a light spot? A ball? Two- or three-dimensional?) (*Dunkelkammer* [darkroom], see fig. pp. 86–87).

As paradoxical as it may sound: in their best moments, Gunda Gruber's video works manage, precisely by exposing an essentially trivial "madeness" of what can be seen (for example a light show where both the light source—a lamp—and the hand swinging it can be seen), to allow the wonderful to manifest as an even greater potential for illusion. It also inspires you to do it yourself or to imitate it. It is precisely through minimal optical defamiliarizations of the visual (through light that distorts things as well as through shadows spooking around as mysterious décor) that images are created here which, depending on the perspective, can be thought of as "optical-magical," as Lotte H. Eisner described it in *The Demonic Screen*, her fundamental work on Expressionist film published in 1952, or as what Walter Benjamin called an "optical unconscious."

Bodies become shapes (shaped things, surfaces for the projection of light images and light shows, such as in *Bodyscan*), virtual appearances (take just the presence of the artist as a virtual image at an exhibition opening). But Gunda Gruber also shows that every image has a shadow. These negative, or X-ray, images are populated by beings that can be house spirits, sometimes doubles, sometimes doppelgangers, sometimes phantoms—possibly from other dimensions—and then again can also be reflected shadow beings (*X10+2*). Either way, they often wear clothing that is coordinated with the objects around them, with patterns complementing or branching out from one another.

And then there is this glowing white that keeps filling the entire image, devouring almost everything. The glowing white as negative black (Are we in a bad mood again today?), the beauty of shattered mirrors as fractal dissolution by passive-aggressive ghost hands. The image of the studio (the image itself) dissolves (*Ctrl+Shift+Z*; *X10+2*). One last material check (check under the pavement how the wound is doing).

V. CALL ALICE ...

However much individual videos can stand alone—both in the exhibition context and as visuals for concerts or in a club—they are interwoven with the particular installations by Gunda Gruber. They open (up) and expand the latter into new spaces, functioning as cracks, ruptures, or fractures in the fabric of the exhibitions. Looked at that way, the videos are also wormholes (which is basically also the nature of the burrow of the White Rabbit that Alice follows on her way to Wonderland).

What is still missing in the installations (because it can only be captured and/or conveyed in one medium/as another medium) reveals itself (only) in the light shows. A tour of the exhibition can thus sometimes become an audiovisual journey with an uncertain outcome.

But as Alice once said in the land through the looking-glass: "Somehow it seems to fill my head with ideas—only I don't know exactly what they are."[1]

1 Lewis Carroll, *Through the Looking-Glass* (Harmondsworth: Penguin, 1994), p. 30.

Systemerhalter, 2012
Videostills

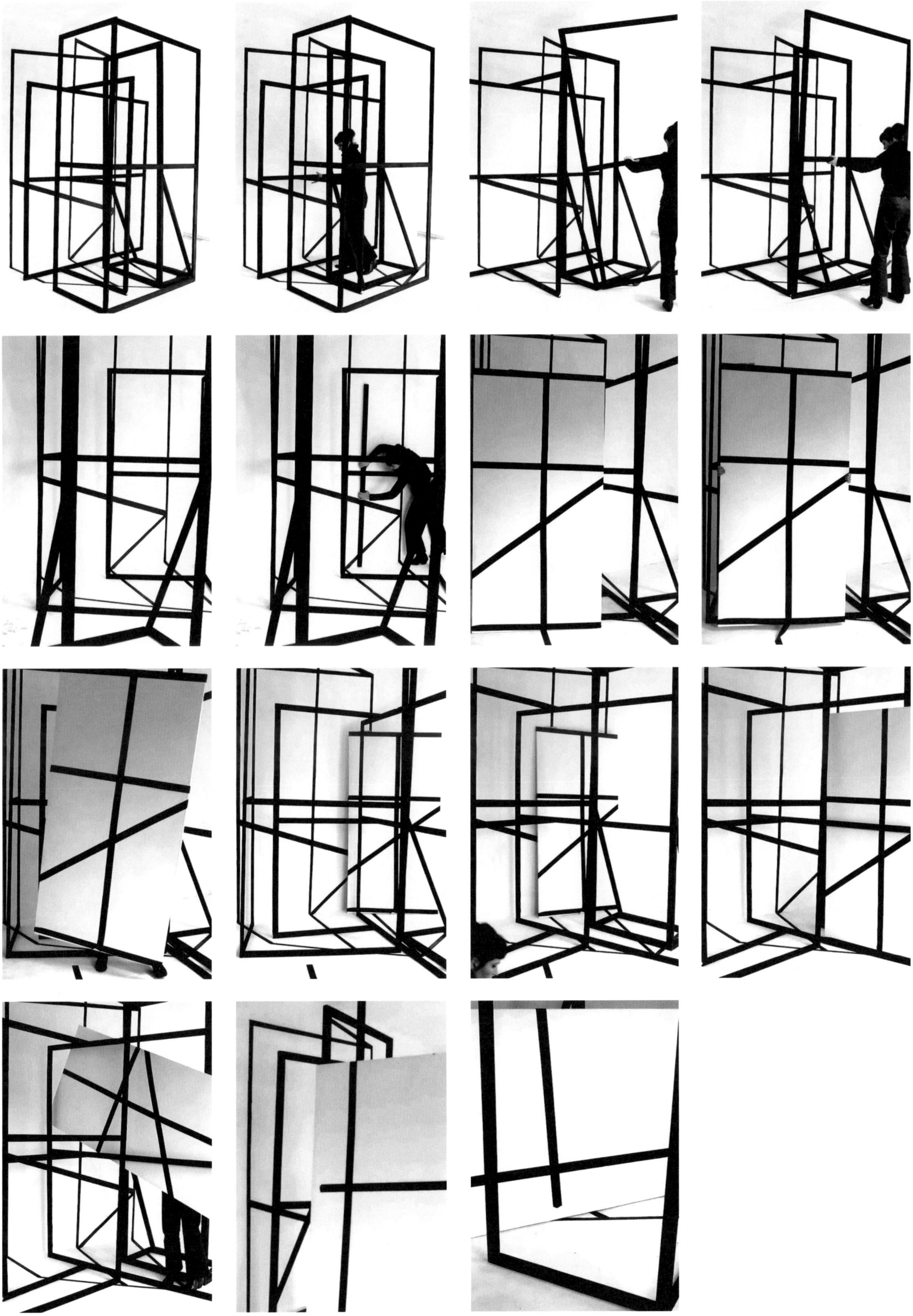

Ctrl+Shift+Z, 2020
Videostills

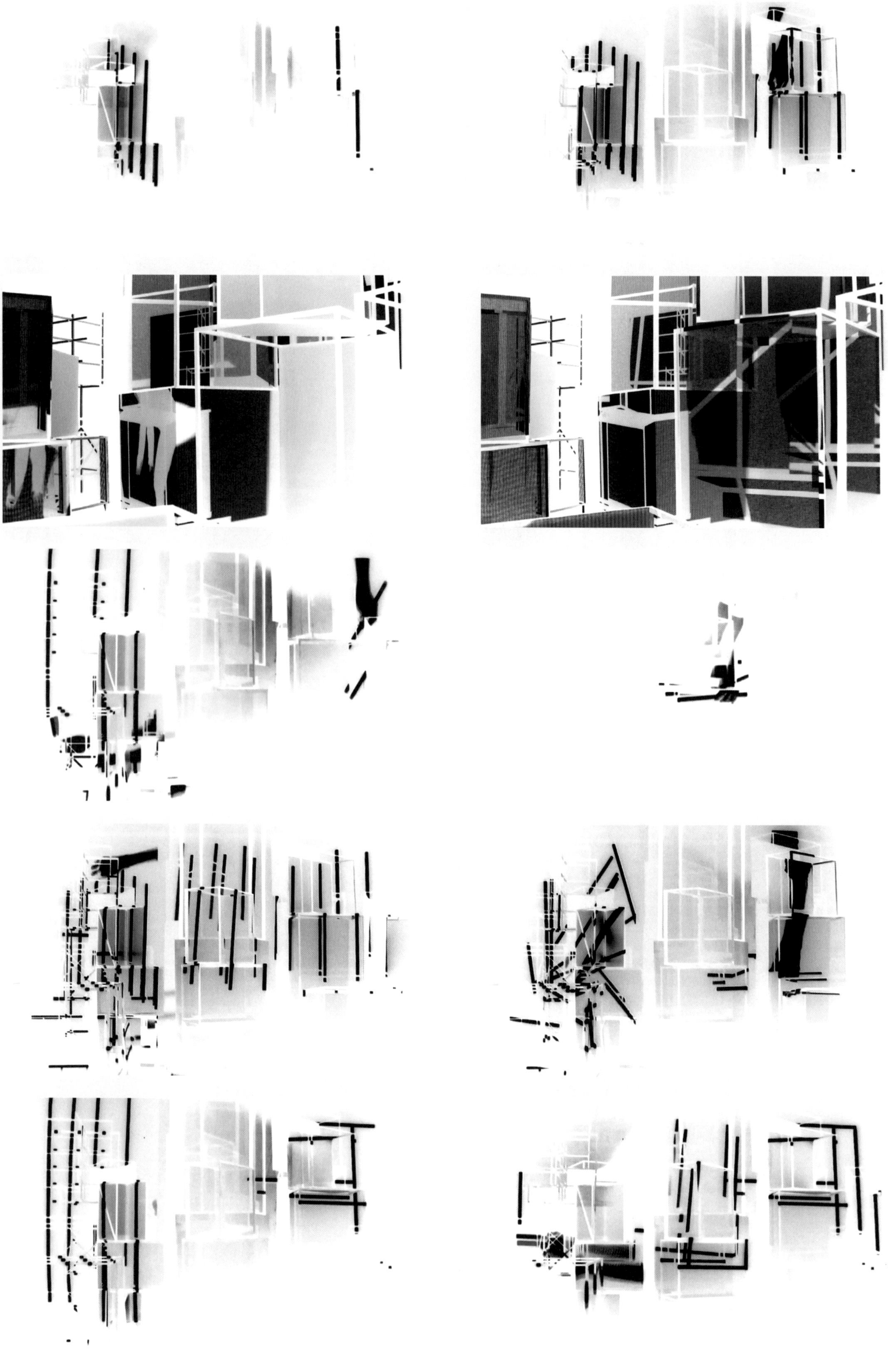

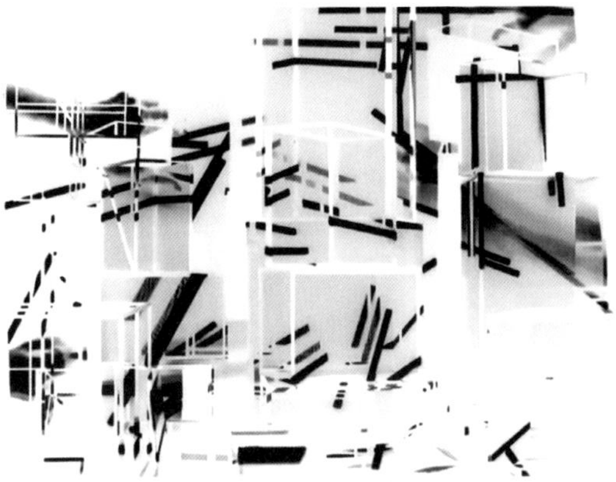

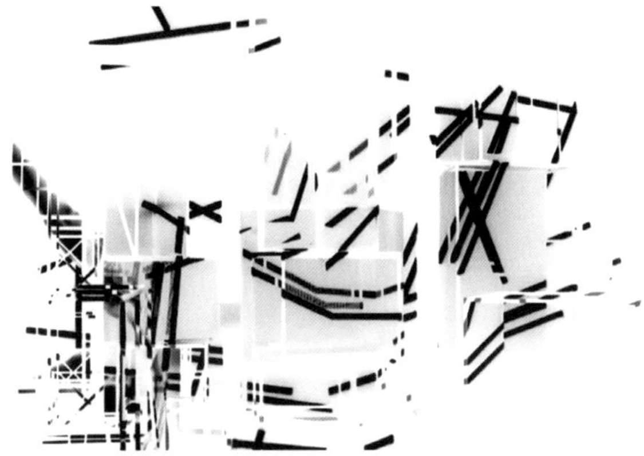

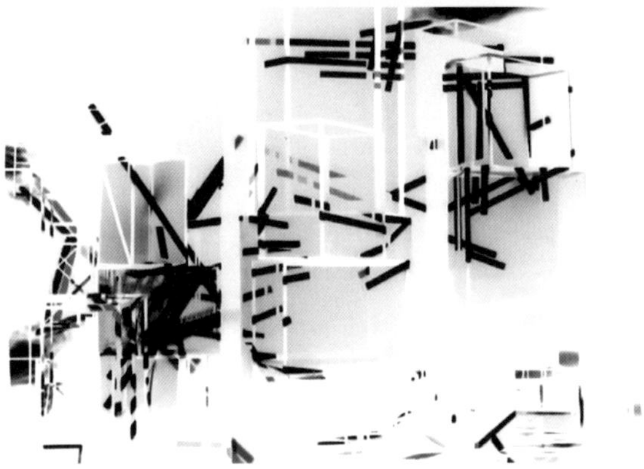

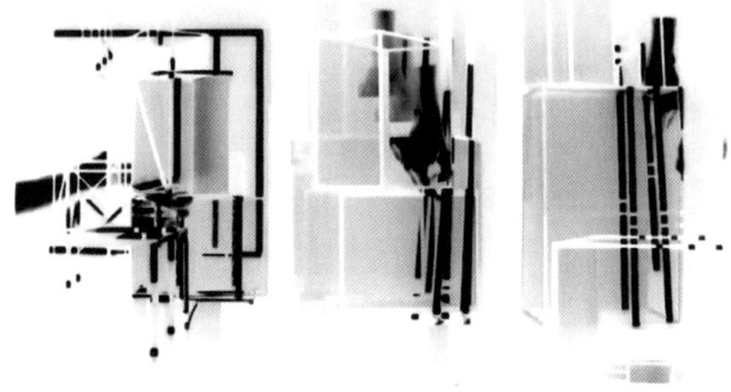

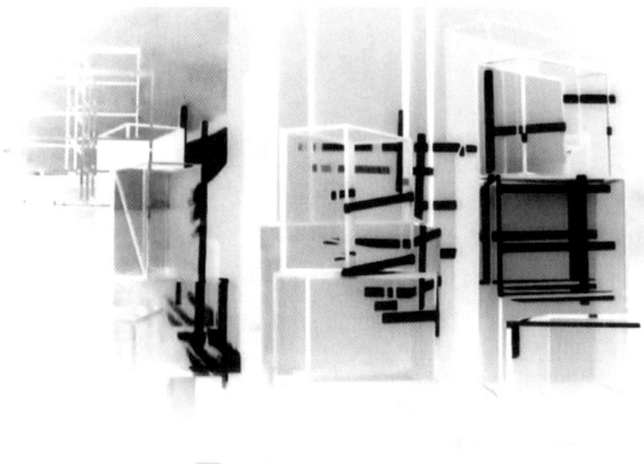

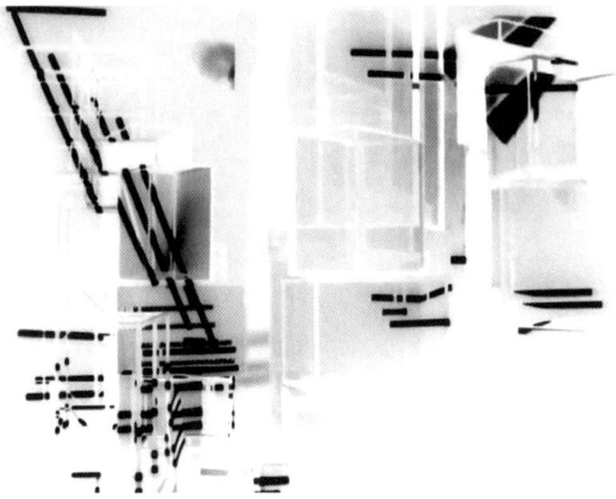

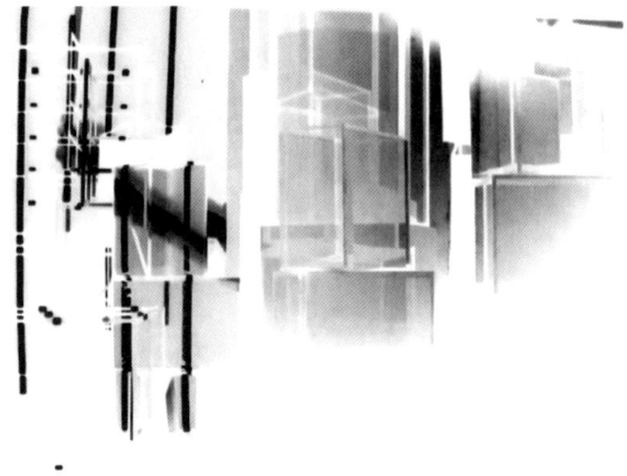

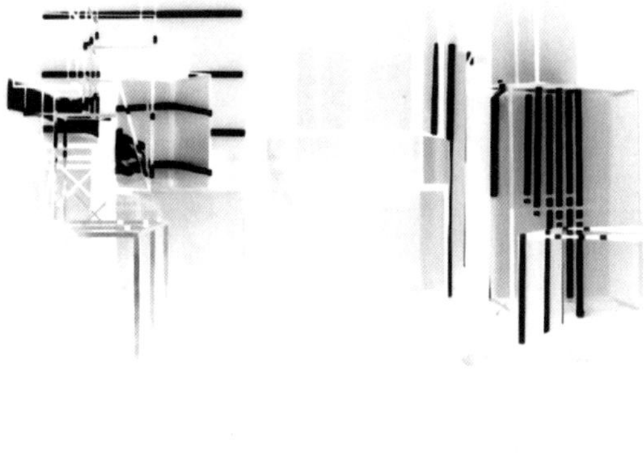

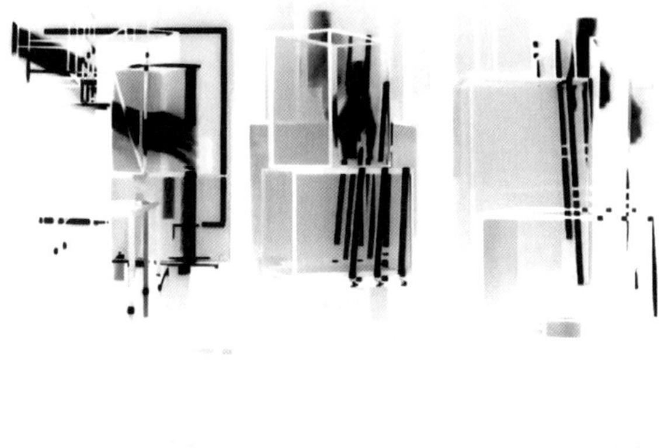

Outsideout, 2016
Videostills

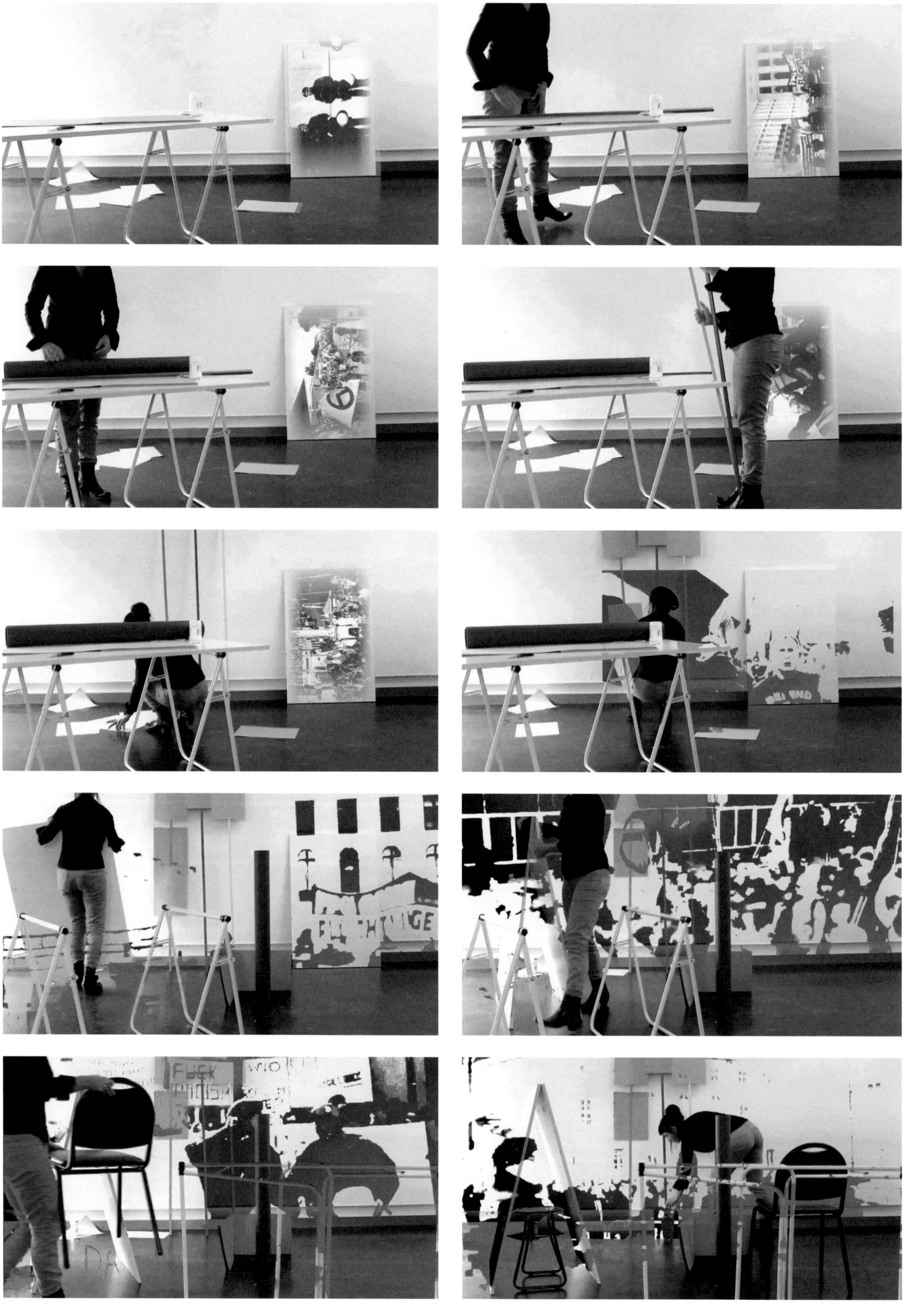

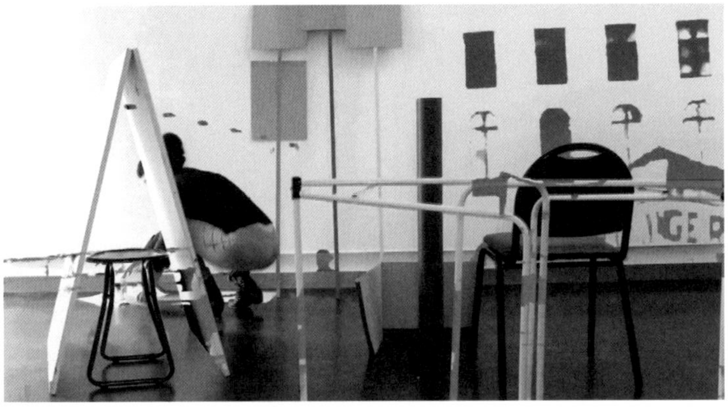

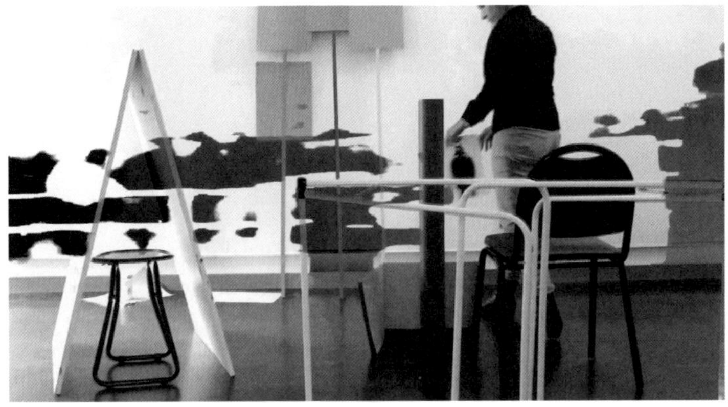

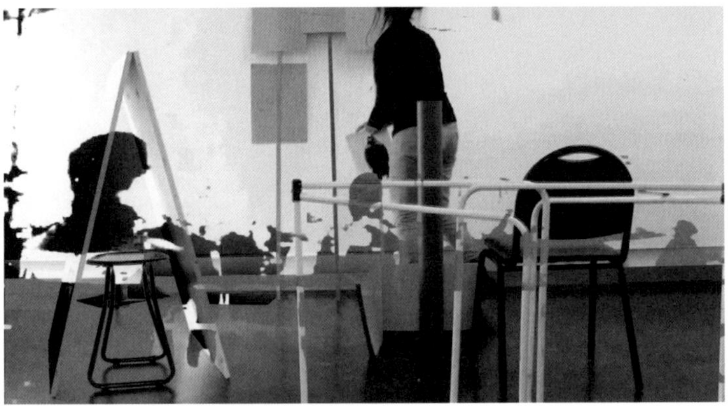

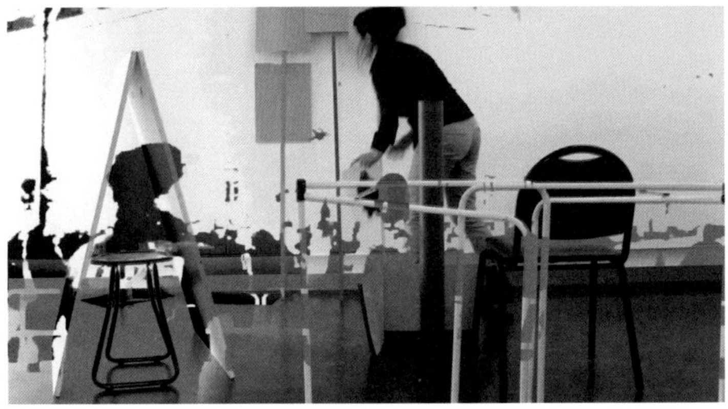

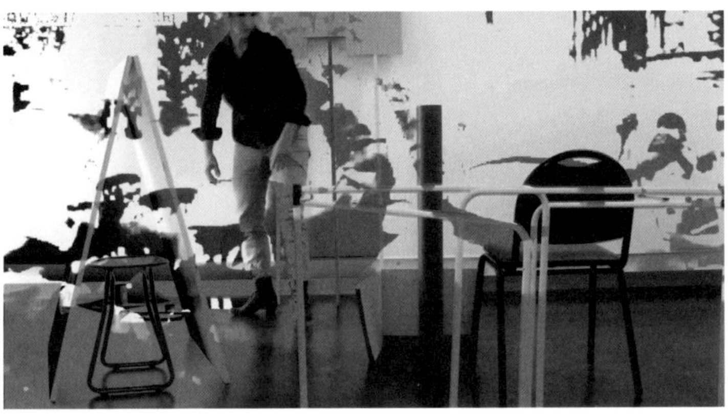

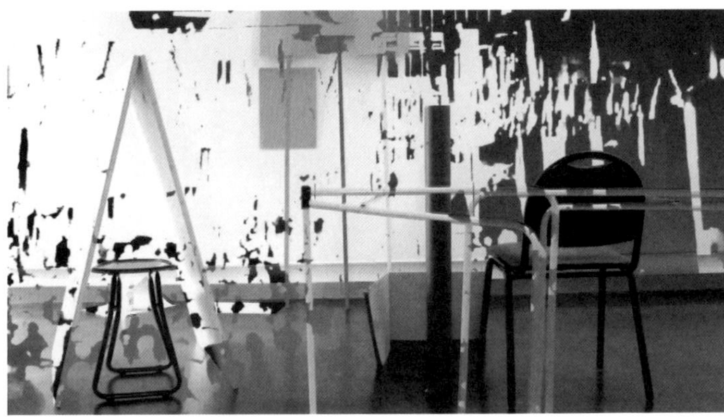

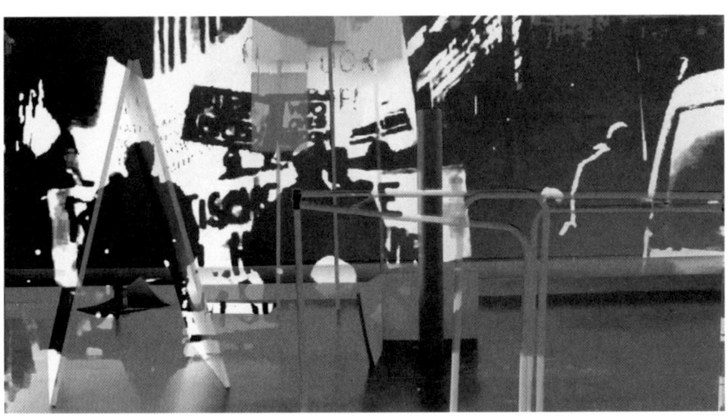

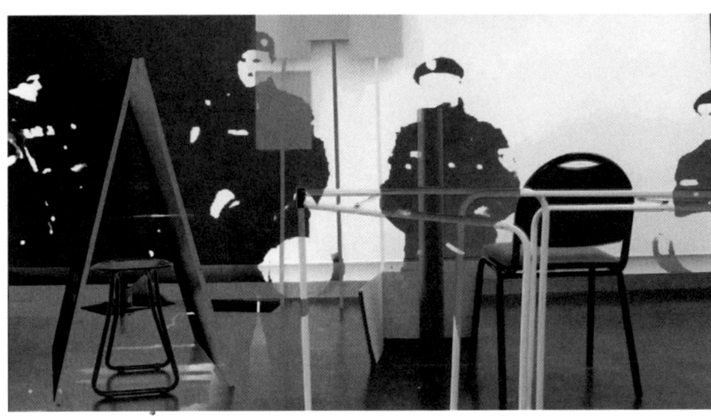

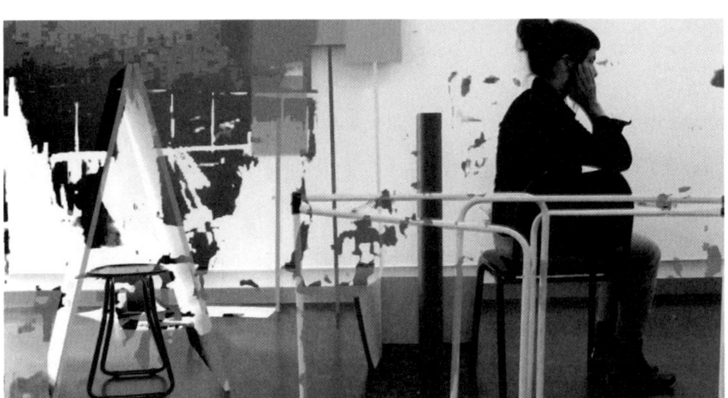

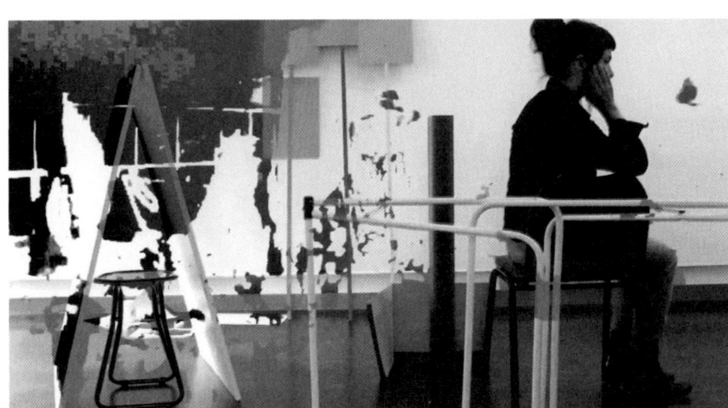

Bodyscan, 2021
Videostills

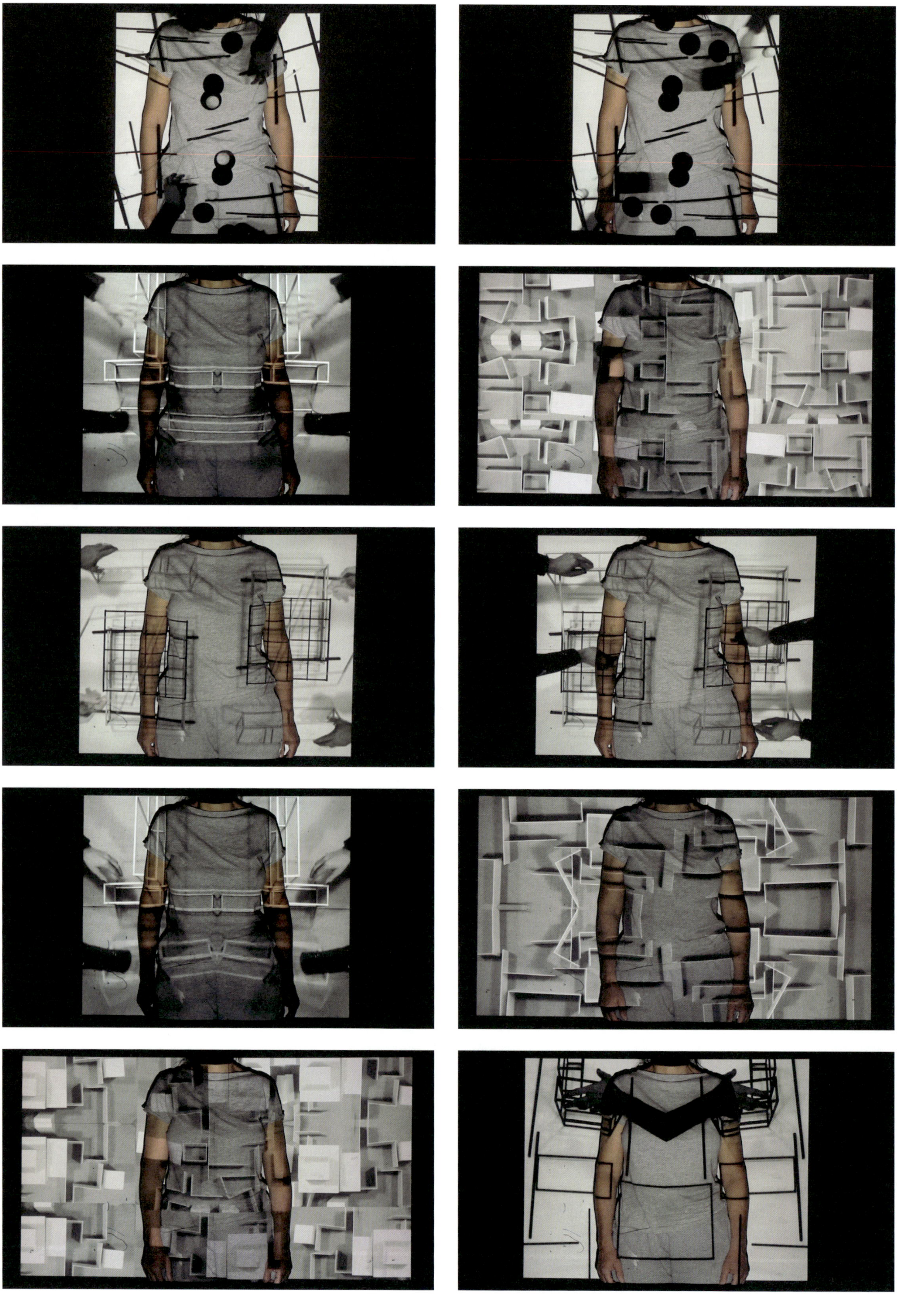

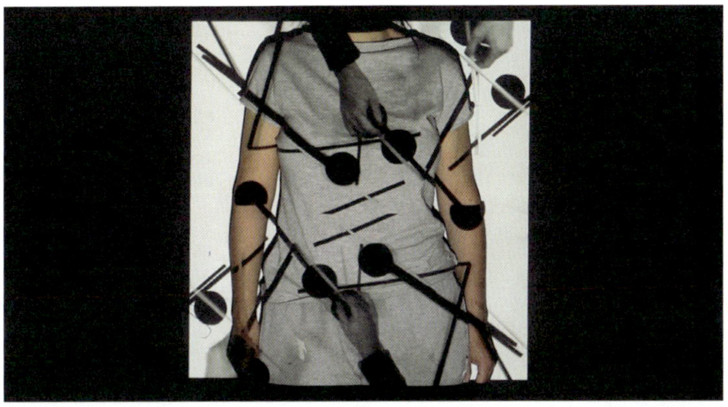
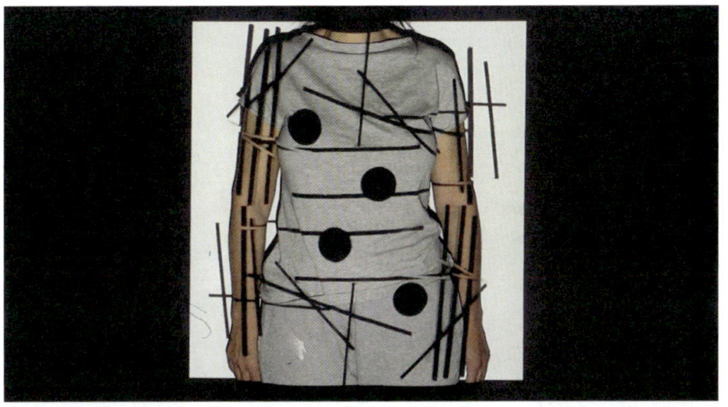
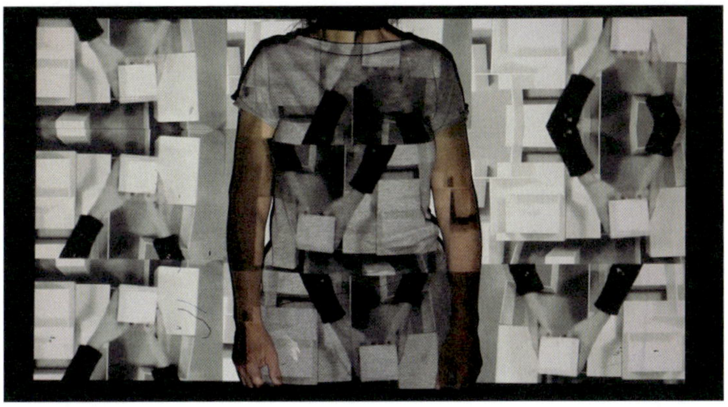
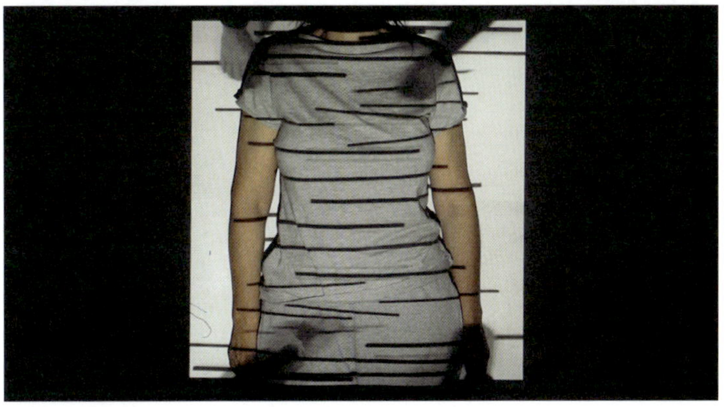
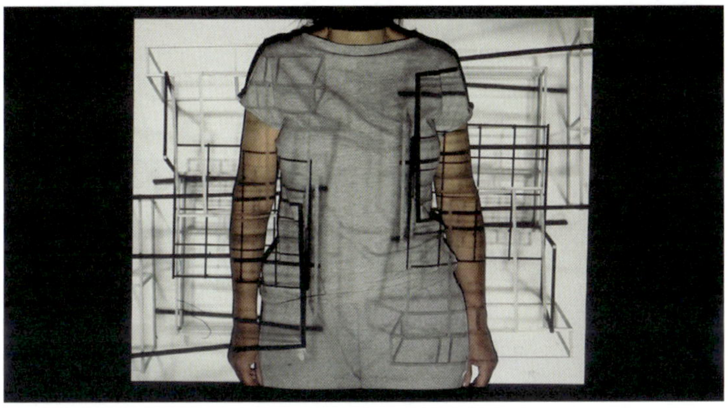
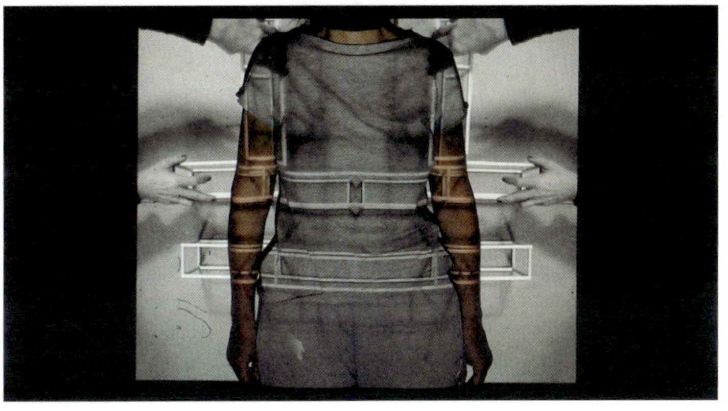
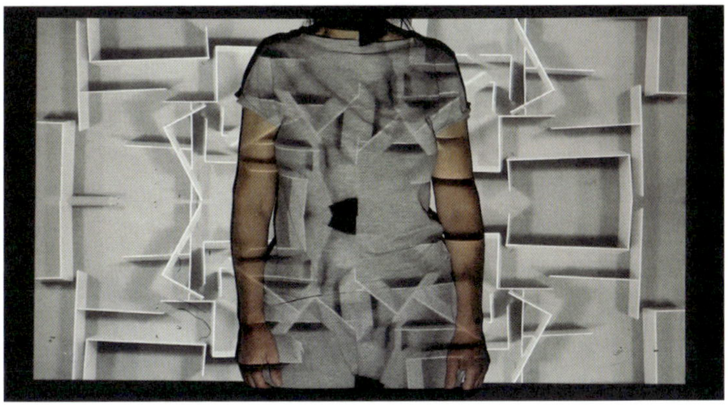
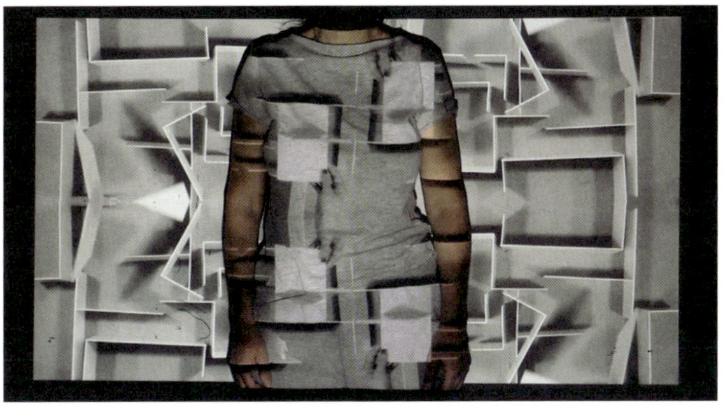
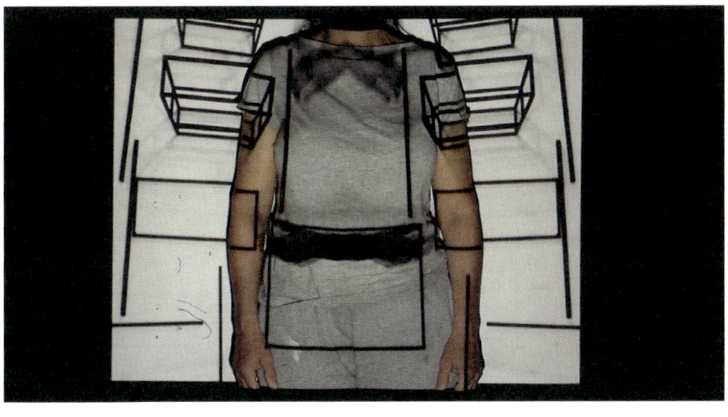
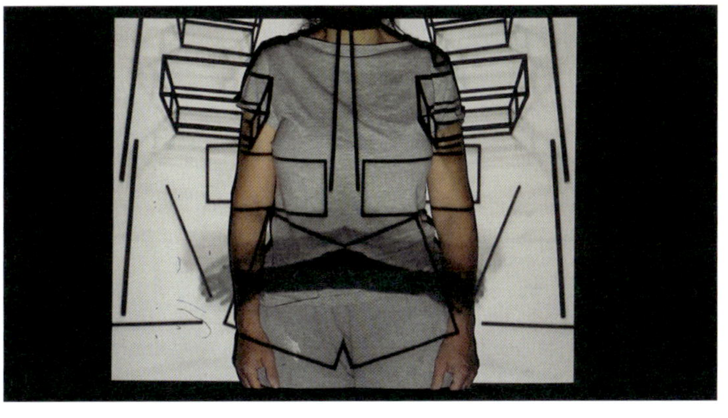

Videostills

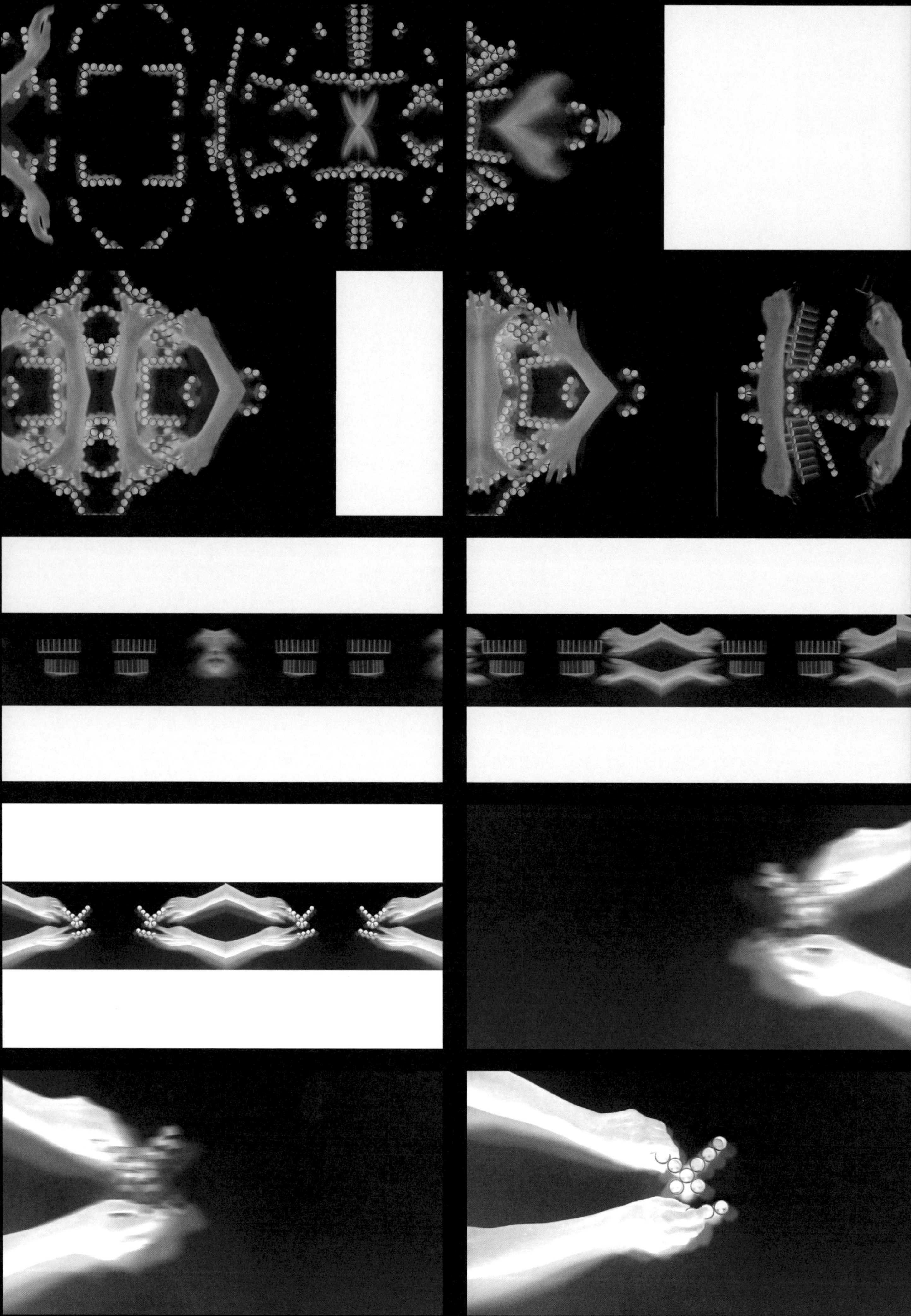

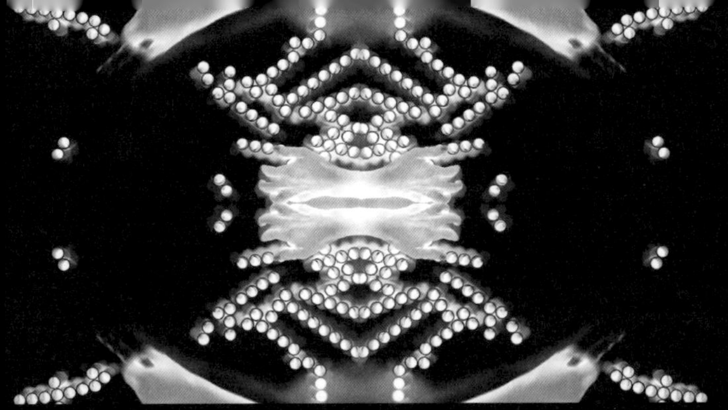
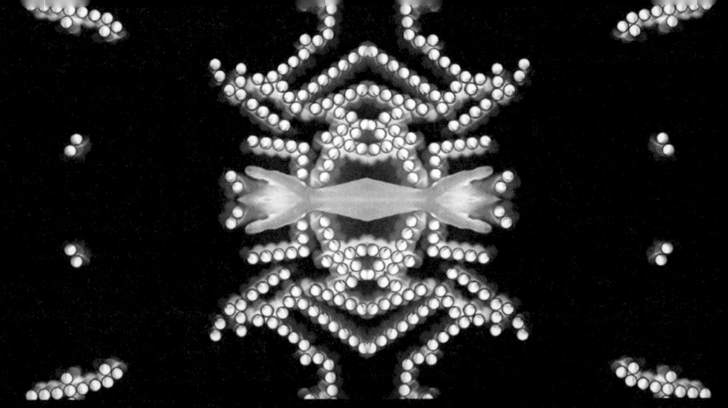
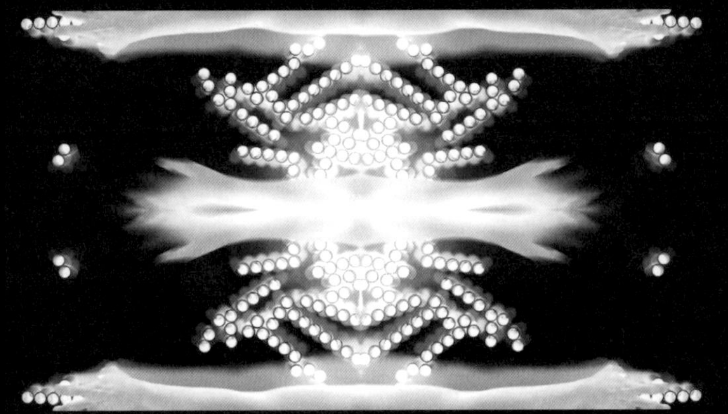
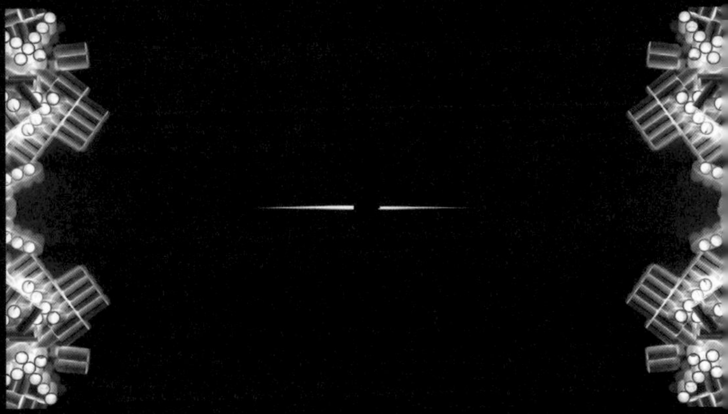
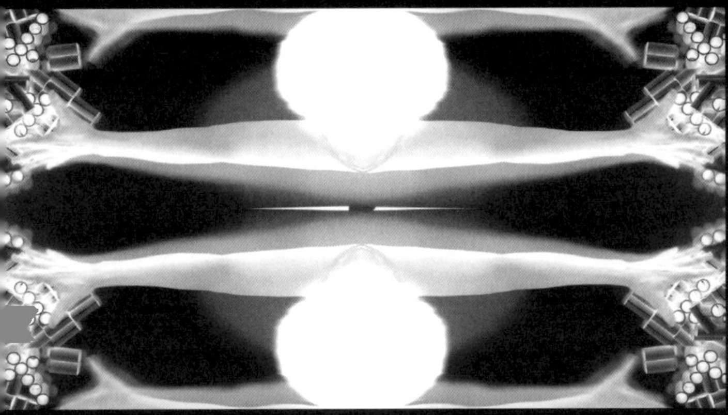
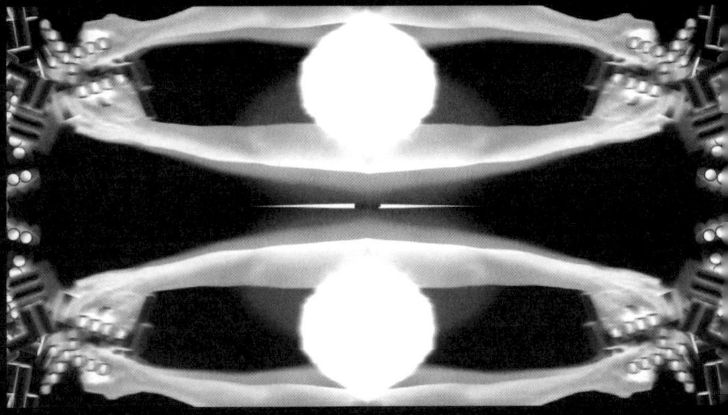
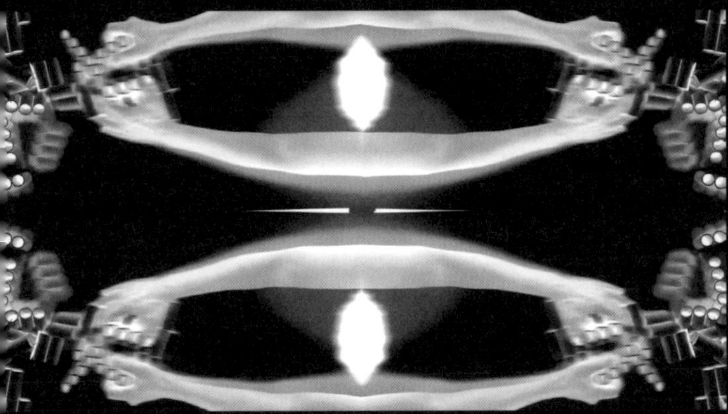
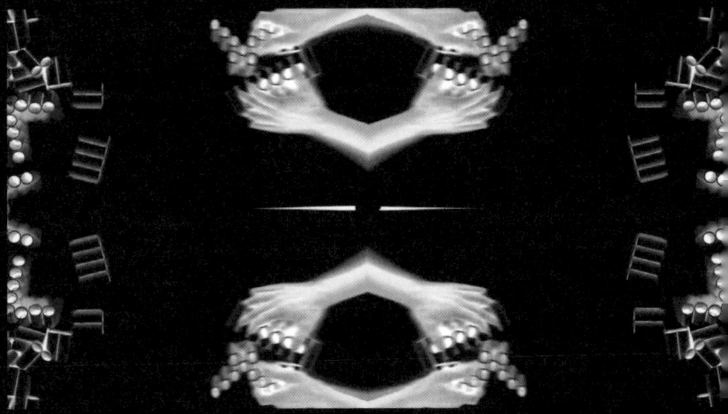
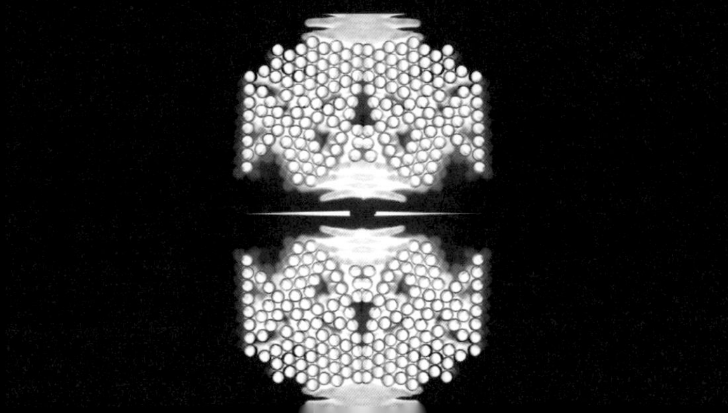
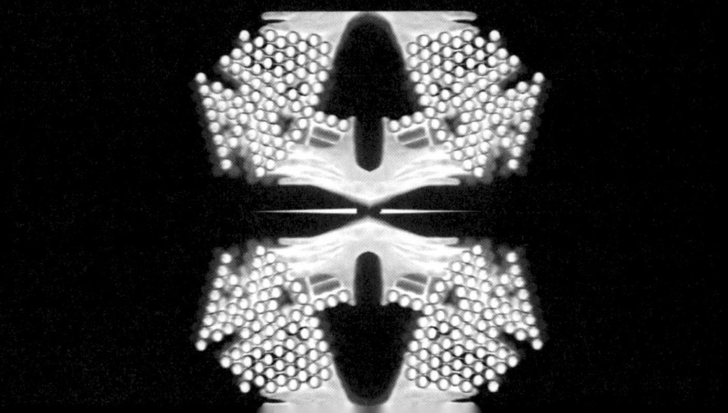

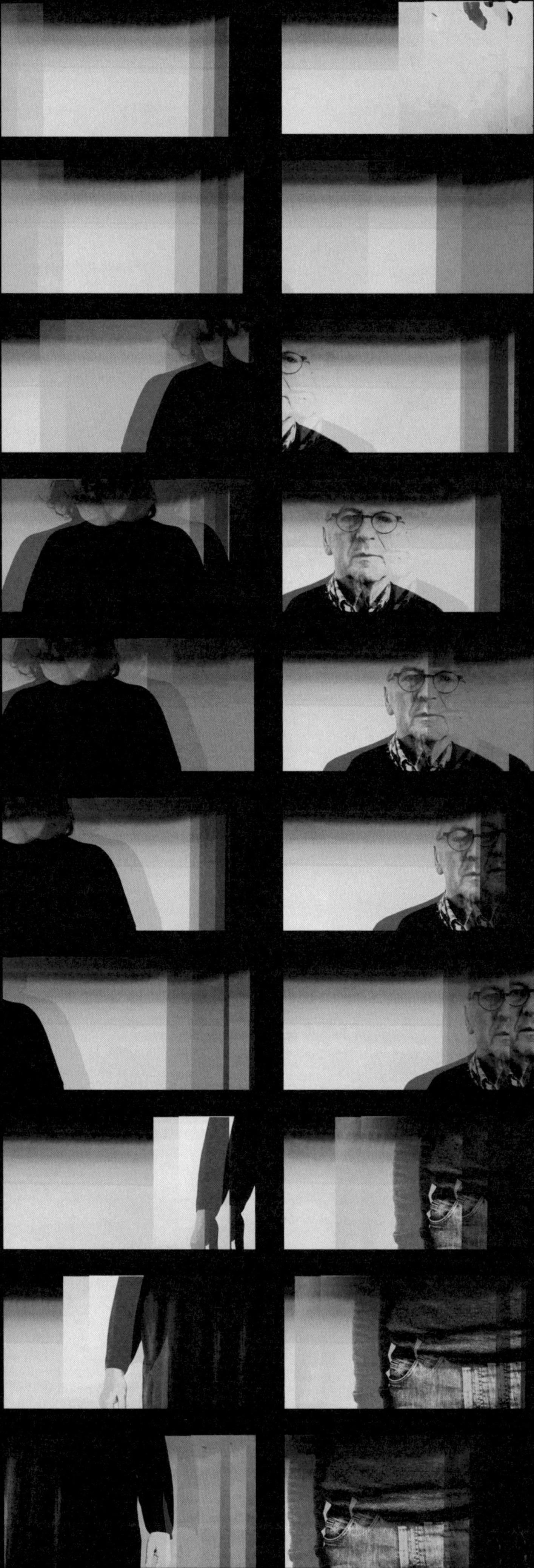

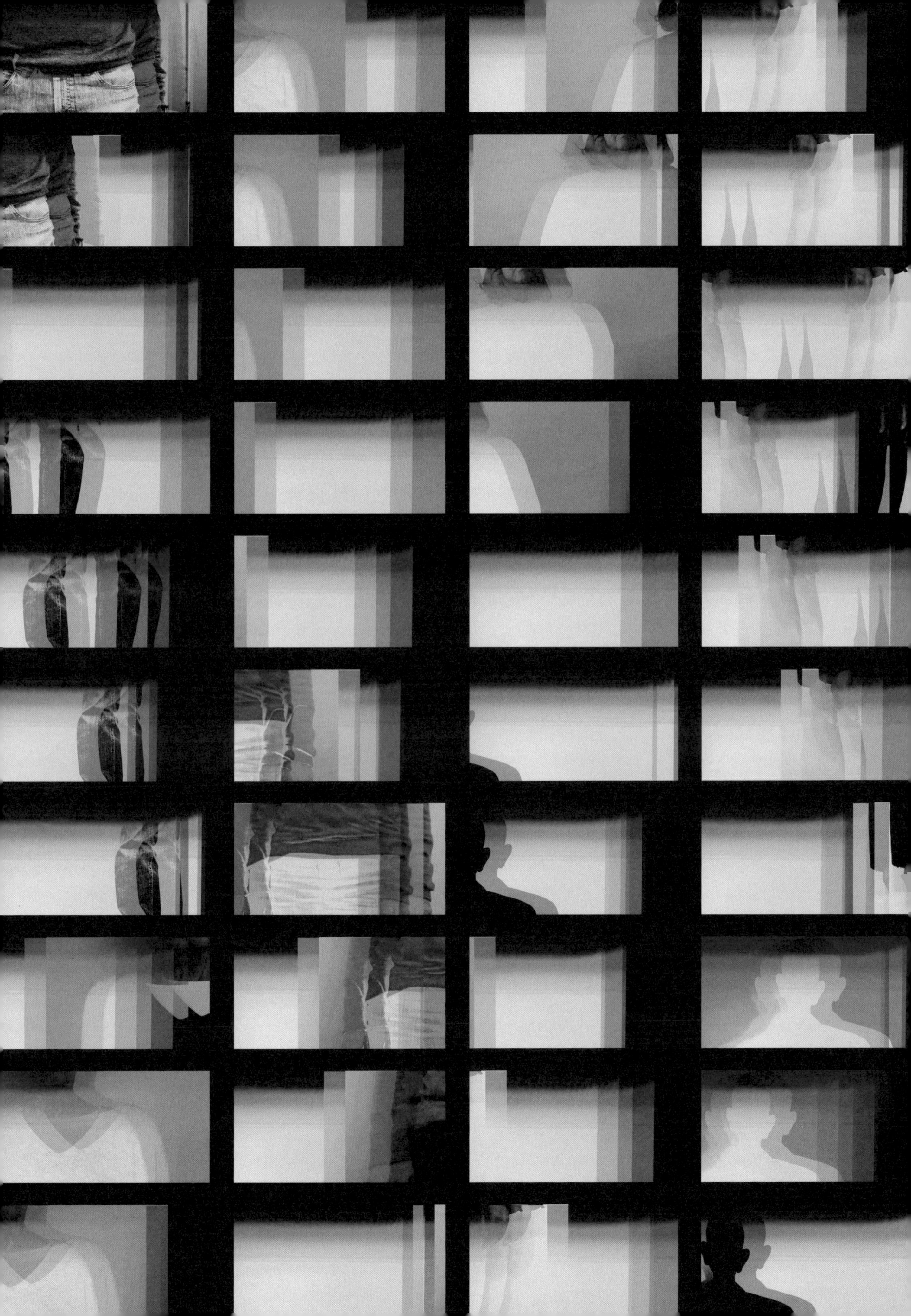

Dunkelkammer, 2022
Videostills

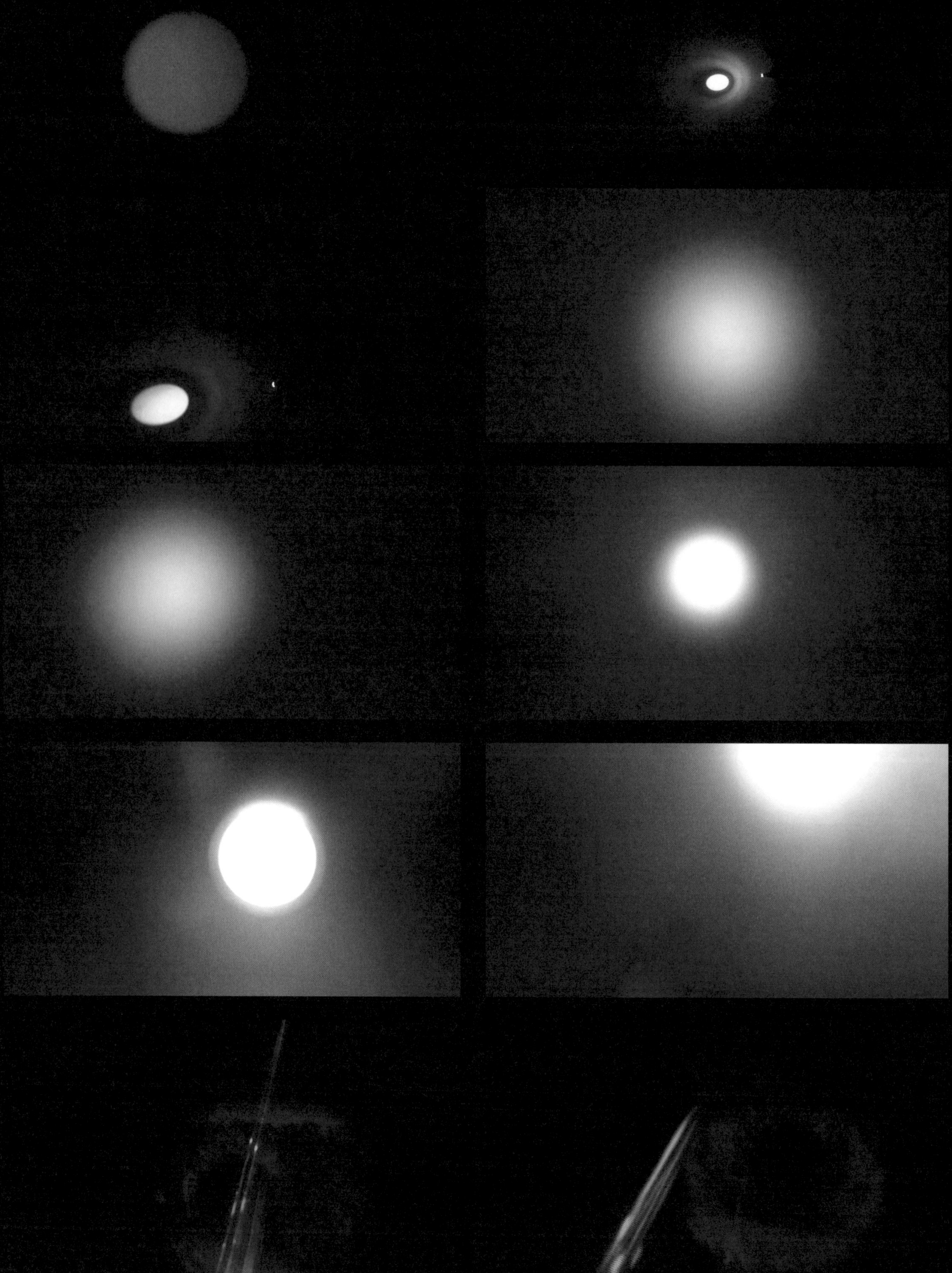

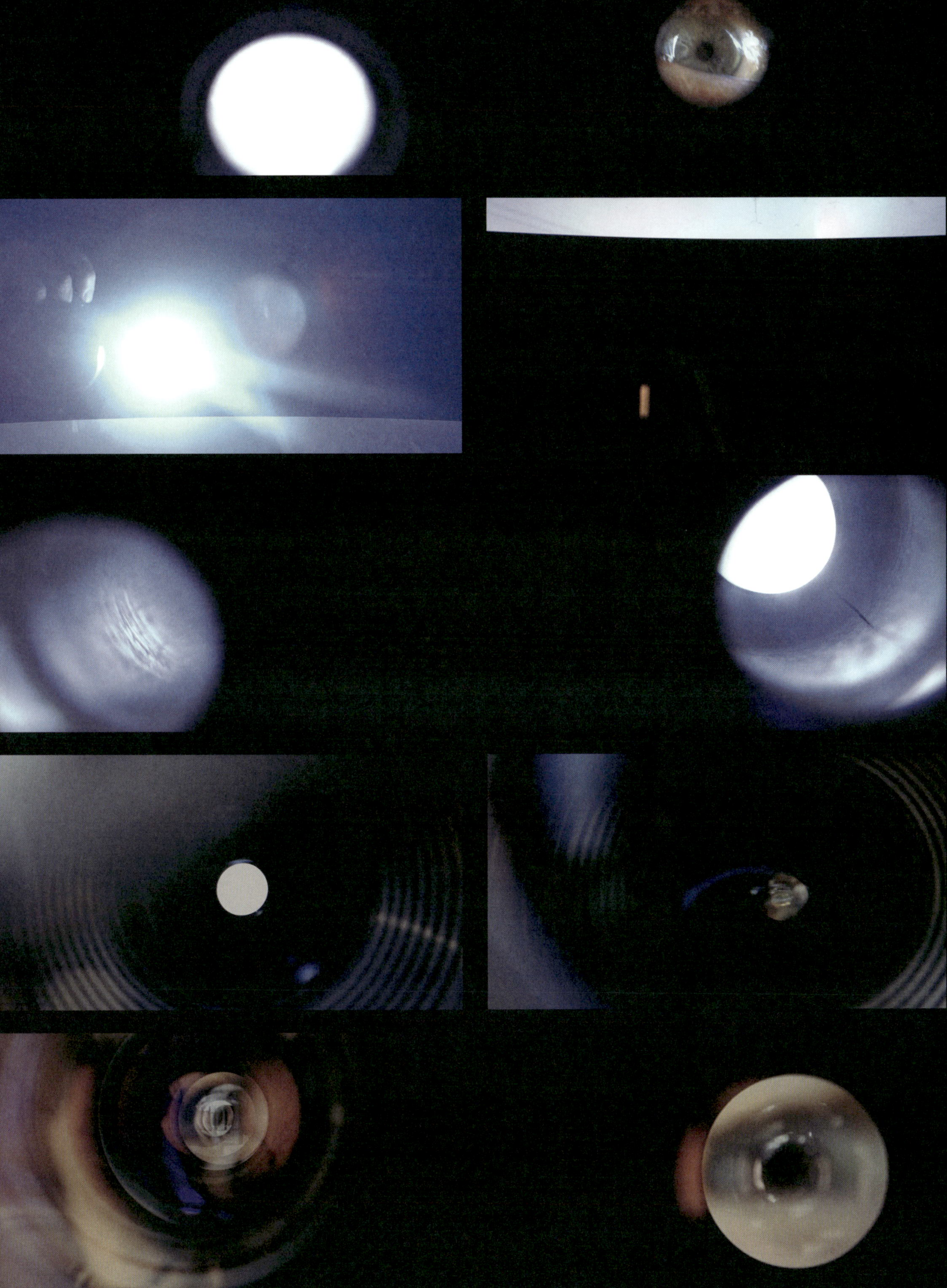

In the Garden, 2021
Videostills

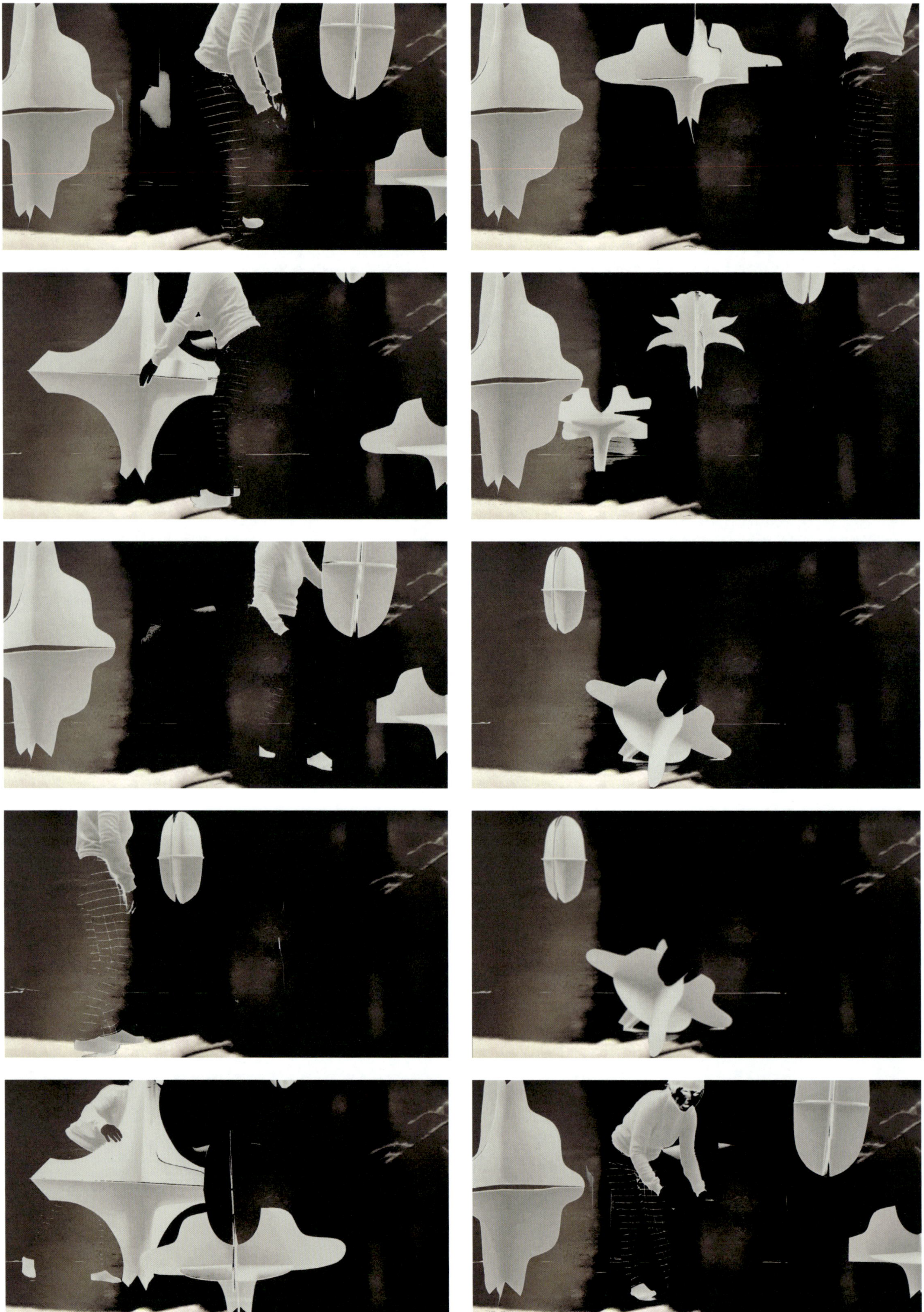

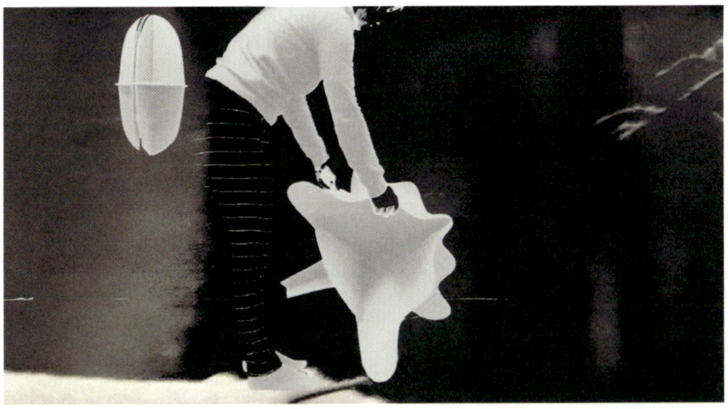

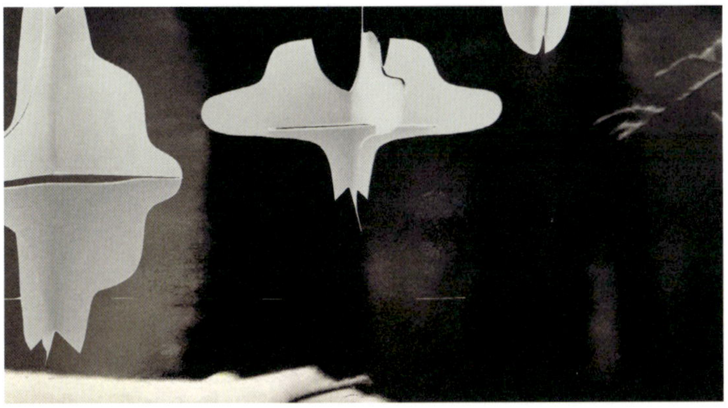

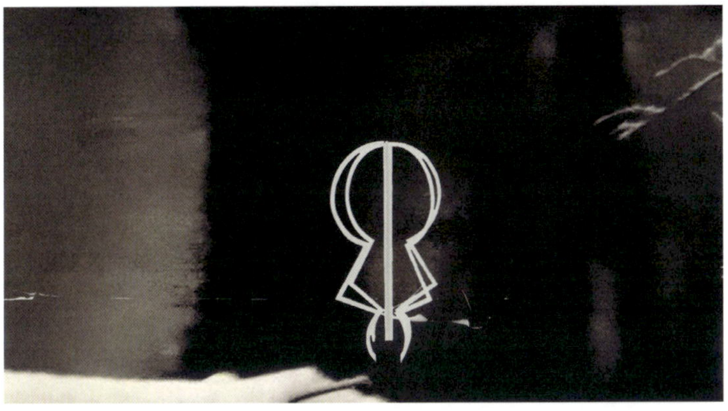

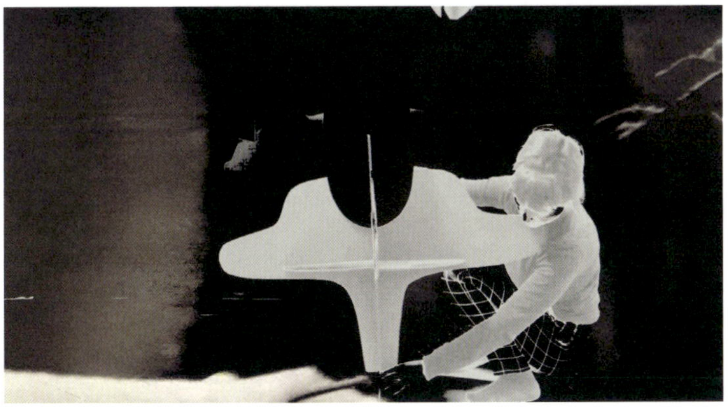

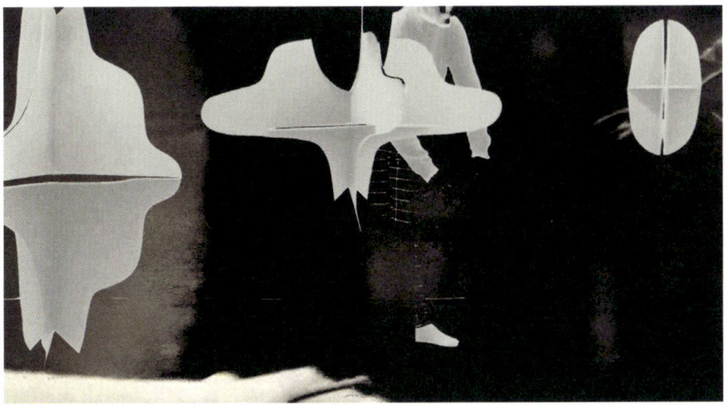

Extensions:Praemix, 2022–23
Videostills

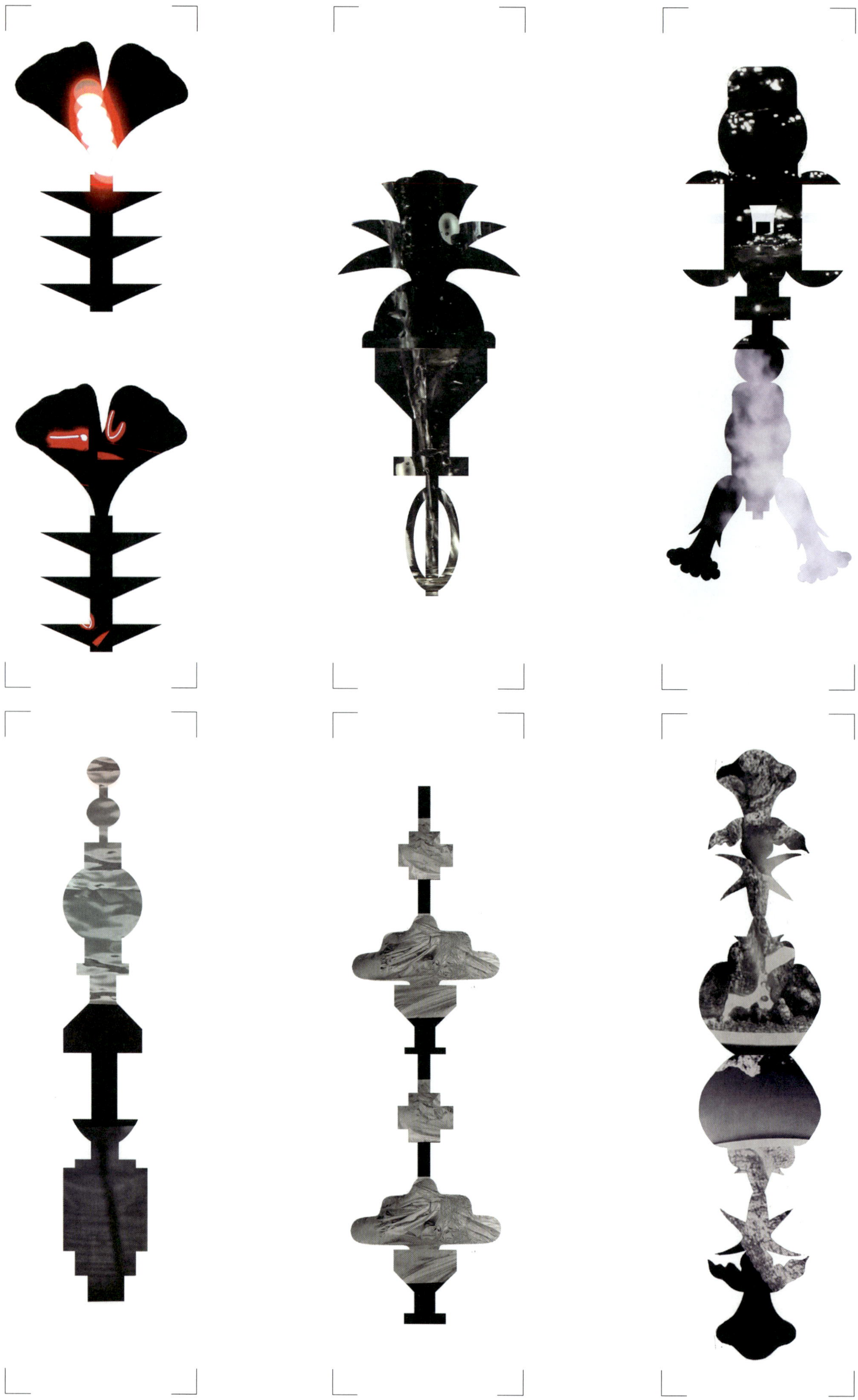

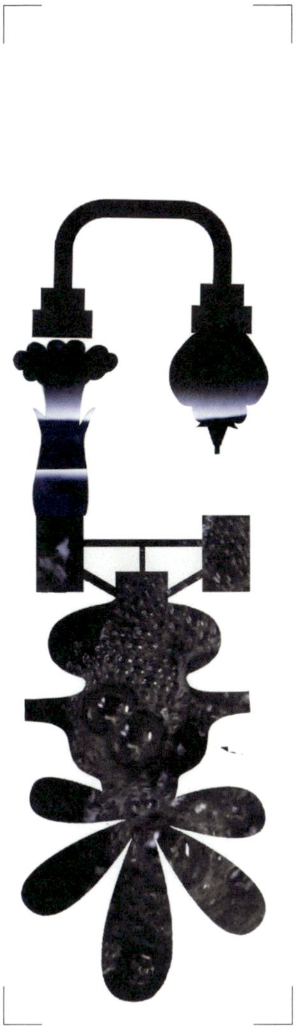

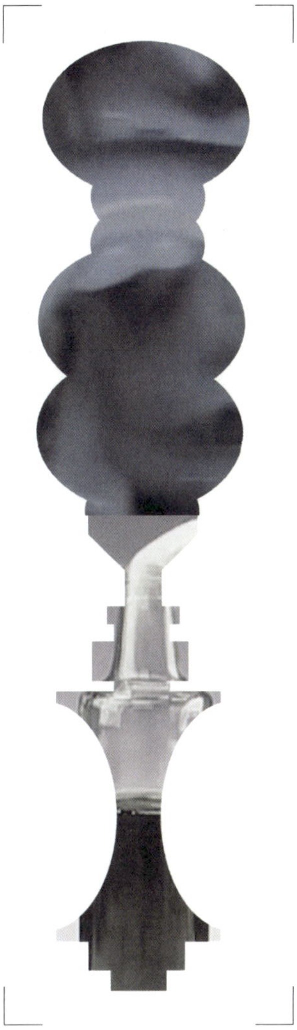

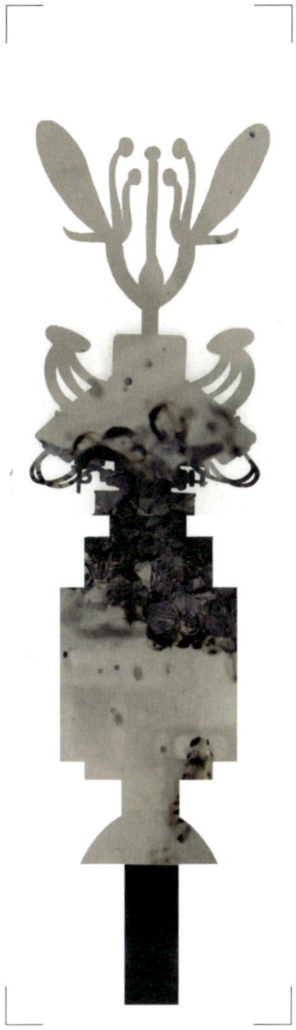

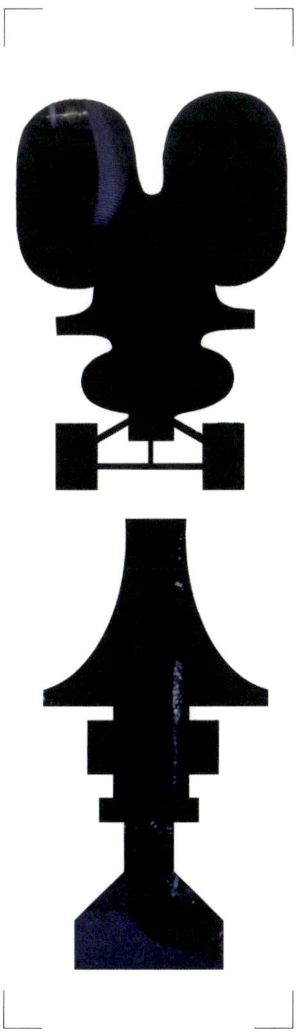

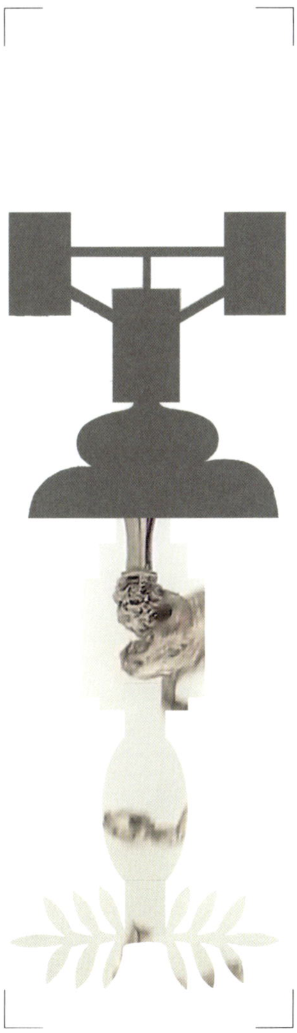

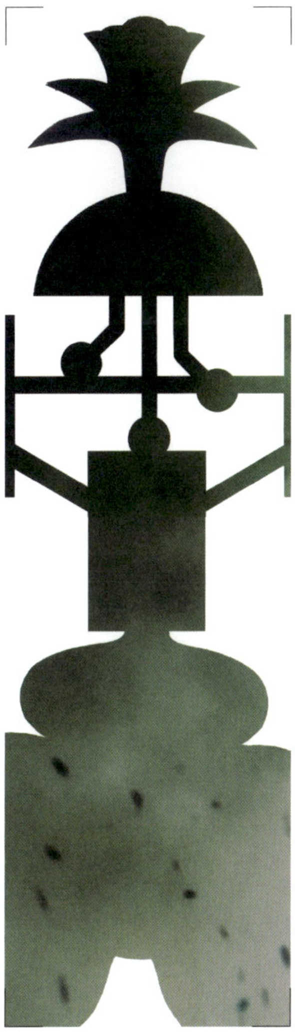

TINA TEUFEL

CUT + PASTE

„eine form suchen die
die fantasie der betrachtenden
anstößt eine frage
heraufbeschwören und mit dieser
frage entspinnt sich
ein dialog zwischen werk und
betrachtenden"
– Nan Hoover[1]

Der Dialog steht im Zentrum des Schaffens von Gunda Gruber: als Dialog der Künstlerin mit dem Material, als Dialog der Formen und Schichten innerhalb eines Werkes und schlussendlich als jener der Werke mit den Betrachter:innen. Wie im Eingangszitat von Nan Hoover thematisiert, stehen Fragestellungen am Beginn jedes Dialoges, und so versteht auch Gruber ihre künstlerische Praxis als konstantes Hinterfragen, Ausloten und Zwiegespräch: Wie entstehen Systeme? Wie werden sie übertragen? Welche Systeme wendet der Mensch auf die Natur an, und was ist überhaupt noch natürlich in einer Welt, die permanent danach strebt, sich zu optimieren? Ermöglicht uns dieses systematische Arbeiten, dieses Kategorisieren, effizient zu arbeiten und Funktionales entstehen zu lassen, oder ist das auch außerhalb eines rigiden Systems möglich? Stehen uns dabei (vermeintlich) natürliche, organische Prozesse im Weg – also auch in gewisser Weise wir uns selbst als organische Wesen, die sich im Korsett des ständigen Festlegens und „Typisieren-Wollens" ein- und beschränken? Innerhalb dieser Fragestellungen nimmt Grubers Beschäftigung mit Vorbildern, Grundmustern und Urformen und das damit verbundene Ausloten von Systemen, zu denen auch die Verwendung spezifischer Materialien und Darstellungsformen gehört, einen besonderen Stellenwert ein, wie die folgende Analyse zeigen wird.

„PUNKT UND LINIE ZU FLÄCHE" ZU RAUM

„Meine Werke werden nicht für die Ewigkeit geschaffen", sagt Gunda Gruber. Sie bezieht sich damit zum einen auf ihre Wahl von „armen" Materialien – Papier, Karton, einfache Holzlatten, Zeitungspapier und dergleichen – und zum anderen auf den vergänglichen Charakter ihrer Installationen[2]. Zu Papieren hat die Künstlerin ein Nahverhältnis, kommt sie doch aus der Grafik und der Zeichnung. Deren Haptik ist ihr ebenso wichtig wie die Möglichkeit, mit dem Material schnell und experimentell arbeiten zu können. Dabei präferiert sie kein spezifisches Papier, sie reagiert darauf und mit ihm: Was gibt es vor? Worin liegen die Möglichkeiten, aber auch die Unmöglichkeiten? Still und unkompliziert, in der Bearbeitung zeitunaufwendig und leicht, Gebrauchsmaterial und nicht mit dem Kunstumfeld assoziiert – das sind die wichtigsten Bedingungen, die Gruber an ihr Material stellt. Prozess und (Zwischen-) Resultat, ob als Bild oder Objekt, bedingen sich gegenseitig. Sie bezeichnet es auch als „Antimaterial", da diese Werkstoffe oft im Modellbau Anwendung finden und in dieser Funktion in den Hintergrund treten. Es hat im Grunde keine Oberfläche, sondern kreiert diese.

Als Basis jeglicher Kreation fungiert immer der Punkt, der sich in seiner Entwicklung, dem System folgend, Formaten und Formatierungen unterwirft. Aus ihm heraus entstehen – ganz im Sinne von Wassily Kandinskys *Punkt und Linie zu Fläche* (1926)[3] – Ideen, die sich über die Linie und die Fläche hinaus schließlich ins Dreidimensionale wagen. Obschon Gruber sowohl in Rauminstallationen und Objekten Körper, also Volumina schafft, bleiben

1 Nan Hoover, *Night Letters*, Hg. Sasa Hanten, René Schmitt, Köln: Salon Verlag, 2000, S. 77. Aus dem Englischen übersetzt von Bram Opstelten.

2 Die Elemente werden zuweilen als Arbeitsmaterial wiederverwendet oder weggeworfen.

3 Wassily Kandinsky, *Punkt und Linie zu Fläche. Beitrag zur Analyse der malerischen Elemente*, Bern-Bümpliz: Benteli-Verlag, 1964.

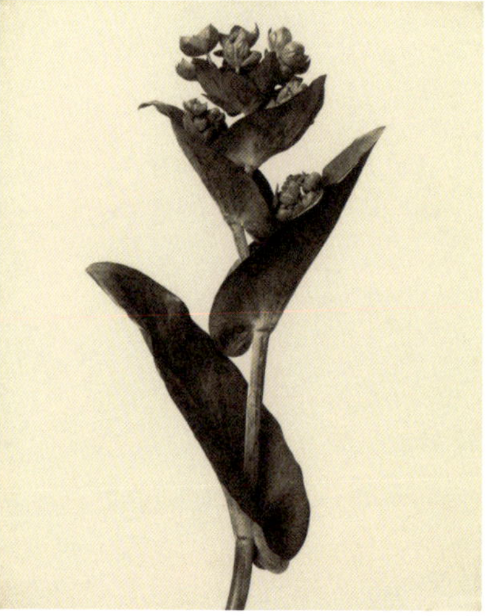

Abb. | Fig. 1: Karl Blossfeldt, *Euphorbia pithyusa*, undatiert | undated, aus der Serie | from the series „Urformen der Kunst", Silbergelatineabzug | silver gelatin print, Karl Blossfeldt Archiv, Stiftung Ann und Jürgen Wilde, Bayerische Staatsgemäldesammlungen – Sammlung Moderne Kunst in der Pinakothek der Moderne München, Inv. Nr. 16175

diese immer der Linie und der Fläche treu, stellen diese Elemente in den Vordergrund. Die Künstlerin betont, keine Bildhauerin zu sein und dass ihre Objekte „kein Innen"[4] hätten, sondern das Grafische, die Linie als Zeichnung auch im Raum im Mittelpunkt stünde. Das Material unterstützt dabei die Wahrnehmung des Abstrakten mit seinem Fokus auf Strukturen. Vilém Flusser etwa versteht Bilder insofern als „Oberflächen, als sie von den Dimensionen der Zeit und der Tiefe des Wirklichen abstrahieren."[5] Und damit vergleichbar, unterwerfen sich auch Grubers Werke keiner konkreten Lesbarkeit, sondern sind losgelöst von Zeit und Wirklichkeit und offen für verschiedene Assoziationen.

Das Ausloten von Systemen unterschiedlicher Art schlägt sich in der Wahl mancher Titel nieder: „Systemblüten" (siehe Abb. S. 22–29) und „Prototypen" (siehe Abb. S. 36–43) sind zwei Werkgruppen, die sich mit Vorbildern, Grundmustern und Urformen beschäftigen, die – genauso wie die Linie – zum Fundament für Modelle werden. Anhand dieser hinterfragt und überprüft Gruber, wie eingangs angeführt, Systeme ebenso wie Reaktionen auf diese. Der Mensch ist als Produzent nicht nur Hersteller, sondern auch Manipulator – im positiven wie auch im negativen Sinne. Die Künstlerin macht sich dabei die Technik der Collage zunutze, die nicht nur eine unmittelbare Wahrnehmung der assoziativen Prozesse in der künstlerischen Arbeit erfahrbar macht, sondern auch das eigene verknüpfende Denken anregt. Die einzelnen Elemente – etwa als „Prototypen" vorgestellt und definiert – entlehnt sie aus ihrem Umfeld: Dazu gehören Umrisse von architektonischen wie floralen Formen, die sie vollflächig oder auf dicke Umrisslinien reduziert, in Schwarz-Weiß oder in reduzierter Farbe übereinanderlegt. Überschneidungen erzeugen dabei reizvolle neue Formen, Papierstärken und -oberflächen treten in Korrespondenz und lassen in ihrer vielfältigen Kombinationsfreude an die Funktion eines Musterbuches denken. Im Sinne des griechischen Ursprungs des Wortes als „(erstes) Vorbild" – also als Vorlage, Muster oder Schablone – können diese Bildelemente und Versatzstücke tatsächlich als *Prototypen* gelesen werden. Die Künstlerin interessieren dabei deren Wiederholbarkeit ebenso wie deren Austauschbarkeit. Sie sind Arbeitsmodelle, wie wir sie bereits seit der frühesten Neuzeit kennen.[6] Ihre schlichte, farbreduzierte Ornamentik und ihr Spiel mit Hell und Dunkel, Licht und Schatten erinnern uns an Karl Blossfeldts berühmte, hundertzwanzigteilige Fotoserie „Urformen der Kunst" der 1920er-Jahre (Abb. 1). Stilisierte organische Formen stellen für die Künstlerin eine vortäuschende Struktur dar, eine konstruierte Natürlichkeit, die sich dem menschlichen Optimierungs- und Normierungszwang unterwirft, der durch die Positionierung einzelner Elemente in strengen geometrischen Konstruktionen[7] angedeutet wird. Organisches wird Anorganischem gegenübergestellt, elementare Formen der Natur werden zu monumentalen Bildmotiven, die unser Verständnis und unsere Erfahrung von Größenverhältnissen auf den Kopf stellen.[8] Sie zelebrieren eine gewisse Mechanik des

4 So die Künstlerin im Gespräch mit der Autorin am 15. September 2022.

5 Vilém Flusser, „Lob der Oberflächlichkeit. Für eine Phänomenologie der Medien", in: Ders., *Schriften*, Hg. Stefanie Bollmann, Edith Flusser, Bd. 1, Mannheim, 1993, S. 9; zitiert nach: Isabelle Stauffer, Ursula von Keitz, „Lob der Oberfläche", in: *Mehr als Schein. Ästhetik der Oberfläche in Film, Kunst, Literatur und Theater*, Hg. Hans-Georg von Arburg, Philipp Brunner, Christa M. Haeseli et al., Zürich, Berlin: diaphanes, 2008, S. 22.

6 Das älteste bekannte Musterbuch geht auf das 10. Jahrhundert zurück. Eines der bekanntesten ist jenes des Franzosen Villard de Honnecourt und wird in das frühe 13. Jahrhundert datiert. Es befindet sich in der Sammlung der Bibliothèque national de France in Paris: https://rb.gy/malhaz (07.10.2022).

7 Sie erinnern an Lager- oder Sammlungsregale.

8 Für Kandinsky stellten Naturformen in sich geschlossene kosmische Kompositionen dar, die als komplexe Gestalten schlussendlich immer wieder zu ihrem ursprünglichen Zustand des geometrischen Wesens als Punkt zurückkehren und – wie in den Künsten – eine Vielzahl an gestalterischen, zeitimmanenten Möglichkeiten offerieren. Vgl. Kandinsky, *Punkt und Linie zu Fläche*, 1964, siehe Anm. 3, hier S. 38–39, 113–121.

Antiindividuellen. In der Kombination von starker Vergrößerung und Vereinfachung werden die Formen schematisiert und wirken wie „manipulierte Zitate ihrer natürlichen Vorbilder", sind bekannt und fremd gleichermaßen.[9] Wenn Blossfeldt sachlich und wissenschaftlich präzise Pflanzenporträts schafft, die an architektonische Elemente erinnern, denen sie ursprünglich durchaus als Vorbild gedient hatten, so kann man „von diesen Pflanzenformen insofern als Urformen der Kunst sprechen, als ‚die verborgenen schöpferischen Kräfte, in deren Auf und Ab wir als naturgeschaffenes Wesen eingespannt sind, überall mit gleicher Gesetzmäßigkeit walten, sowohl in den Werken, die jede Generation als Gleichnis ihres Daseins hervorbringt, wie in den vergänglichsten, zartesten Gebilden der Natur.' [...] Wir nähern uns nach den Tiefenlotungen einer durchspezialisierten Zeit einer neuen Totalität, besser gesagt: der uralten Ahnung tiefster Zusammenhänge zwischen Einzelwesen und Universum."[10] Ähnlich funktionieren die reduzierten Fotografien von Hiroshi Sugimoto, die

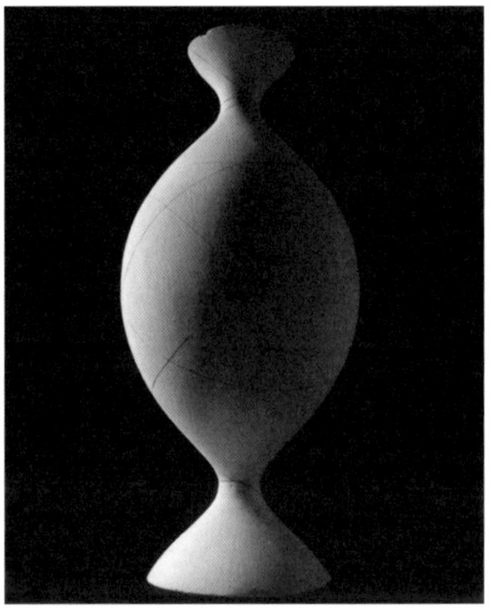

Abb. | Fig. 2: Hiroshi Sugimoto, *Conceptual Form 0004: Onduloid; a surface of revolution with constant non-zero mean curvature*, 2004, Silbergelatineabzug | silver gelatin print, Courtesy of the artist and Marian Goodman Gallery

in ihrem Spiel zwischen organischen und anorganischen Formen einen vergleichbaren Höhepunkt im Zelebrieren des Vexierbildes zwischen Zwei- und Dreidimensionalität finden (Abb. 2). Gunda Gruber verwendet – wie Blossfeldt und Sugimoto – die Prinzipien der Natur als Gegenüberstellung unterschiedlicher Systeme und Herangehensweisen im Umgang mit Urformen und verschiedenen Materialien. Ihre Collagen sind kein klassisches Übereinanderschichten von bereits vorhandenen Elementen, sondern jedes wird entwickelt und mit den anderen Schichten in Dialog gebracht. Sie können damit innerhalb einer Serie und in unterschiedlicher farbiger Fassung gleichzeitig zum Vorder- und zum Hintergrund werden. Als „Plug-in" (siehe Abb. S. 103) – Einsteckelement – finden sie eine jähe Zäsur. Die vertikal ausgerichteten Schnittstellen markieren nicht zwingend die Bildmitte oder den goldenen Schnitt, sondern variieren je Collage. Auf den ersten Blick meint man, die Bilder an diesen Stellen knicken und so die einzelnen Schichten in den Raum biegen zu können. Die schwarzen Tonpapiere täuschen dabei mitunter mögliche Schattenbilder vor oder widersetzen sich trotzig dieser Wahrnehmung.

MATERIALITÄT UND KÖRPERLICHKEIT

Eine fast schon logische Fortsetzung findet dieses Kokettieren der Zweidimensionalität mit der Dreidimensionalität in der Relativierung der Collagen zur Umgebung (dem Raum der Betrachtung) und zum eigenen Körper der Künstlerin: In der Serie „Konnex" (siehe Abb. S. 108–113) projiziert sie Fotos ihrer Werkserien mit Collagen – etwa „Add-on" und „Plug-in" – an eine Wand, vor der sie sich selbst in unterschiedlichen Posen fotografiert. Jeder Collage weist sie so eine spezifische Körperhaltung zu. Gruber wird zum integrativen Bestandteil ihrer eigenen Arbeit, zu einer weiteren Collageebene. Indem sie diese Werke nun als fotografische Serie reproduziert und präsentiert, wird das zusätzliche Element der Dreidimensionalität wieder in das Zweidimensionale zurückverwiesen. Der Körper bleibt als Abbild, die Aktion als

9 http://kunstraumproarte.com/ausstellung-gunda-gruber-interieur-exterieur/ (09.10.2022).

10 Walter Kern bezieht sich in seiner lobenden Kritik zu Blossfeldts *Urformen der Kunst* auch auf die einleitenden Worte von Karl Nierendorf. Walter Kern, „Naturstudium: Karl Blossfeldt: Urformen der Kunst", in: *Das Werk: Architektur und Kunst = L'oeuvre: architecture et art*, Band 15, Heft 12 (1928): S. 398.

Momentum erhalten. Bilder oder Schatten an die Wand zu werfen, gilt als Ursprung sowohl der Malerei als auch der Bildhauerei.[11] Die Projektion eines Schattens unterliegt als natürlicher Vorgang geometrischen Gesetzen, ist als Ergebnis zuverlässig und somit als wahr, als echt einzustufen.[12] Mit ihrem Spiel zwischen geometrischen und organischen Formen, die sie in ihren Installationen dem Dialog zwischen Licht und Schatten aussetzt, siedelt sich Gunda Gruber in einer nuancierten Zwischenwelt an: Die streng mathematisch herleitbare Geometrie trifft auf die nicht minder nach mathematischen Gesetzen fungierende Natur, zu der auch ihr Körper als gleichberechtigtes Material gehört. In ihrer Fotoserie „Körperkonfigurationen" (1972–82; Abb. 3) nutzte VALIE EXPORT ihre eigene Gestalt zur Darstellung des Individuums im Spannungsfeld der geometrischen Linien architektonischer, aber auch sozialer Strukturen unserer urbanen Realität. Diese ideologisch-soziale Komponente klammert Gruber bewusst aus; sie limitiert sich auf die Auslotung

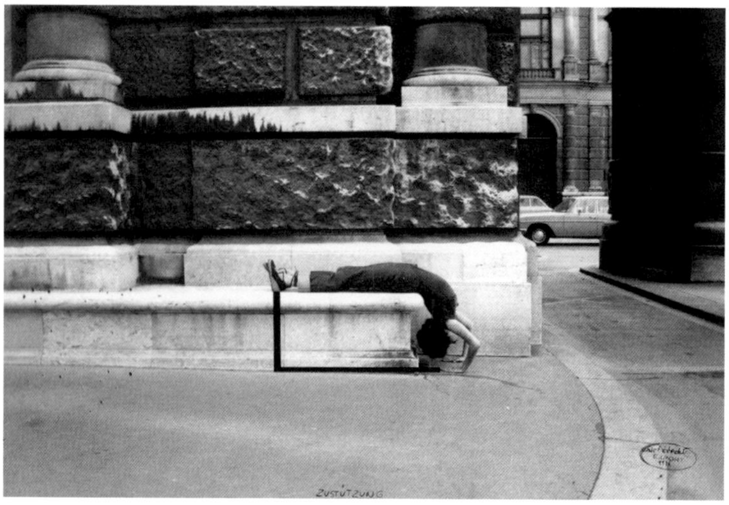

Abb. | Fig. 3: VALIE EXPORT, *Zustützung-FOTOGRAFIK*, 1976, aus der Serie | from the series „Körperkonfigurationen", Silbergelatineabzug auf Barytpapier | silver gelatin print on Baryt paper, Sammlung Museum der Moderne Salzburg, Inv. Nr. F 1210_1-2_1

der Dimensionen ihrer eigenen künstlerischen Welt. Selbst der Projektions- beziehungsweise Umraum, den etwa Rebecca Horn mit ihren den Körper erweiternden und die Gliedmaßen verlängernden Objekten bemaßt (siehe Abb. 4, S. 100), bleibt bei Gruber unbekannt. Ihr Bestreben nach Entmaterialisierung des Körpers, Gegenüberstellung von Raum, Form und Farbe sowie Ausloten der Beziehung zwischen Figur und Raum manifestiert sich auch in einer weiteren Werkgruppe, die gleichzeitig als Collage wahrgenommen und als Erweiterung im wahrsten Sinne gelesen werden kann: den „Extensions" (siehe Abb. S. 114–115). Tatsächlich sind diese Plastiken, die sie aus Kartonplatten zusammensteckt, Erweiterungen, Vergrößerungen oder Verlängerungen. Sie brechen aus der üblichen Werkgröße der Collagen aus, die auf dem Handlungs- und Aktionsraum ihres Körpers basiert, und wachsen bis auf Raumhöhe an, ohne eine stützende Funktion einzunehmen. Bar eines definierten Innen und Außen, ohne Hülle oder Haut, sind auch sie Modelle einer möglichen Gestalt ohne Volumen. Schnittstellen und Außenkanten sind die markanten Linien. Die Schnittmengen generieren Zwischenräume, die uns bewusstmachen, dass Grubers Arbeiten sämtlich aus der Fläche entstehen. Die Plastiken formen sich lediglich in unseren Köpfen, aus der Vorstellung von kompakten Volumina, die wir erlernt haben.

DIE VERDICHTUNG DES SCHATTENS

In Gunda Grubers Werk spielen Schatten eine bedeutende Rolle. Generiert werden sie durch das Ausstellungslicht, das auf ihre Installationen fällt, durch das Streulicht der Projektionen von Filmen auf ihre Objekte. Da diese keine glatten Oberflächen, sondern als „Steckfiguren" kleine Zwischenräume aufweisen, entstehen unweigerlich Schattenräume. Durch die Positionierung eines Objektes im Lichtkegel wirft dieses seine Schlagschatten nicht nur auf den Raum, in dem es sich befindet, sondern auf und in sich selbst. In den Collagen der Künstlerin finden diese Schatten in schwarzen Papierformen

11 Roberto Casati schildert in seinem Buch *Die Entdeckung des Schattens* die diesbezügliche Legende um Butades, einen Töpfer aus dem griechischen Sikyon, dessen Tochter und deren Geliebten, den der Vater für seine Tochter verewigte. Roberto Casati, *Die Entdeckung des Schattens: die faszinierende Karriere einer rätselhaften Erscheinung*, Berlin: Berliner Taschenbuchverlag, 2003, S. 219–220.

12 Vgl. ebd., S. 220.

eine Entsprechung und Verdichtung. Wie oben angesprochen, scheinen etwa in den „Plug-ins" schwarze Flächen auf, die wie das Abbild eines Schattens wirken, würde man das Papier an der Schnittstelle knicken und die vorgelagerten Umrisse und Formen in den Raum ragen lassen. Das menschliche Auge erkennt und durchschaut diesen Trick jedoch sofort: „Durch das Zeichnen einer Linie um einen Schatten verwandelt sich der Schatten. Mit einem Mal gehört der Schatten nicht mehr dem beleuchteten Subjekt, sondern wird eine farbige Fläche an der Wand und führt fortan ein Eigenleben."[13] Wie Casati weiter ausführt, kann die Linie nicht nur einen Hinweis auf die Existenz eines Schattens geben, sondern es ist auch die Linie, die ihn vom Licht trennt. Sie kann auch dazu führen, dass der Halbschatten, der auf eine Oberfläche fällt, durch sie eliminiert wird, infolgedessen wir den Schatten als eigenständige Fläche wahrnehmen.[14] Ist also der Schatten gleichberechtigtes Element dieser Werke, so gilt das auch für das Licht. Losgelöst von der dafür notwendigen Dreidimensionalität, enthalten die Collagen aber Schatten, die sich vom Licht emanzipiert haben und ein Eigenleben führen wie jener Peter Pans. Alle Elemente in Grubers Werken sind in einem Dialog miteinander verbunden wie im Eingangszitat von Nan Hoover treffend formuliert. Hoover hatte sich in ihrem Schaffen – vor allem Installationen und Filme – intensiv mit dem Dialog zwischen Licht, Raum und Betrachter:in auseinandergesetzt, zu dem auch der Schatten gehört (siehe Abb. 5, S. 101). Beide Künstlerinnen setzen ihren Körper als Mittel ein, um die Vorstellungskraft zu unterstützen, um Ebenen der Wahrnehmung sichtbar zu machen. „Für [Hoover] geht es in ihrer Arbeit nicht um Realität, sondern um einen Auftakt zur Realität. Dieses Vorspiel kann mit dem Schatten verglichen werden, einem Schatten, der wertvoller ist und mehr Wahrheit enthält als seine physische Quelle. [...] Er ist eine Abstraktion geworden. Er kann jetzt als Modell für die Realität angesehen werden, genauso wie es Ideen können."[15] Somit schließt sich der Kreis um die Analyse von Dialogen und Systemen im Werk Gunda Grubers, denn der Schatten ist Teil ihres künstlerischen Systems, aus dem sie – im Sinne von „cut and paste" (ausschneiden und einfügen) – schöpft, um ihrem persönlichen Musterbuch immer wieder neue Varianten und Dialoge zu entlocken.

13 Ebd., S. 232.

14 Ebd., S. 233–234.

15 Rob Perrée, „Dialogue", in: *Dialogue. About Nan Hoover*, Hg. Sasa Hanten, René Schmitt, Köln: Salon Verlag, 2001, S. 31, 33. Aus dem Englischen übersetzt von Bram Opstelten.

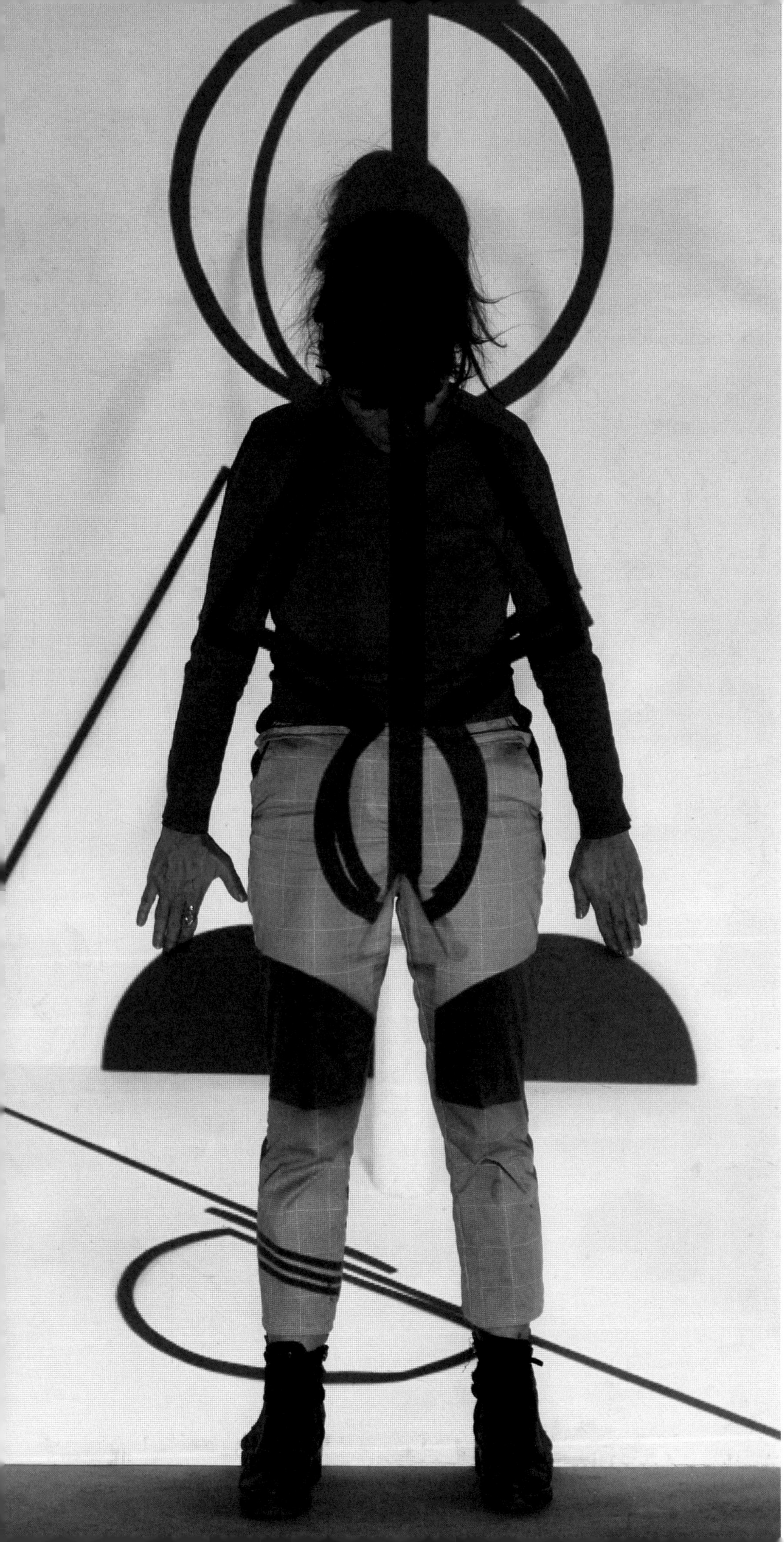

Aus der Serie | from the series
„Konnex", 2021

TINA TEUFEL

CUT + PASTE

"searching for a form that will trigger the imagination of the viewer provoking a question and with this question a dialogue is created between the work and the viewer"
– Nan Hoover[1]

Dialogue is at the heart of Gunda Gruber's work: there is the artist's dialogue with the material, the dialogue between forms and layers within a work, and finally the works' dialogue with viewers. As Nan Hoover points out in her opening quote, questions are at the beginning of every dialogue, and Gruber accordingly sees her artistic practice as a constant process of questioning, exploring, and dialogue: How do systems emerge? How are they applied? What systems do humans apply to nature, and what is still natural in a world constantly striving to optimize itself? Does this way of working systematically, this categorizing, allow us to work efficiently and create something functional, or is that also possible outside of a rigid system? Are (supposedly) natural, organic processes—including, in a sense, us ourselves as organic beings who limit and confine ourselves in the straitjacket of constant defining and wanting to "standardize"—standing in our way in this pursuit of ours? Within this complex of issues, Gruber's examination of role models, of basic patterns and archetypes, and also of the related exploration of systems, which also include the use of specific materials and modes of representation, is of particular significance, as the following analysis will show.

"POINT AND LINE TO PLANE" TO SPACE

"My works are not created for eternity," says Gunda Gruber, referring on the one hand to her choice of "poor" materials—paper, cardboard, simple wooden slats, newspaper, and the like—and on the other to the ephemeral character of her installations.[2] The artist has a strong affinity to papers, inasmuch as she comes from the graphic arts and drawing. Their feel is just as important to her as the fact that she can use the material quickly and do experimental work with it. Yet she doesn't prefer any specific paper. She reacts to it and with it: What is there? What are the possibilities and what, on the other hand, the impossibilities? Quiet and uncomplicated, quick and easy to work with, a material that is utilitarian and not associated with the art field—those are the most important requirements that Gruber is looking for in her material. Process and (intermediate) result, whether as an image or an object, are mutually dependent. She also describes it as "anti-material," since the material is often used in model-making and takes a back seat in this function. It basically doesn't have a surface, but it creates one.

The basis of every creation is always the point, which in its development, following the system, is subject to formats and formatting. In line with Wassily Kandinsky's *Point and Line to Plane* (1926),[3] ideas emerge from it that eventually venture beyond the line and the plane into three-dimensional space. Although Gruber creates solids, meaning volumes, in both installations and objects, they always adhere to line and surface, foregrounding these elements. The artist points out that she is not a sculptor and that her objects have "no inside"[4]; instead, it is the graphic element, the line as a drawing that is central, even in space. The material supports the perception of the

1 Nan Hoover, *Night Letters*, eds. Sasa Hanten and René Schmitt (Cologne: Salon, 2000), p. 77.

2 Elements are sometimes recycled as working material or discarded.

3 Wassily Kandinsky, *Point and Line to Plane. Contribution to the Analysis of the Pictorial Elements* (New York: Solomon M. Guggenheim Foundation, 1947).

4 The artist in conversation with the author, September 15, 2022.

abstract with its focus on structures. Vilém Flusser, for example, understands images as surfaces, as they abstract from the dimensions of time and the depth of reality.[5] Similarly, Gruber's works are not subject to any specific legibility; they are, rather, detached from time and reality and open to various associations.

The exploration of different types of systems is reflected in the choice of some titles: "Systemblüten" ("System Blossoms," see fig. pp. 22–29) and "Prototypen" ("Prototypes," see fig. pp. 36–43) are two series of works that focus on prototypes, basic patterns, and archetypes, which—just like the line—become the basis for models. Based on these, Gruber questions and examines systems as well as responses to them. As a producer, a person is not only a manufacturer, but also a manipulator—both in a positive and in a negative sense. The artist makes use of the technique of collage, which not only

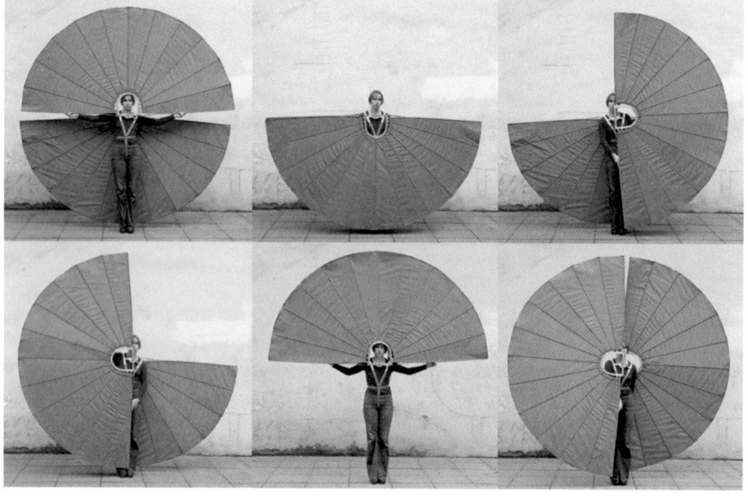

Abb. | Fig. 4: Rebecca Horn, *Mechanical Bodyfan*, 1973/74, Performance

renders the associative processes in the artistic work tangible, but also stimulates one's own associative thinking. She borrows the individual elements—presented and defined as "prototypes," for example—from her environment. They include outlines of both architectural and floral forms, which she places on top of one another across the entire surface or reduced to thick outlines, in black and white or in reduced color. Overlaps create attractive new forms; paper thicknesses and surfaces come to correspond to one another and, in their diverse joy of combination, are reminiscent of the purpose of a book of samples or a manual. These pictorial elements and fragments can, in fact, be read as *prototypes*, in terms of the original meaning of the Greek word as a "(first) model," i.e., a sample, pattern, or template. The artist is interested in their replicability as well as their interchangeability. They are working models of the kind we have known since the beginnings of the modern era.[6] Their simple, color-reduced ornamentation and their play with light and dark, or light and shade, are reminiscent of Karl Blossfeldt's famous 120-part photo series *Urformen der Kunst*, or *Original Forms of Art*, from the 1920s (see fig. 1, p. 94). For the artist, stylized organic forms are a simulating structure, a constructed naturalness that subjects itself to the human compulsion to optimize and standardize, which is indicated by the placement of individual elements in strict geometric constructions.[7] The organic is juxtaposed with the inorganic, elementary forms of nature become monumental images that turn our understanding and experience of proportions upside down.[8] They celebrate a certain mechanics of the anti-individual. Combining great enlargement and simplification, the forms are schematized and appear like "manipulated references to their natural models"—as familiar as they are foreign.[9] When Blossfeldt creates factual and scientifically precise portraits of plants that are evocative of architectural elements for which they had originally served as models, we can "refer to these plant forms as archetypes of art, in the sense that 'the hidden creative forces, in whose ups and downs

5 Vilém Flusser, "Lob der Oberflächlichkeit. Für eine Phänomenologie der Medien," in Flusser, *Schriften*, ed. Stefanie Bollmann and Edith Flusser, vol. 1 (Mannheim, 1993), p. 9; as quoted by Isabelle Stauffer and Ursula von Keitz, "Lob der Oberfläche," in *Mehr als Schein. Ästhetik der Oberfläche in Film, Kunst, Literatur und Theater*, ed. Hans-Georg von Arburg, Philipp Brunner, Christa M. Haeseli et al. (Zurich/Berlin: diaphanes, 2008), p. 22.

6 The oldest known sample book or manual dates from the tenth century. One of the best-known ones is the manual of the Frenchman Villard de Honnecourt, which is dated to the early thirteenth century. It is in the collection of the Bibliothèque national de France in Paris: https://rb.gy/malhaz (Oct. 7, 2022).

7 They are reminiscent of storage or collection shelves.

8 For Kandinsky, natural forms are self-contained cosmic compositions which, as complex shapes, ultimately always return to their original state of geometric essence as a point and offer a multitude of creative possibilities, such as in the arts. See Kandinsky, *Point and Line to* Plane, 1947 (as in n. 3), pp. 38–39, 113–121.

9 http://kunstraumproarte.com/ausstellung-gunda-gruber-interieur-exterieur/ (Oct. 9, 2022).

we as natural beings are involved, rule everywhere with the same regularity, both in the works each generation produces as a metaphor of their existence and in the most ephemeral, most delicate formations of nature.' ... After the in-depth explorations of a thoroughly specialized era we are approaching a new totality, or rather the ancient intimation of the deepest connections between individual beings and the universe."[10] The sparse photographs of Hiroshi Sugimoto (see fig. 2, p. 95) function in a similar way: in their play between organic and inorganic forms, they culminate in a celebration of the flip-flop image between two- and three-dimensionality. Like Blossfeldt and Sugimoto, Gunda Gruber uses the principles of nature to contrast different systems and approaches in dealing with archetypes and various materials. Her collages do not consist in a classic layering of pre-existing elements; instead, each layer is developed and brought into dialogue with the other layers. As a result, they can become both foreground and background within a series and in different color schemes. When used as a plug-in (see fig. p. 103), there is a sudden caesura. The vertically oriented points of intersection do not necessarily mark the center of the image or the golden section but vary from one collage to another. At first glance, it seems as if the images can be folded at these points, thereby bending the individual layers into the space. The black-colored papers sometimes simulate possible shadow images or, instead, defiantly resist this perception.

MATERIALITY AND CORPOREALITY

This flirtation of two-dimensionality with three-dimensionality has an almost logical continuation in the relativization of the collages vis-à-vis the environment (the observation space) and the artist's own body: in the "Konnex" series (see fig. pp. 108–113) Gruber projects photos of her series of works involving collages, such as "Add-on" and "Plug-in," onto a wall, in front of which she photographs herself in different poses. In this way, she assigns

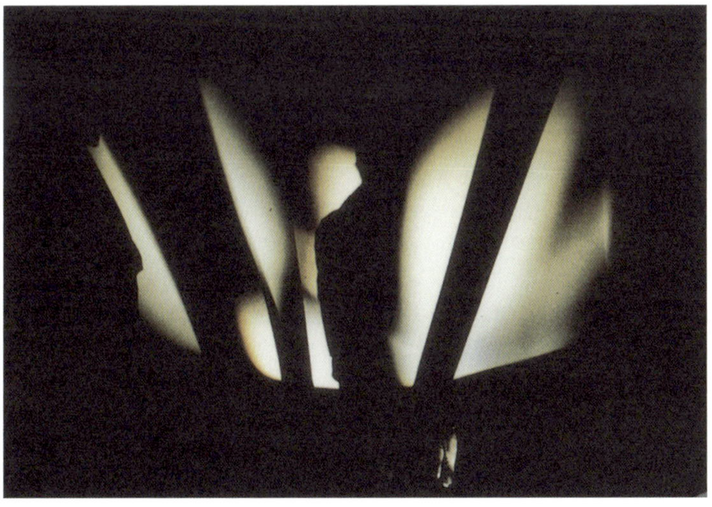

Abb. | Fig. 5: Nan Hoover, *Performance*, 1986, Düsseldorf, Ilfachromabzug | Ilfachrome print

a specific posture to each collage. Gruber becomes an integral part of her own work, yet another layer of collage. By reproducing and presenting these works as a photo series, the additional element of three-dimensionality is recommitted to the two-dimensional. The body remains as an image, the action as momentum. The casting of shadows or images onto a wall is thought to be the origin of both painting and sculpture.[11] As a natural process, the projection of a shadow is subject to geometrical laws; it is reliable as a result and, thus, can be classified as true, real.[12] With her play between geometric and organic forms, which in her installations is subjected to the dialogue between light and shadow, Gunda Gruber locates herself in a nuanced intermediate world: strictly mathematically deducible geometry meets nature, which no less functions according to mathematical laws and of which her body is just as much part as a material. VALIE EXPORT used her own body in her photo series "Body Configurations" (1972–82; see fig. 3, p. 96)

10 In his laudatory review of Blossfeldt's archetypes of art, Walter Kern also refers to Karl Nierendorf's introductory words. Walter Kern, "Naturstudium: Karl Blossfeldt: Urformen der Kunst," in *Das Werk: Architektur und Kunst = L'oeuvre: architecture et art*, vol. 15, no. 12 (1928), p. 398.

11 In his book *Shadows*, Roberto Casati relates the story of the potter Butades of Sicyon, his daughter and her lover, whom the father immortalized for his daughter. Roberto Casati, *Shadows. Unlocking Their Secrets from Plato to Our Time* (New York: Vintage, 2004), p. 219–20.

12 Ibid., p. 220.

to depict the individual within the interplay of the geometric lines of both architectural and social structures in our urban reality. Gruber deliberately ignores this ideological-social component; she limits herself to exploring the dimensions of her own artistic world. Even the projection, or surrounding, space—whose dimensions Rebecca Horn, for example, had measured with her body-modifying and limb-elongating objects (see fig. 4, p. 100)—remains unknown in Gruber's work. Her efforts to dematerialize the body, to juxtapose space, form, and color, and to explore the relationship between figure and space are also evident in another series of works, the "Extensions" (see fig. pp. 114–115), that can be perceived as "collage." These sculptures, which she puts together from carton boards, are, in fact, extensions, enlargements, or elongations. They leave behind the usual dimensions of the collage works, which are based on the range of action of her body, and grow as high as the ceiling without taking on a supporting function. Lacking a defined inside and outside, without shell or skin, they too are models of a possible shape without volume. Points of intersection and outer edges are the distinctive lines. The intersections generate intermediate spaces that make us aware that all of Gruber's works emerge from the plane. The sculptures take shape only in our minds, based on our learned conception of compact volumes.

THE COMPRESSION OF SHADOWS

Shadows play an important role in Gunda Gruber's work. They are generated by the exhibition lighting falling on her installations, by the scattered light of film projections thrown onto her objects. Since the objects don't have smooth surfaces but, being "plug-in figures," do show small gaps, shadow areas inevitably form. By positioning an object in a beam of light, it casts its shadows not only onto the room in which it is located, but also on and inside itself.
In the artist's collages, those shadows find an analogy and are compressed in black paper forms. As mentioned earlier, black areas show, for instance, in the "Plug-Ins," where they look like the image of a shadow, if one were to fold the paper at the point of intersection and let the outlines and forms in front jut out into the room. However, the human eye immediately recognizes and sees through this trick: "Tracing a line around a shadow *transforms the shadow*. All at once, the shadow no longer belongs to the portrait sitter: *it becomes a colored patch on the wall* and takes on a life of its own."[13] As Casati goes on to explain, not only can the line hint at the existence of a shadow, but it is also the line separating it from the light. It can even cause the half-shade cast onto a surface to be eliminated by it, with the result that we perceive the shadow as an independent patch.[14] So if the shadow is an equal element in these works, then the same applies to the light. Removed from the three-dimensionality required for it, the collages do contain shadows that have emancipated themselves from the light and lead a life of their own like that of Peter Pan. All the elements in Gruber's works are linked in a dialogue, as Nan Hoover aptly put it in her opening quote. The dialogue between light, space, and viewer, which also includes the shadow, is something Hoover examined in depth in her work—especially in installations and films (see fig. 5, p. 101). Both artists use their bodies as a device to support the imagination, to visualize levels of perception. "For [Hoover], her work is not about reality, but a prelude to reality. This prelude can be compared with the shadow, a shadow that is more valuable and holds more truth than its physical source. ... It has become an abstraction. It can now be seen as a model for reality, in the same way that ideas can."[15] Thus, the analysis of dialogues and systems comes full circle in Gunda Gruber's work, for the shadow is part of her artistic system, on which she draws, in resemblance to the technique of cut-and-paste, in order to elicit ever new variations and dialogues from her personal book of samples.

13 Ibid., p. 232.

14 Ibid., pp. 233–234.

15 Rob Perrée, *Dialogue. About Nan Hoover* (Cologne: Salon, 2001), pp. 31, 33.

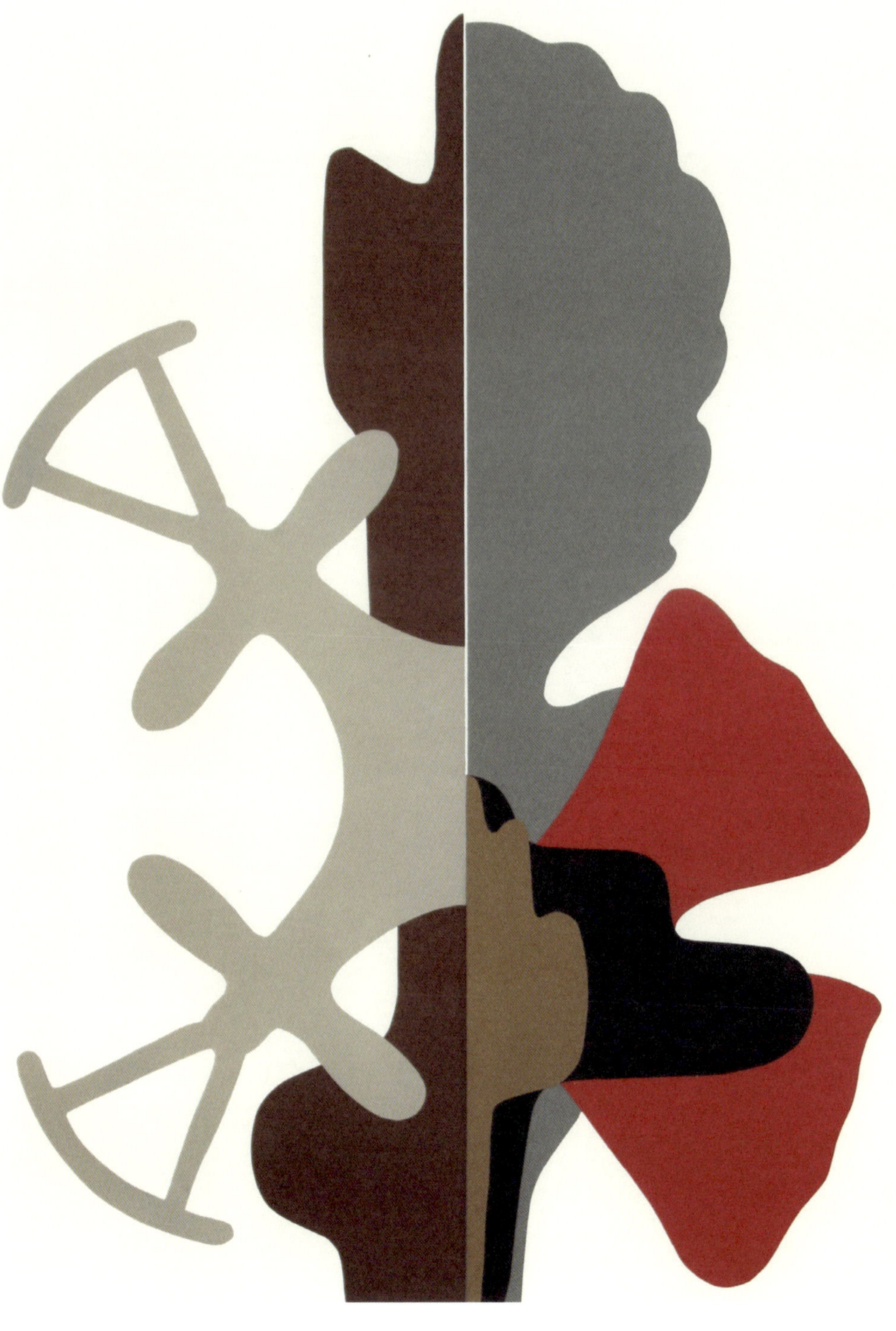

Aus der Serie | from the series „Systemvarianten“, 2019

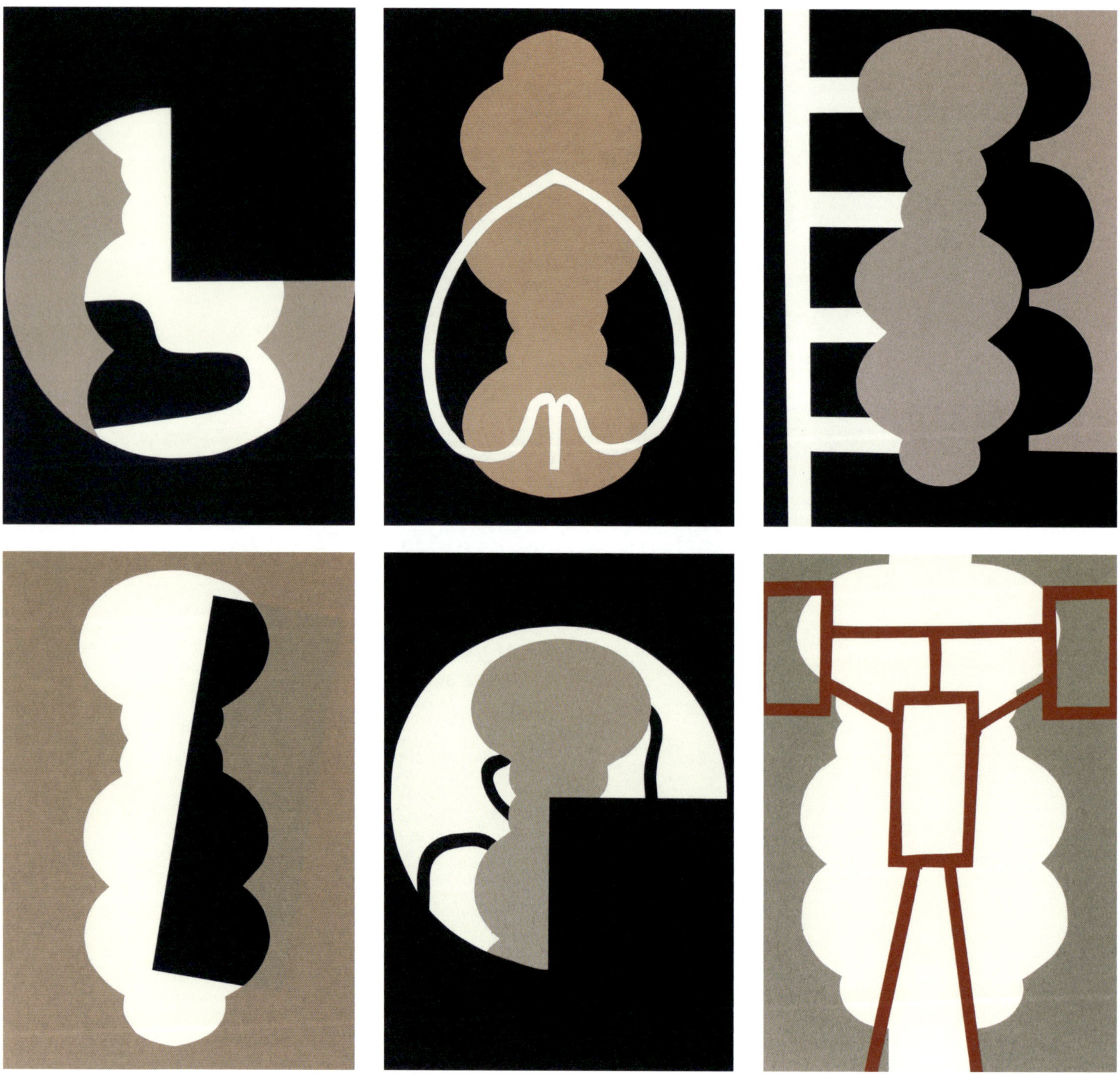

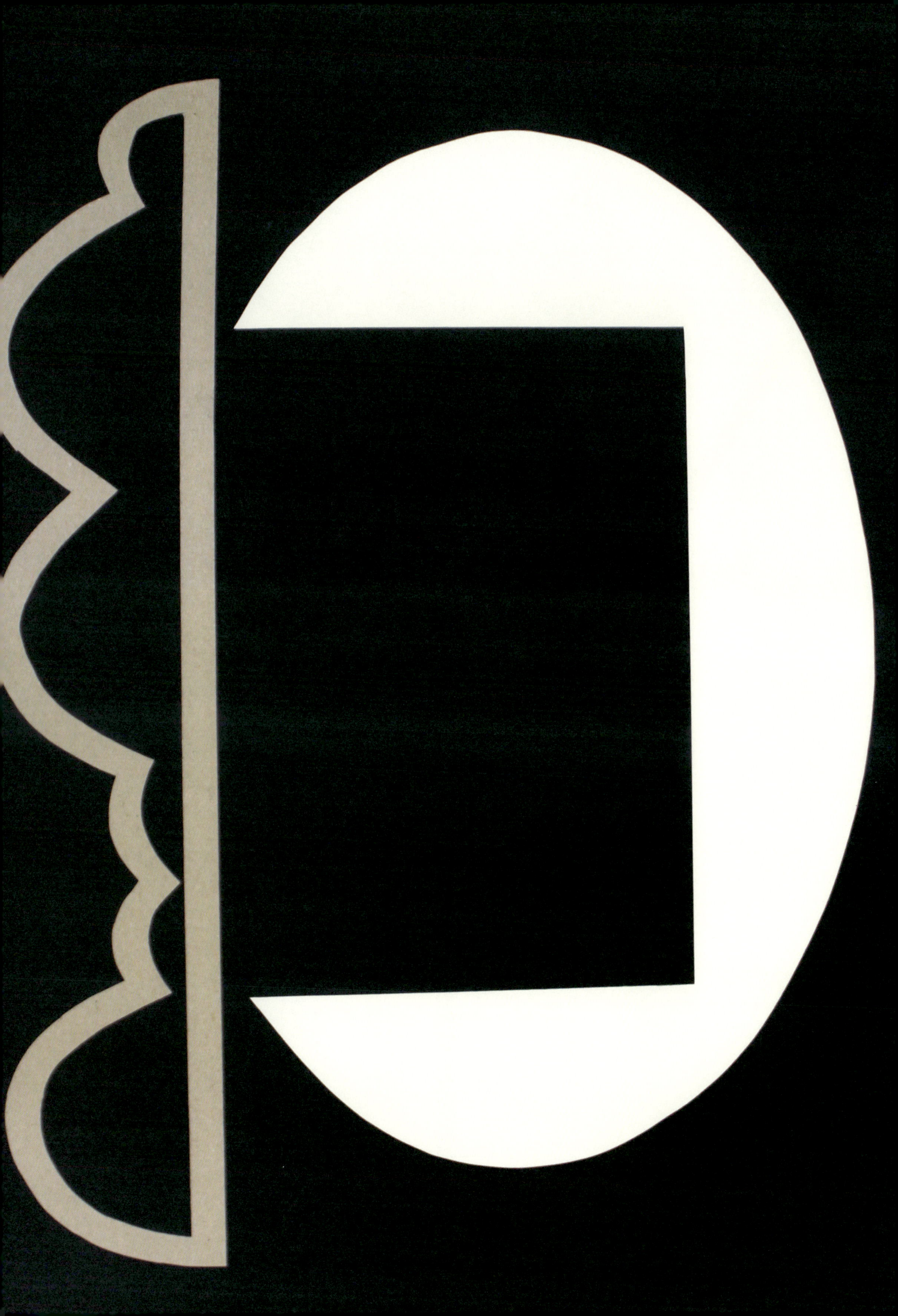

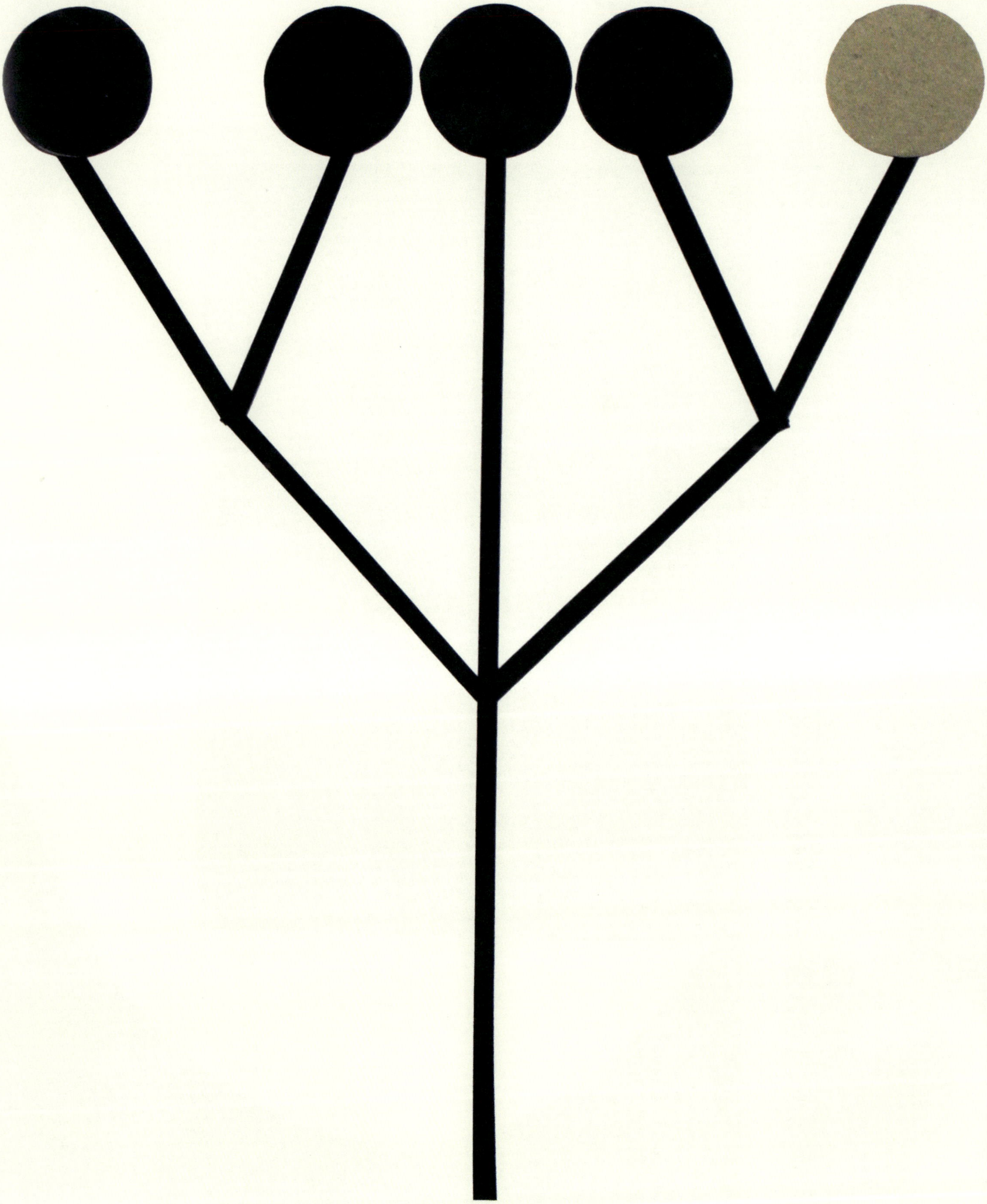

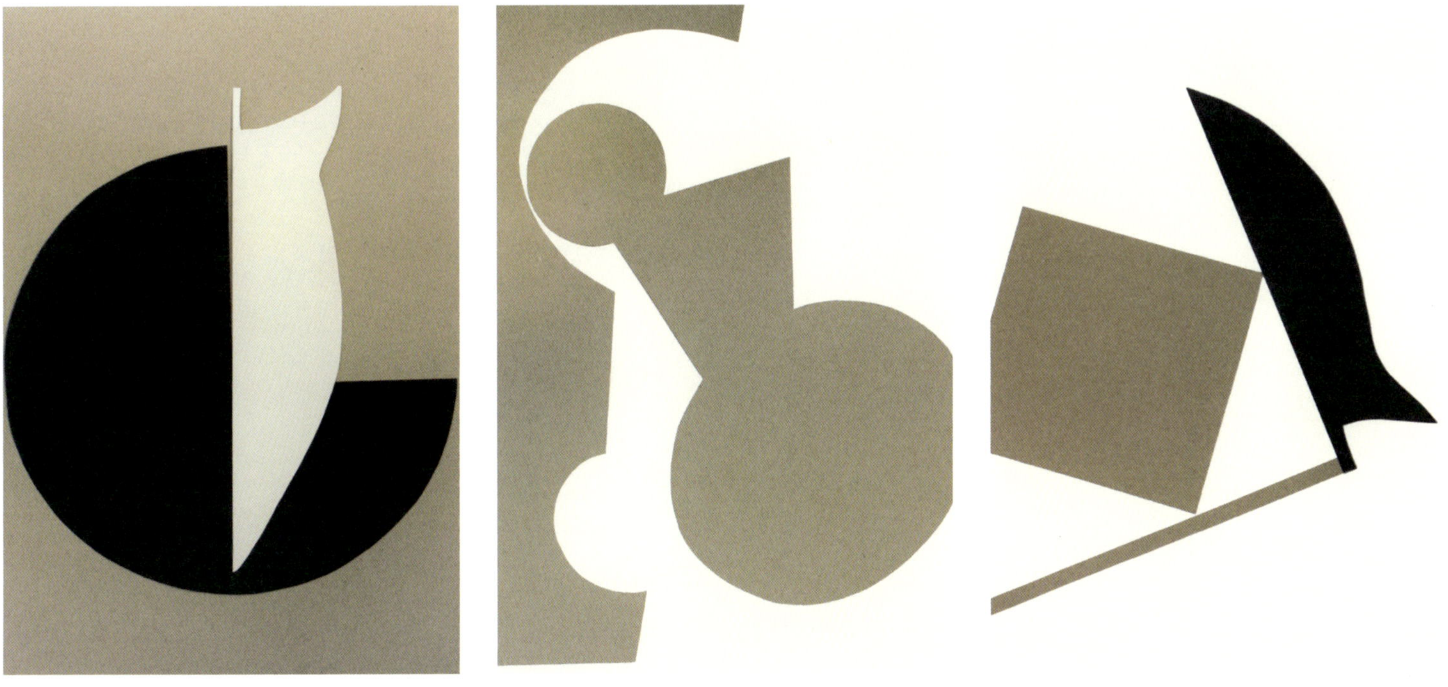

Aus der Serie | from the series „Konnex“, 2021
Seiten | pages 108–113

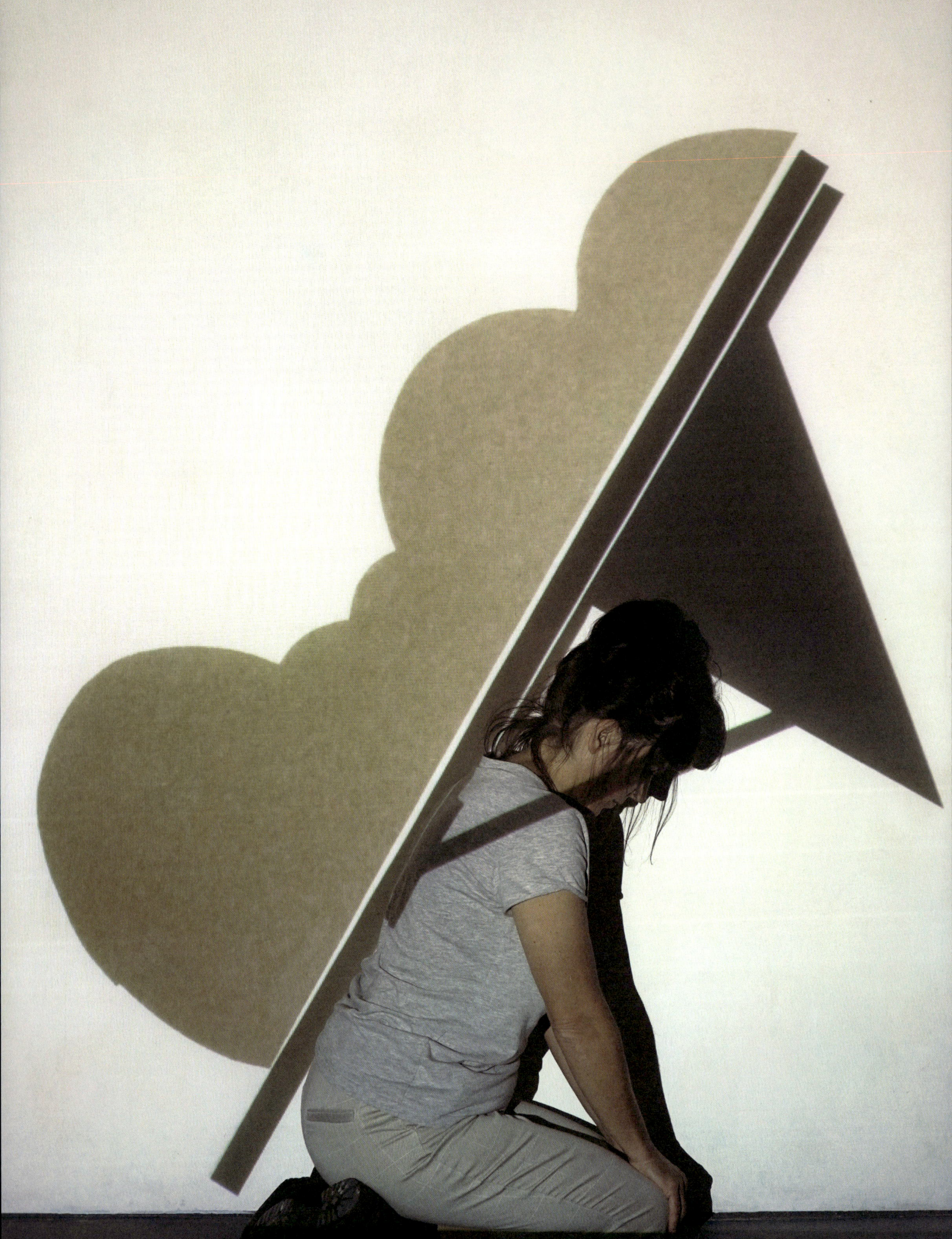

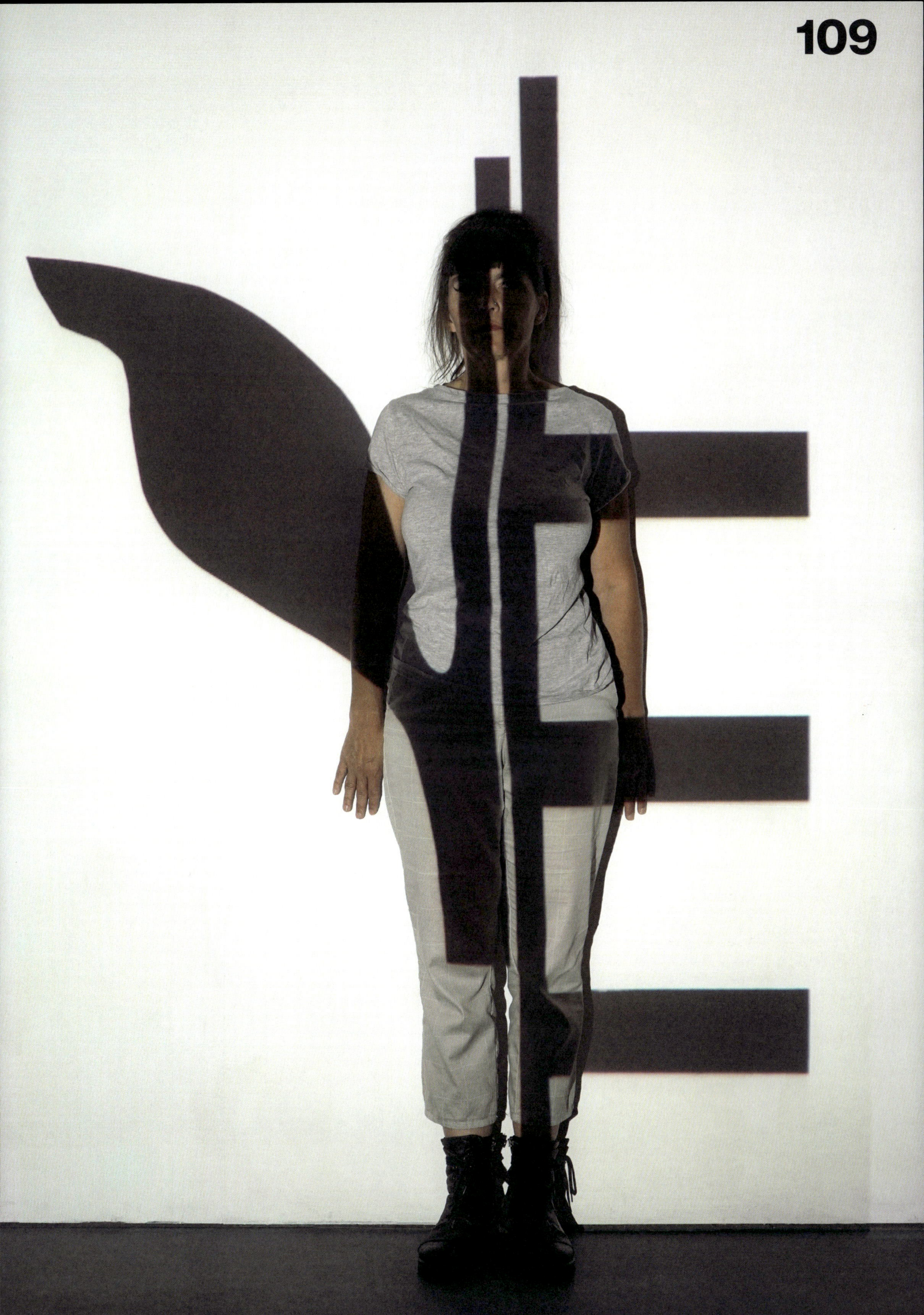

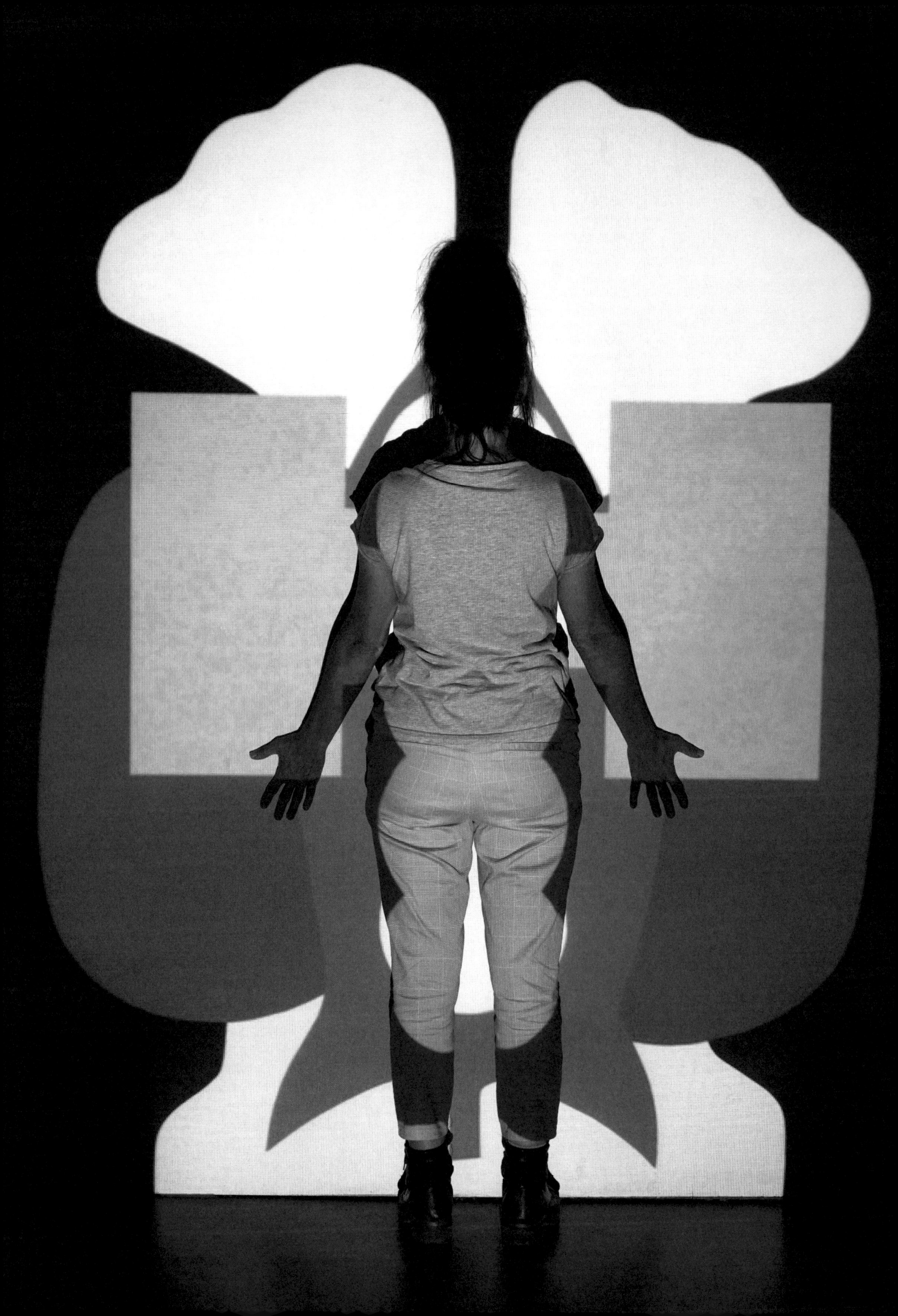

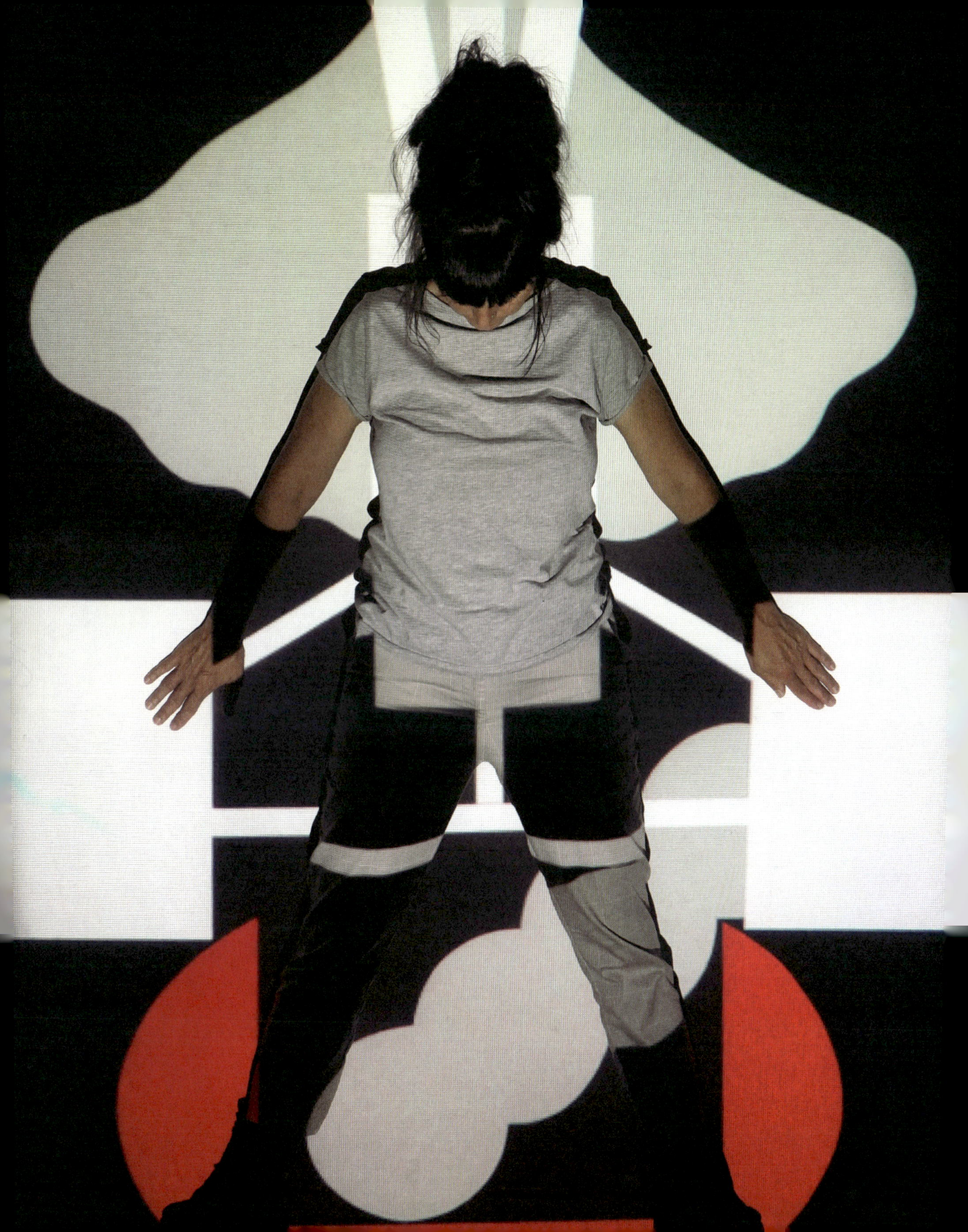

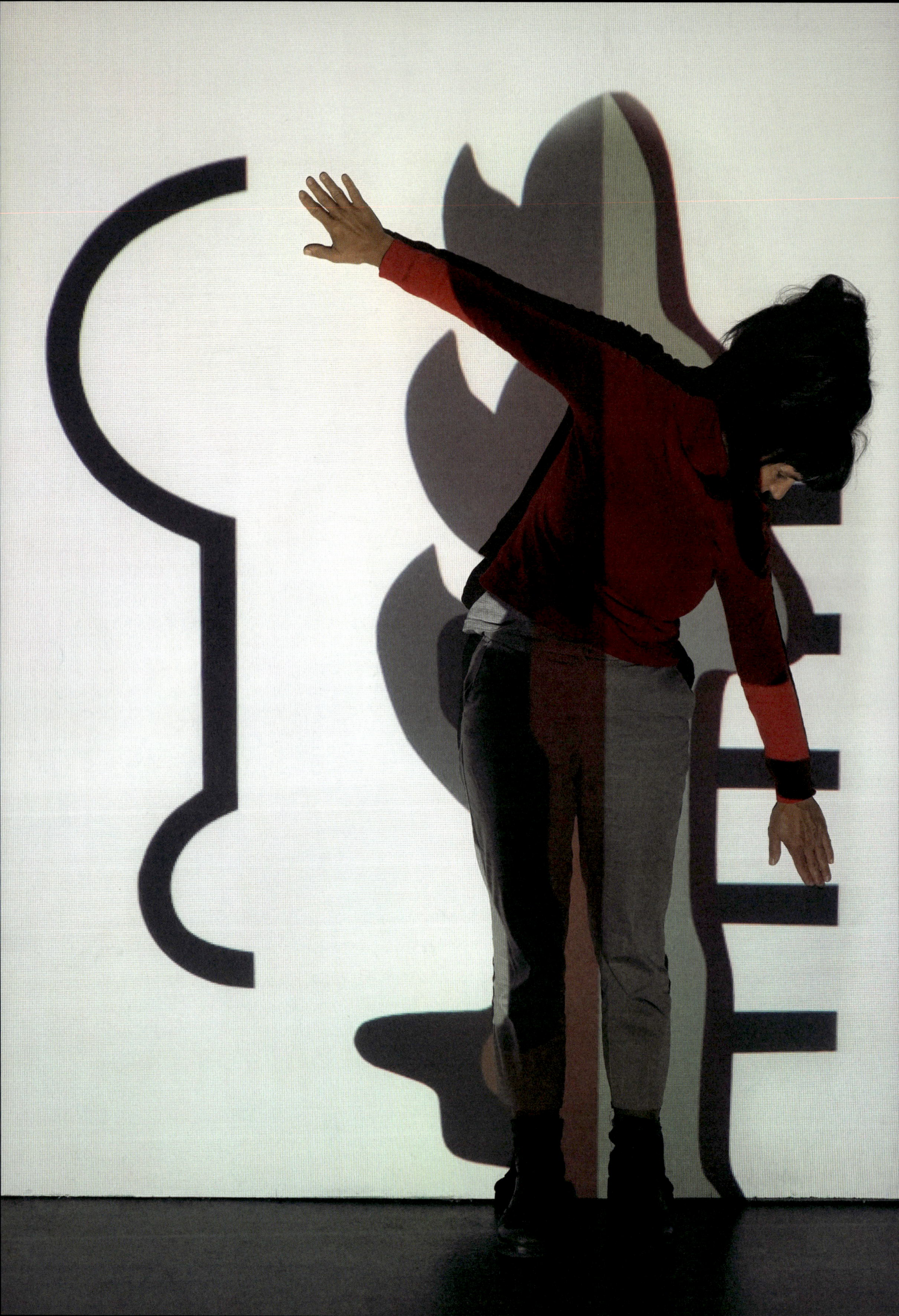

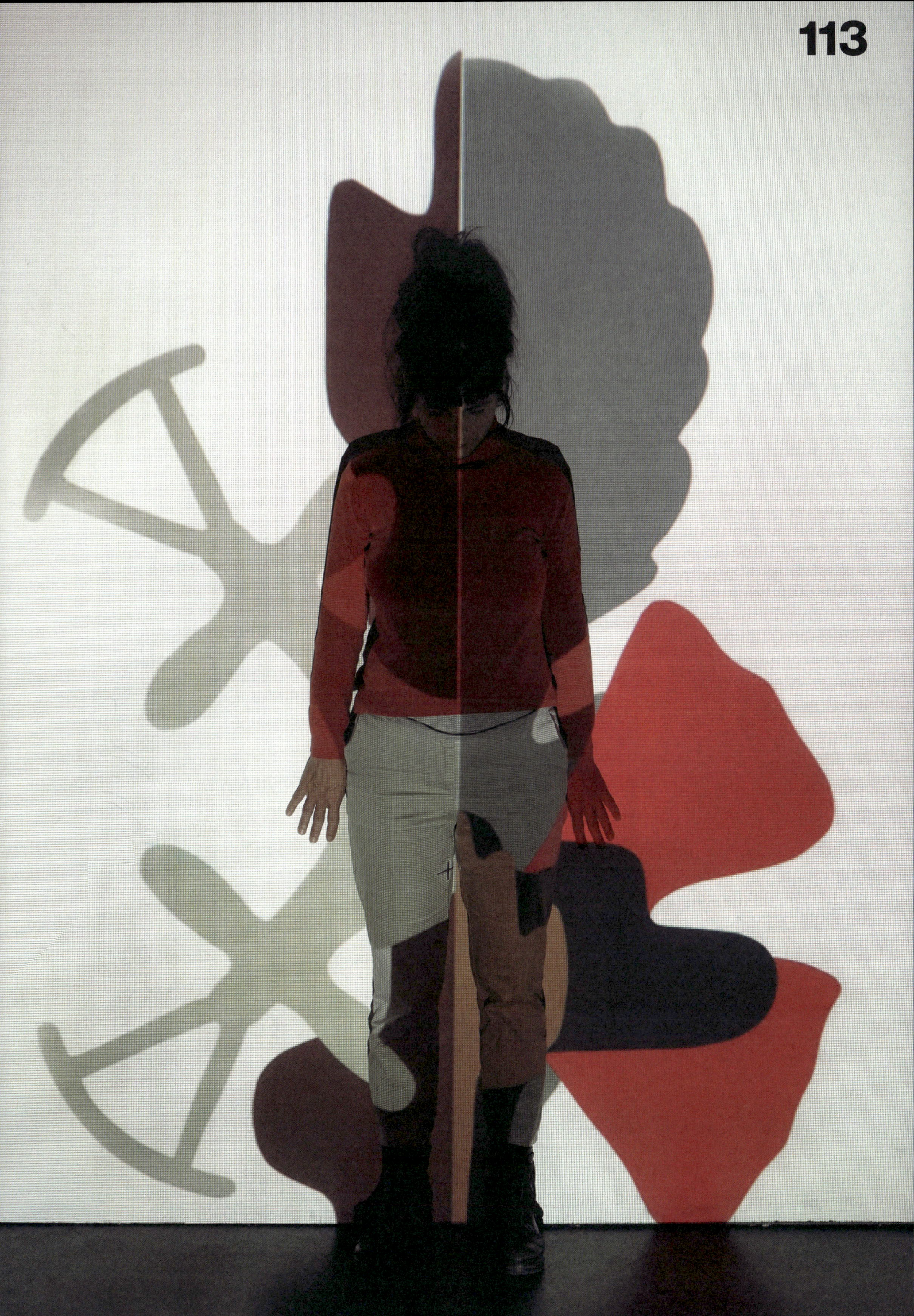

Aus der Serie | from the series „Extensions“, 2019–22

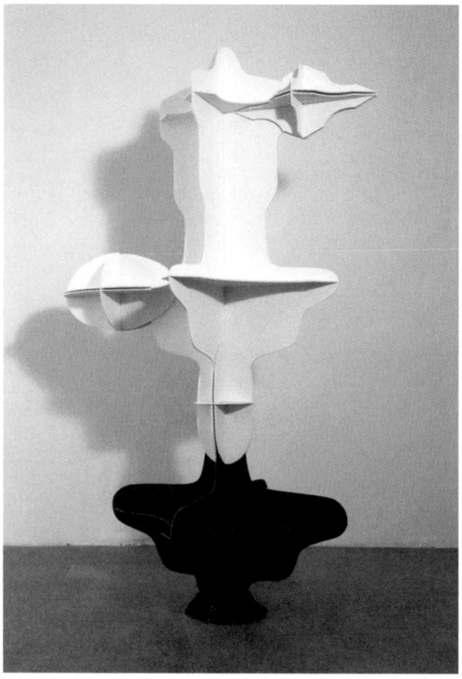
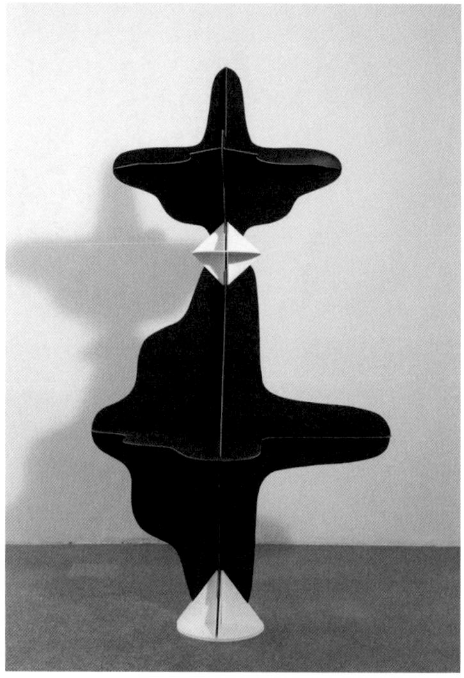
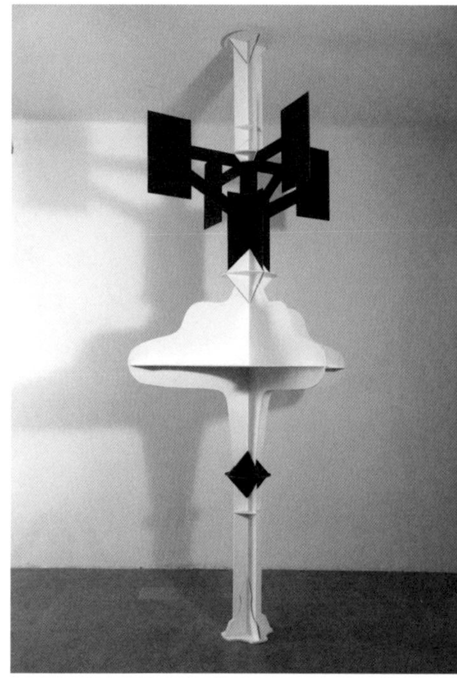
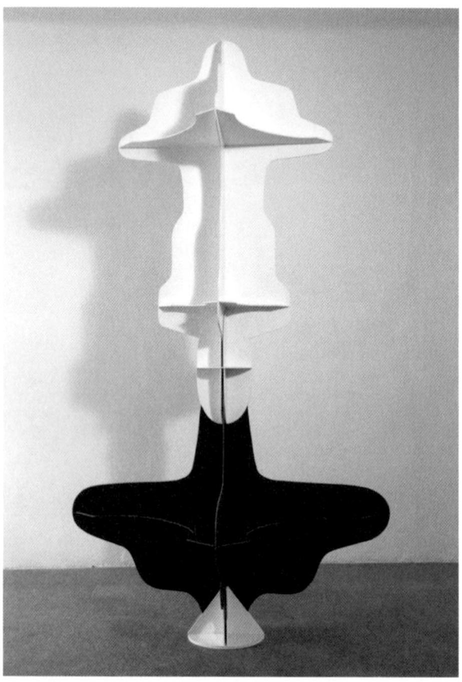
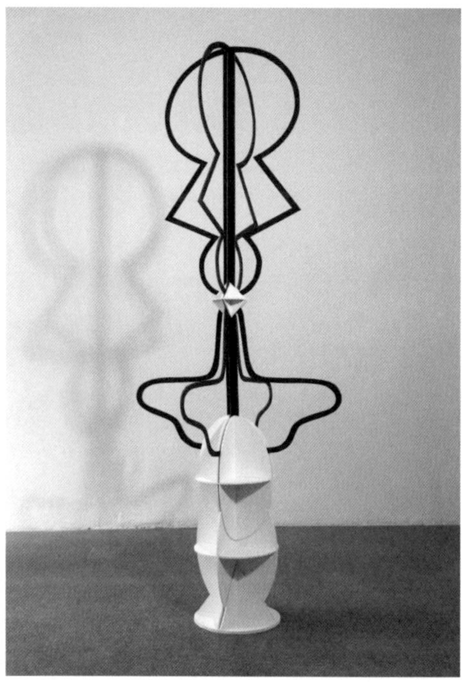
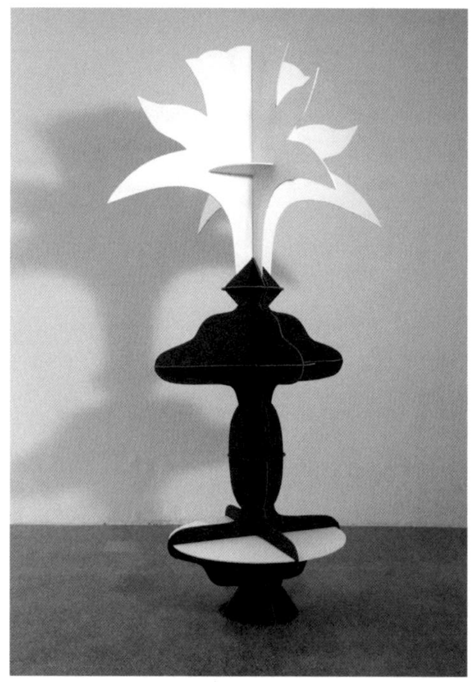
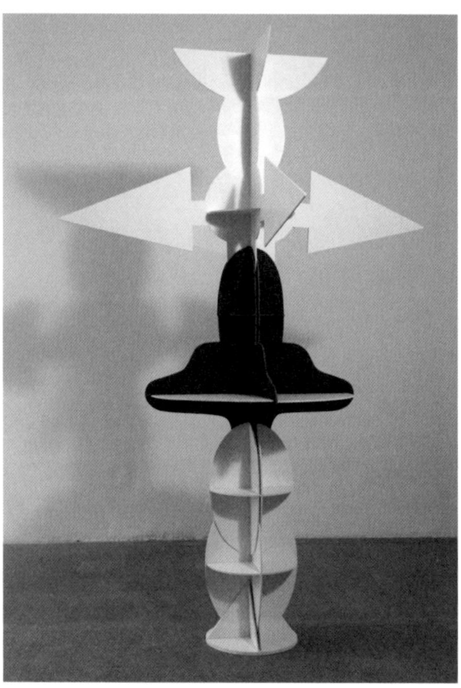
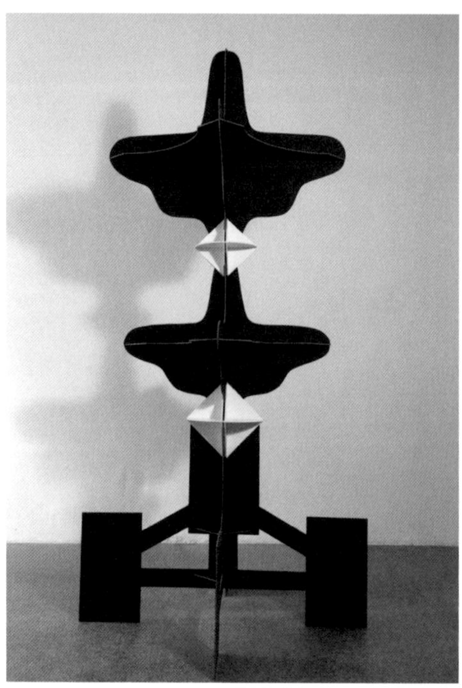
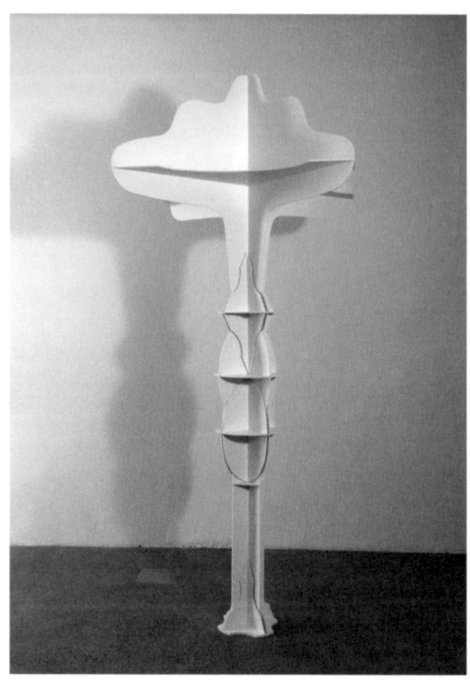

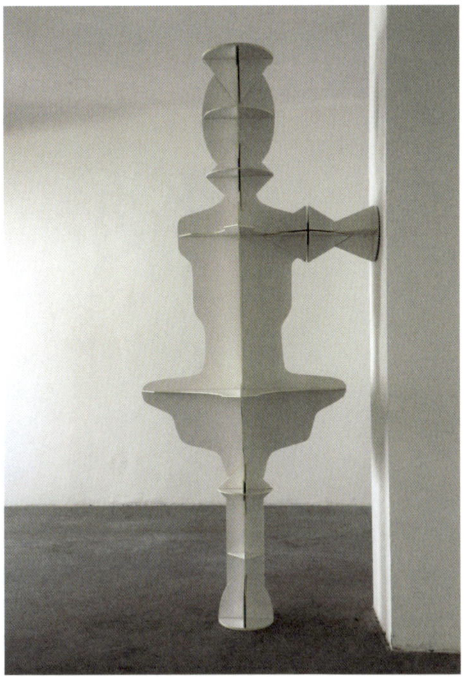
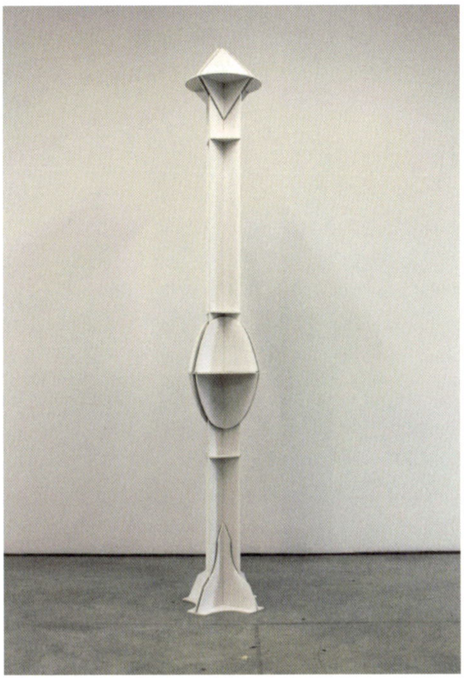
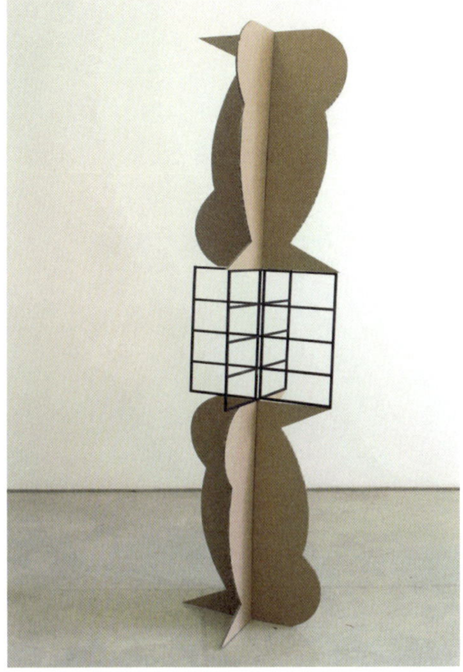
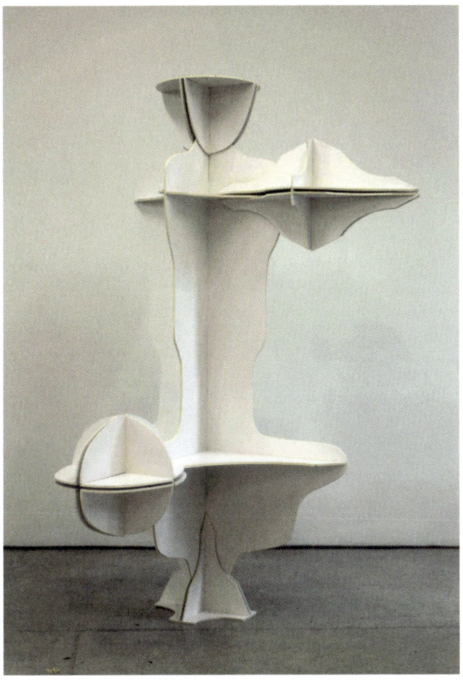
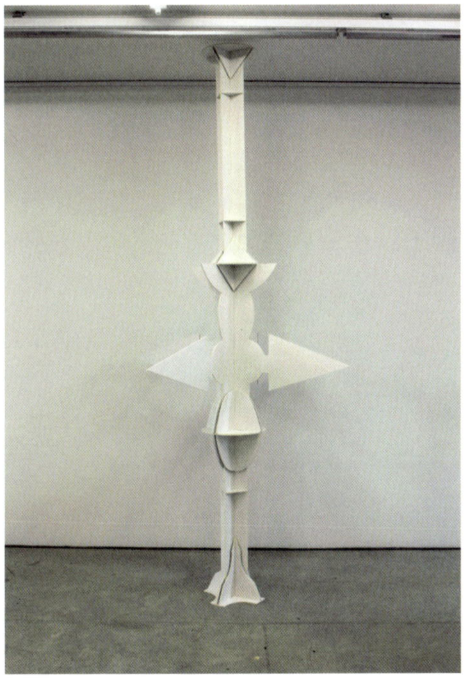
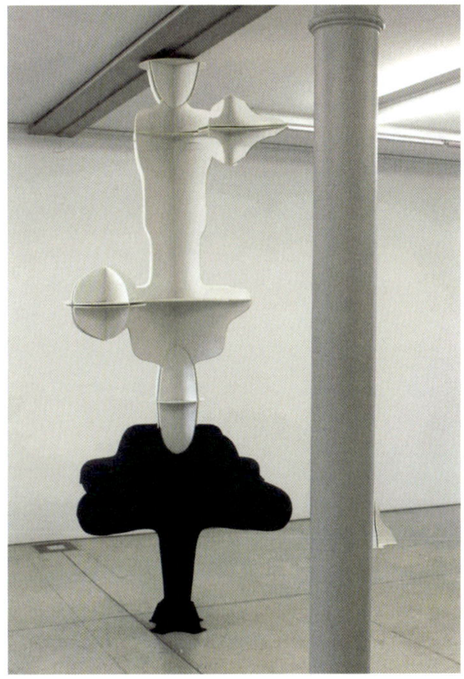
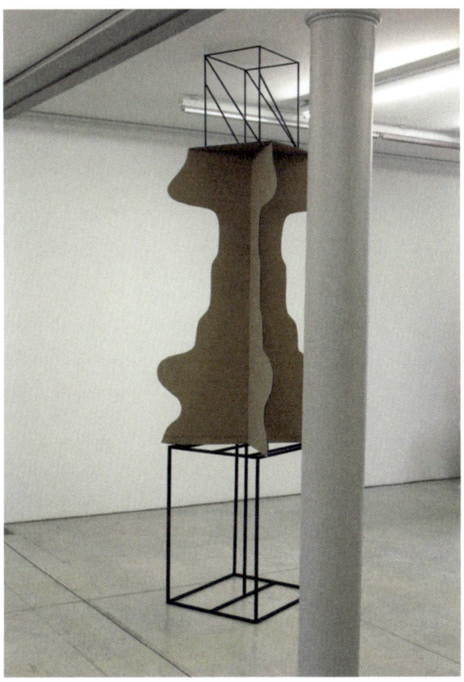
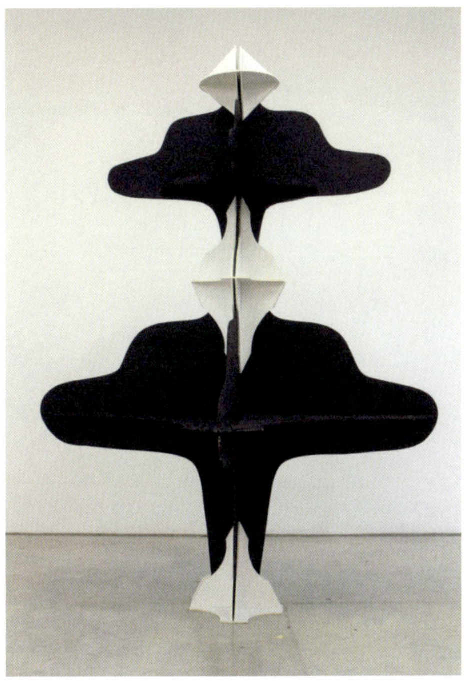
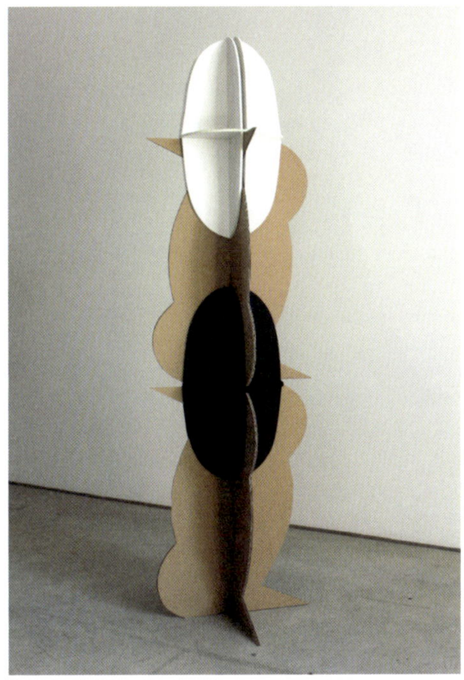

Aus der Serie | from the series „Bildstörung", 2018–21
Ausstellungsansichten | Exhibition views, Museum der Moderne Salzburg, 2023
Seiten | pages 116–121

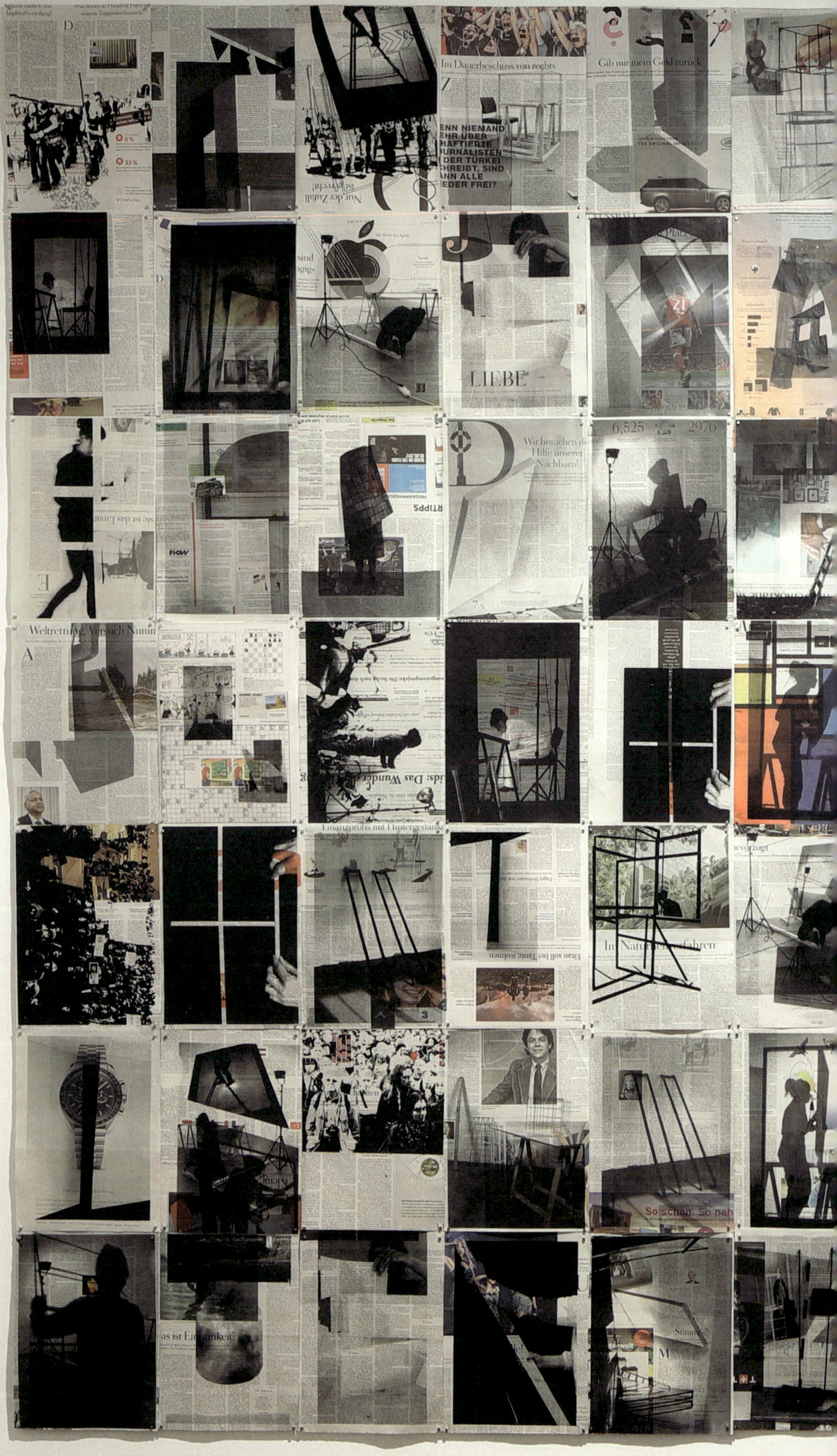

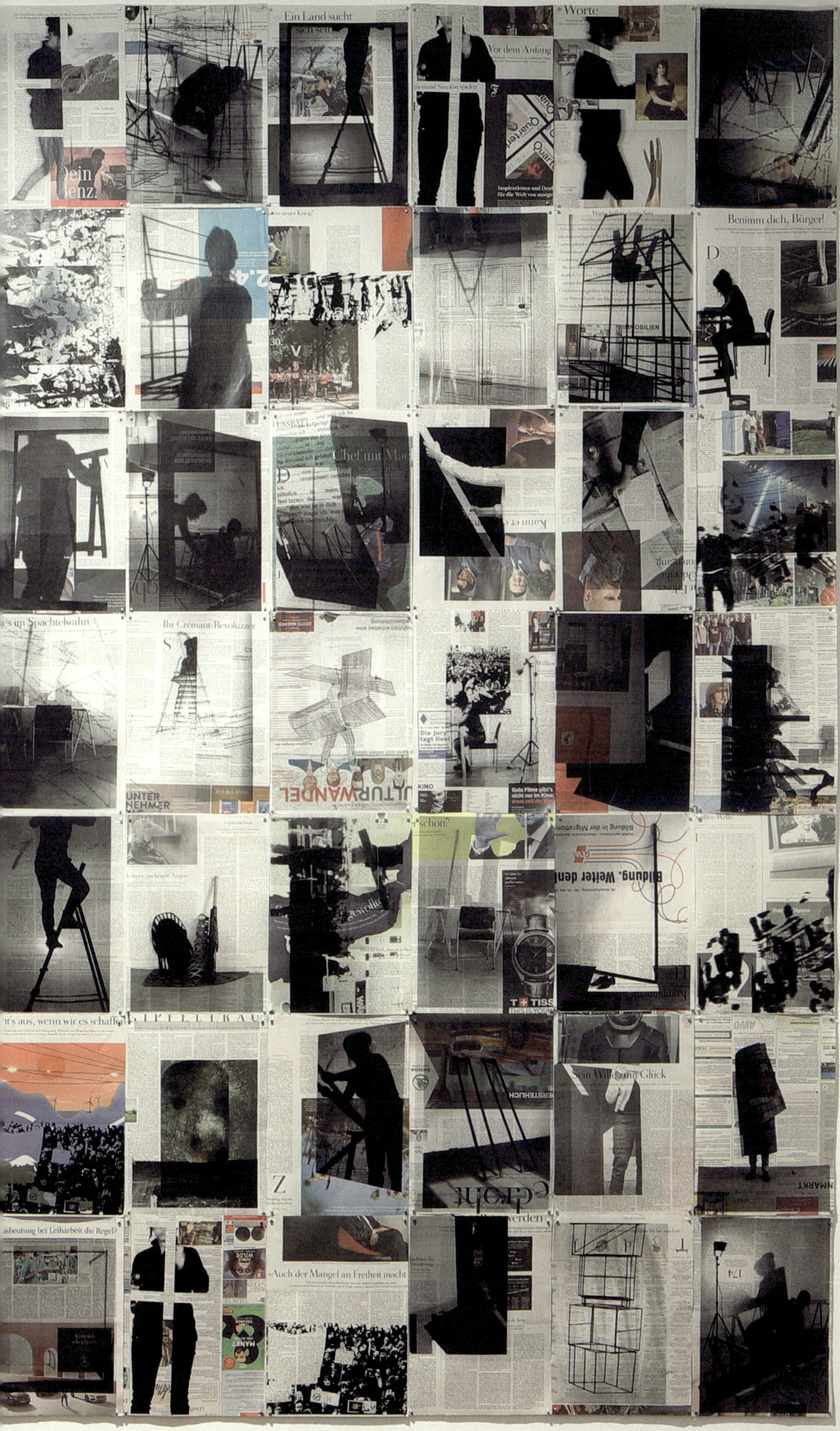
Ein Land sucht
Worte
Vor dem Anfang
Inspirationen und Denk
für die Welt von morgen
Quartett
Benimm dich, Bürger!
Chef mit Ma
Ihr Crémant-Revolutzer
Die Jury tagt live!
Gute Filme gibt's nicht nur im Kino
UNTERNEHMER
Bildung, Weiter den
Sein Wild zum Glück
Auch der Mangel an Freiheit macht

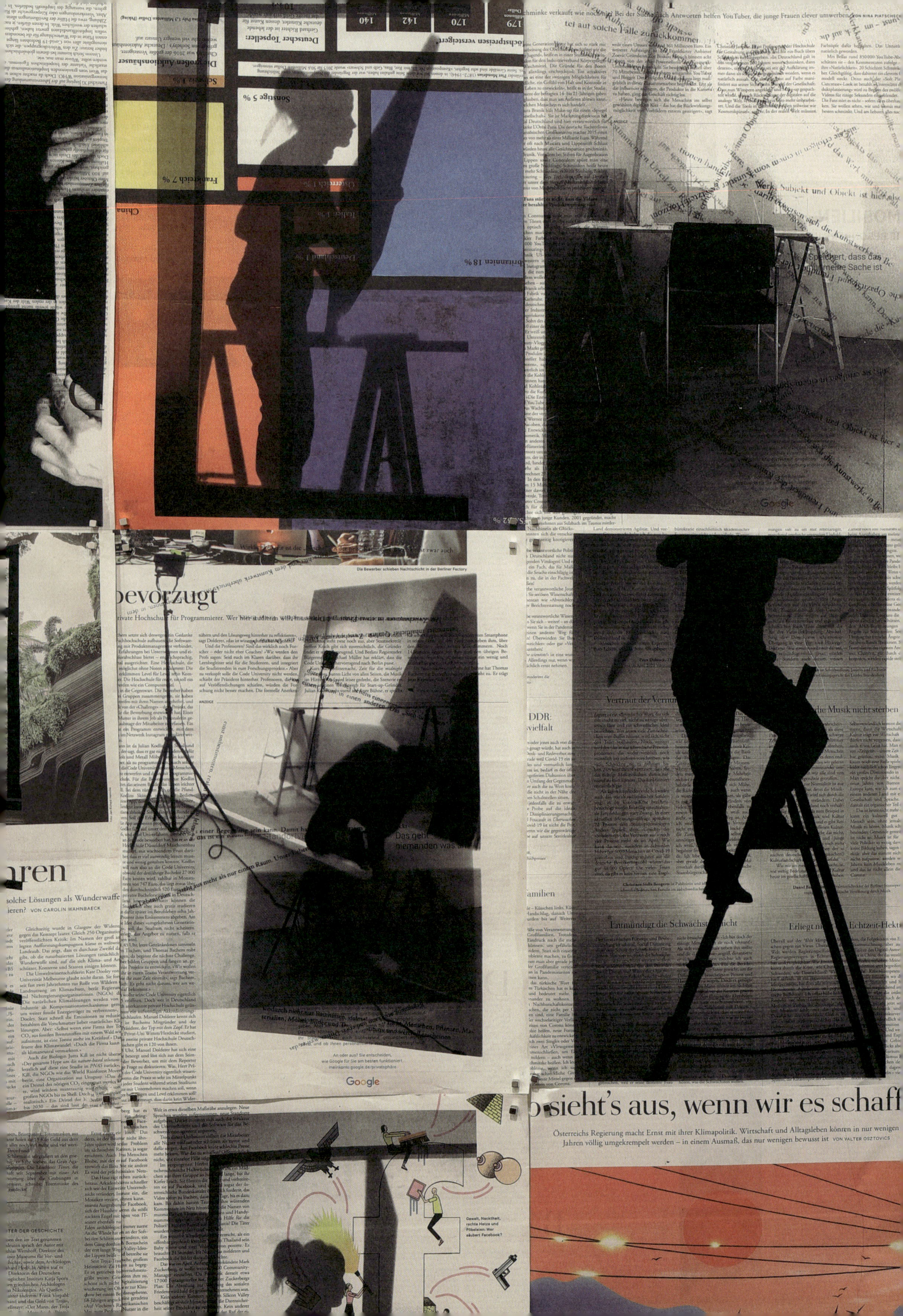
bevorzugt
aren
solche Lösungen als Wunderwaffe
ieren? VON CAROLIN WAHNBAECK
o sieht's aus, wenn wir es schaff
Österreichs Regierung macht Ernst mit ihrer Klimapolitik. Wirtschaft und Alltagsleben könnten in nur wenigen
Jahren völlig umgekrempelt werden – in einem Ausmaß, das nur wenigen bewusst ist

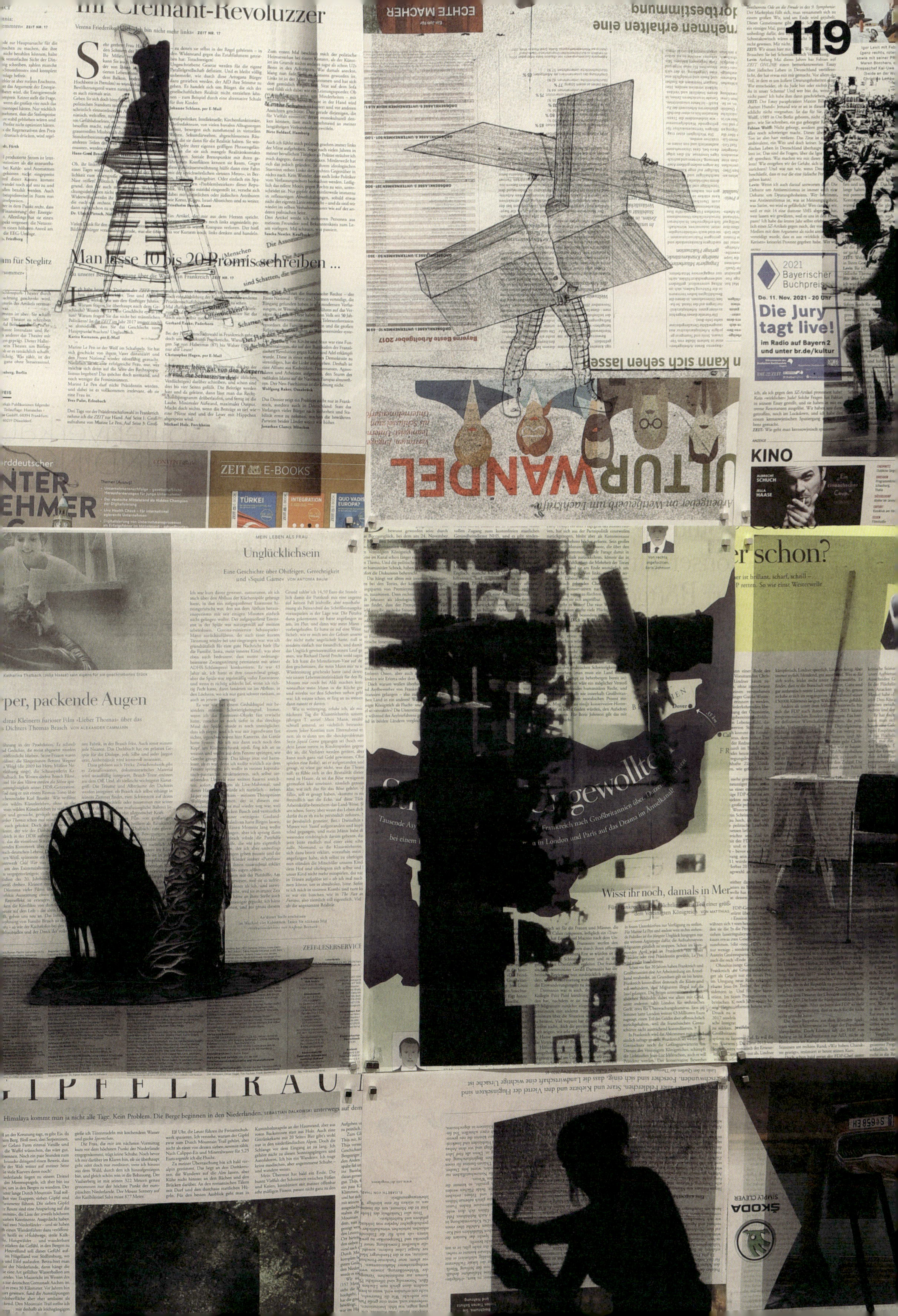
Man lasse 10 bis 20 Promis schreiben …
ECHTE MACHER
Unglücklichsein
per, packende Augen
ZEIT E-BOOKS
2021 Bayerischer Buchpreis
Do. 11. Nov. 2021 - 20 Uhr
Die Jury tagt live!
im Radio auf Bayern 2 und unter br.de/kultur
KINO
Wisst ihr noch, damals in Mer
GIPFELTRAU
ŠKODA
SIMPLY CLEVER

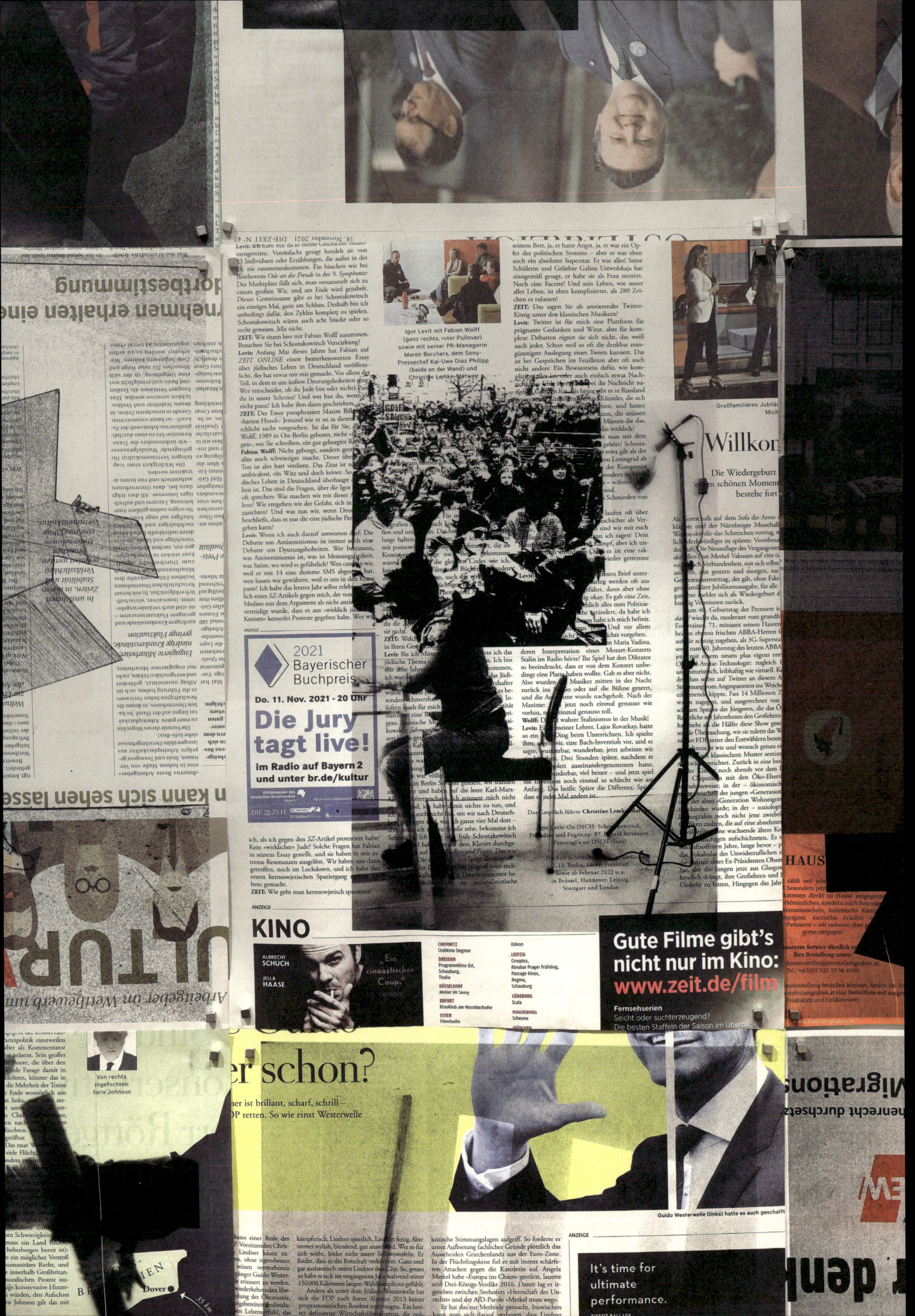

Igor Levit mit Fabian Wolff (ganz rechts, roter Pullover) sowie mit seiner PR-Managerin Maren Borchers, dem Sony-Pressechef Kai-Uwe Diaz Philipp (beide an der Wand) und Christine Lemke-Matwey
Willkom
Die Wiedergeburt
einen schönen Moment
bestehe fort
Großfamiliäres Jubiläu
2021 Bayerischer Buchpreis
Do. 11. Nov. 2021 - 20 Uhr
Die Jury tagt live!
im Radio auf Bayern 2 und unter br.de/kultur
KINO
ALBRECHT SCHUCH
JELLA HAASE
Gute Filme gibt's nicht nur im Kino:
www.zeit.de/film
Fernsehserien
Seicht oder suchterzeugend?
Die besten Staffeln der Saison im Überblick
er schon?
Von rechts angefochten: Boris Johnson
Guido Westerwelle (links) hatte es auch geschafft
It's time for ultimate performance.

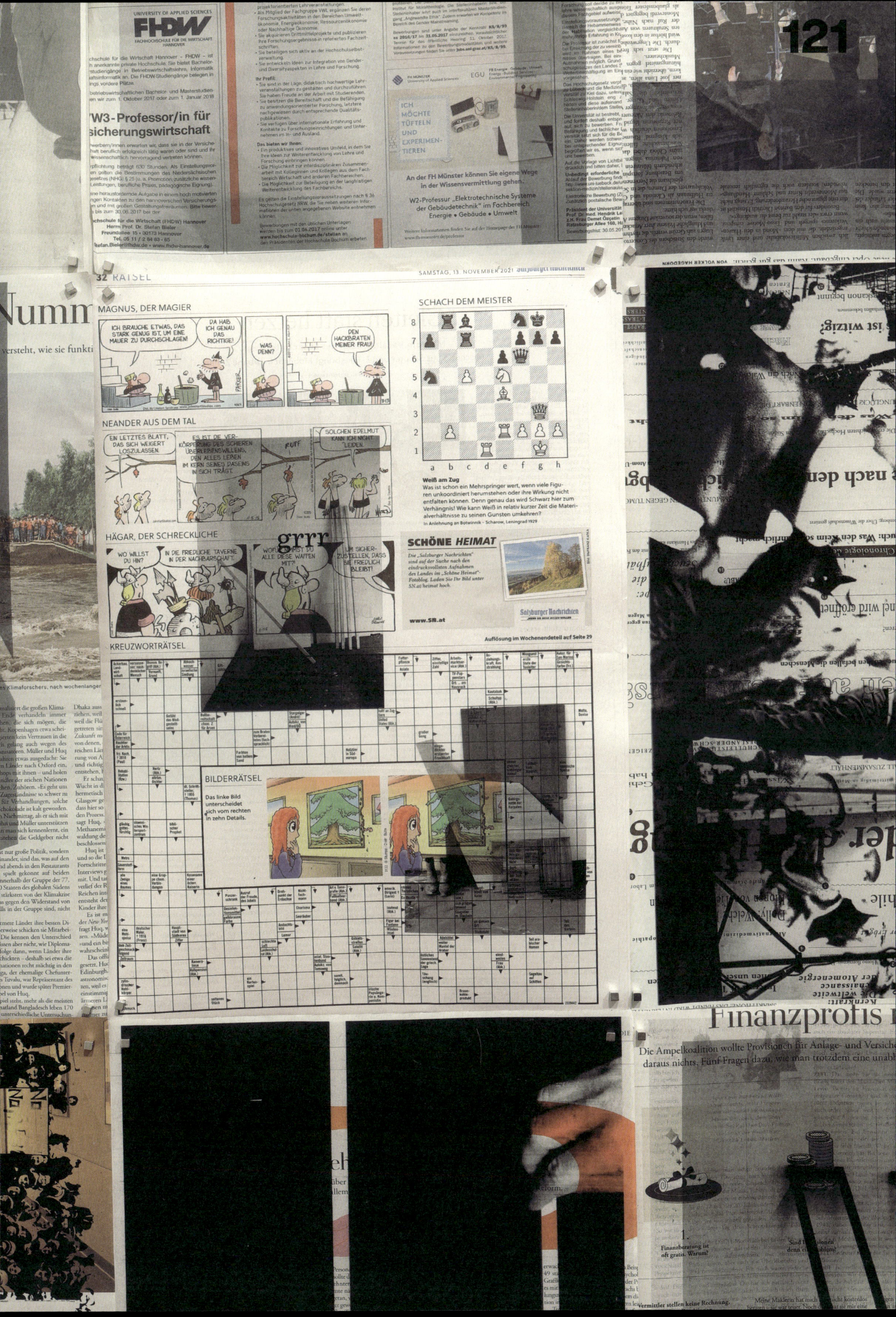
FHDW
W3-Professor/in für
sicherungswirtschaft
An der FH Münster können Sie eigene Wege in der Wissensvermittlung gehen.
W2-Professur „Elektrotechnische Systeme der Gebäudetechnik" im Fachbereich Energie • Gebäude • Umwelt
ICH MÖCHTE TÜFTELN UND EXPERIMENTIEREN
32 RÄTSEL
SAMSTAG, 13. NOVEMBER 2021
MAGNUS, DER MAGIER
ICH BRAUCHE ETWAS, DAS STARK GENUG IST, UM EINE MAUER ZU DURCHSCHLAGEN!
DA HAB ICH GENAU DAS RICHTIGE!
WAS DENN?
DEN HACKBRATEN MEINER FRAU!
NEANDER AUS DEM TAL
EIN LETZTES BLATT, DAS SICH WEIGERT LOSZULASSEN.
ES IST DIE VERKÖRPERUNG DES SCHIEREN ÜBERLEBENSWILLENS, DEN ALLES LEBEN IM KERN SEINES DASEINS IN SICH TRÄGT.
RUFF
SOLCHEN EDELMUT KANN ICH NICHT LEIDEN.
HÄGAR, DER SCHRECKLICHE
WO WILLST DU HIN?
IN DIE FRIEDLICHE TAVERNE IN DER NACHBARSCHAFT.
ALLE DIESE WAFFEN MIT?
UM SICHERZUSTELLEN, DASS SIE FRIEDLICH BLEIBT!
grrr
SCHACH DEM MEISTER
Weiß am Zug
SCHÖNE HEIMAT
www.SN.at
KREUZWORTRÄTSEL
Auflösung im Wochenendeteil auf Seite 29
BILDERRÄTSEL
Das linke Bild unterscheidet sich vom rechten in zehn Details.
Finanzprofis
Finanzberatung ist oft gratis. Warum?
Vermittler stellen keine Rechnung.

BIOGRAFIE | BIOGRAPHY

1971	geboren | born in Salzburg, AT lebt | lives in Salzburg, AT
seit | since 2004	Senior Lecturer, Bildnerische Erziehung / Malerei | Fine Arts Education / Painting, Universität Mozarteum, Salzburg, AT
seit | since 2011	Gründungsmitglied der Künstlerinnengruppe PSYSCHWESTERN (PSY) gemeinsam mit | Founding member of the artist group PSYSCHWESTERN (PSY) together with Isabella Heigl, Katrin Huber und | and Sigrid Langrehr Zahlreiche Performances | Numerous performances
	AUSBILDUNG | EDUCATION
1992–1995	Universität Mozarteum | Mozarteum University, Salzburg, AT
2000–2003	Akademie der bildenden Künste Wien | Academy of Fine Arts Vienna, AT
	PREISE UND AUSZEICHNUNGEN | PRIZES AND AWARDS
2022	Großer Kunstpreis des Landes Salzburg | Grand Art Award of the State of Salzburg, AT
2010	Auslandsatelier des Landes Salzburg | Foreign Artist Residency of the State of Salzburg, Berlin, DE
2009	Jahresstipendium des Landes Salzburg für Bildende Kunst | Annual Scholarship of the State of Salzburg, Salzburg, AT
2008	Auslandsatelier des Landes Salzburg, Warschau | Foreign Artist Residency of the State of Salzburg, Warsaw, PL
2002	Auslandsatelier des Landes Salzburg | Foreign Artist Residency of the State of Salzburg, Alghero/Bosa (Sardinien | Sardegna), IT
2001	Auslandsatelier des Landes Salzburg | Foreign Artist Residency of the State of Salzburg, Budapest, HU
2000	Künstlersymposium | Artist Symposium *Ortung*, Lofer, AT Auslandsatelier des Landes Salzburg | Foreign Artist Residency of the State of Salzburg, Oakland, CA, US
1989	Stipendium für die Internationale Sommerakademie für bildende Kunst | Scholarship for the International Summer Academy of Fine Art, Salzburg, AT

EINZELAUSSTELLUNGEN | SOLO EXHIBITIONS (Auswahl | selection)

2023 *Gunda Gruber. Die Geometrie der Nicht-Ordnungen*, Museum der Moderne Salzburg, AT
2022 *TECHNOGARDEN*, Galerie 5020, Salzburg, AT
2021 *Ctrl+Shift+Z*, Projektraum Sehsaal, Wien | Vienna, AT
2019 *Prototypen*, Stadtgalerie Lehen, Salzburg, AT
2018 *fast forward rewind*, Kabinett, Kunstverein Salzburg, AT
2017 *modelle #2*, „Schaufenster | galerie", Oberösterreichischer Kunstverein, Linz, AT
2015 *interieur/exterieur*, Kunstraum Pro Arte, Hallein, AT
Systemblüten, Galerie 5020, Salzburg, AT
2014 *Geordnete Verhältnisse*, mit | with Franz Bergmüller, Schloss Goldegg, AT
2012 *Bruchstücke*, Galerie Eboran, Salzburg, AT

GRUPPENAUSSTELLUNGEN | GROUP EXHIBITIONS (Auswahl | selection)

2021 *Als Fluc bezeichnetes Objekt*, Fluc, Wien | Vienna, AT
2020 *fake & fragment*, Projektraum Sehsaal, Wien | Vienna, AT
2017 *SINNLOS. 10 Positionen Salzburger KünstlerInnen*, Deutschvilla, Strobl, AT
2016 *SALÓ – Jahresausstellung 2016*, Salzburger Kunstverein, Salzburg, AT
2014 *Halt mich fest. Frier mich ein. Zeig mich her*, Kunstverein Salzburg; Sammlung Lenikus, Wien | Vienna; STUDIOS, Wien | Vienna, AT
2013 *Salon Zeichnung*, Stadtgalerie Lehen, Salzburg, AT
Für die Fülle, Jahresausstellung, Salzburger Kunstverein, Salzburg, AT
2012 *Montag ist erst übermorgen | Junge Kunst auf Papier. Ankäufe des Kupferstichkabinetts 1997–2012*, Kupferstichkabinett, Wien | Vienna, AT
Beyond Surface, Galerie Peithner-Lichtenfels, Wien | Vienna, AT
Every Wall is a Door, Jahresausstellung, Salzburger Kunstverein, Salzburg, AT
2011 *Living on the edge of a silver future III*, Galerie 5020, Salzburg, AT
I am a work in progress, periscope:project:space, Salzburg, AT
2010 *Kooperationen*, periscope:project:space, Salzburg, AT
Central Europe Revisited III, Schloss Esterházy, Eisenstadt, AT
Hanging at Poise, flat1, Wien | Vienna, AT
2008 *Der Mensch in der Zeichnung*, Galerie im Traklhaus, Salzburg, AT; Musee d'Art Moderne, St. Étienne, FR
2005 *Avec Peinture! Paraphrasen, Projekte und Prozesse – im Kontext der Malerei*, Galerie 5020, Salzburg, AT
Salon Européen des Jeunes Createurs, Mairie de Montrouge, Salle des Fêtes, Montrouge, FR / Museu Amadeo de Souza-Cardoso, Amarante, PT; Centro Cultural Metropolità Tecla Sala, Llobregat, ES; Galerie im Traklhaus, Salzburg, AT; Loggia degli Abati, Palazzo Ducale, Genova, IT

WERKLISTE | LIST OF WORKS

Systemerhalter, 2012*	Video (schwarz-weiß, ohne Ton), 11:13 Min. | Video (black-and-white, no sound), 11:13 min.	S. | p. 75
„Systemblüten“, 2015*	Installation | Installation Maße variabel | Dimensions variable	S. | pp. 22–29
Outsideout, 2016	Video (schwarz-weiß, Ton), 8 Min. | Video (black-and-white, sound), 8 min. Ton | Sound: ROT – Franz Bergmüller / Markus Kircher	S. | pp. 78–79
Fast Forward Rewind, 2018*	Installation mit Videoprojektion | Installation with video projection Maße variabel | Dimensions variable	S. | pp. 30–35
Aus der Serie **„Bildstörung“**, 2018–21	Schwarz-Weiß-Fotokopie auf Zeitungspapier | Black-and-white photocopy on newspaper 40-teilig, je 42 × 29,7 cm | 40 parts, 42 × 29.7 cm each	S. | pp. 116–121
„Prototypen“, 2019*	Installation | Installation Maße variabel | Dimensions variable	S. | pp. 36–43
Aus der Serie **„Systemvarianten“**, 2019	Collagen, Tonpapier auf Hahnemühle-Aquarellkarton | Collages, colored cardboard on Hahnemühle watercolor cardboard 12-teilig, je 40 × 30 cm | 12 parts, 40 × 30 cm each Magistrat der Stadt Salzburg Kultur, Bildung und Wissen Kunstsammlung der Stadt Salzburg | Art Collection of the City of Salzburg	S. | pp. 104–105
Zwischenzonen, 2019*	Video (schwarz-weiß, ohne Ton), 1 Min. | Video (black-and-white, no sound), 1 min.	S. | pp. 70–71
„Extensions“, 2019–22	Objektserie aus KAPA-Platten, Projektion | Series of objects from KAPA board, projection Verschiedene Maße | Dimensions variable	S. | pp. 114–115
Aus der Serie **„Add-on“**, 2020	Collagen, Tonpapier auf Hahnemühle-Aquarellkarton | Collages, colored cardboard on Hahnemühle watercolor cardboard 12-teilig, je 40 × 30 cm | 12 parts, 40 × 30 cm each	S. | pp. 106–107
Aus der Serie **„Plug-in“**, 2020	Collagen, Tonpapier auf Hahnemühle-Aquarellkarton | Collages, colored cardboard on Hahnemühle watercolor cardboard 3-teilig, je 65 × 50 cm | 3 parts, 65 × 50 cm each Land Salzburg, Kunstförderung	S. | p. 103

Ctrl+Shift+Z, 2020
Installation mit Videoprojektion |
Installation with video projection
Maße variabel | Dimensions variable
S. | pp. 4–5, 44–53, 76–77

Aus der Serie **„Konnex“**, 2021
Pigmentdrucke auf Fotopapier |
Pigment prints on photo paper
9-teilig, je 120 × 80 cm | 9 parts, 120 x 80 cm each
S. | pp. 98, 108–113

Bodyscan, 2021
Video (Farbe, Ton), 4:40 Min. |
Video (color, sound), 4:40 min.
Ton | Sound: ROT – Franz Bergmüller / Markus Kircher
S. | pp. 80–81

In the Garden, 2021
Video (schwarz-weiß, Ton), 9:30 Min. |
Video (black-and-white, sound), 9:30 min.
Ton | Sound: ROT – Franz Bergmüller / Markus Kircher
S. | pp. 88–89

Realitycheck, 2021
Videoinstallation | Video installation
Video (schwarz-weiß, Ton), 7:20 Min., Loop |
Video (black-and-white, sound), 7:20 min., loop
Ton | Sound: ROT – Franz Bergmüller / Markus Kircher
S. | pp. 2–3, 84–85

X10+2, 2021
Video (schwarz-weiß, Ton), 9:20 Min. |
Video (black-and-white, sound), 9:20 min.
Ton | Sound: ROT – Franz Bergmüller / Markus Kircher
S. | pp. 1, 82–83

Dunkelkammer, 2022
Video (Farbe, Ton), 9 Min. | Video (color, sound), 9 min.
Ton | Sound: ROT – Franz Bergmüller / Markus Kircher
mit | with Franz Bergmüller
S. | pp. 86–87

Arbeitstisch, 2022–23
Installation, Arbeitstisch mit Objekten aus KAPA-Platten |
Working table with objects from KAPA board
Maße variabel | Dimensions variable
S. | pp. 12–13, 54–57

Extensions:Praemix, 2022–23
Video (Farbe, Ton), 28 Min. |
Video (color, sound), 28 min.
Ton | Sound: Franz Bergmüller / ROT
S. | pp. 90–91, 128

Die Werke sind chronologisch und innerhalb desselben Jahres alphabetisch gelistet. Maße sind in Höhe mal Breite angegeben. Mit * markierte Werke wurden nicht in die Ausstellung integriert. Falls nicht anders angeführt, Leihgabe der Künstlerin. |
Works are listed in chronological order, and works created in the same year in alphabetical order. Dimensions are given as height by width. Works not included in the exhibition are marked with *. If not otherwise mentioned, courtesy of the artist.

IMPRESSUM | COLOPHON

Diese Publikation erscheint anlässlich der Ausstellung | Published in conjunction with the exhibition

Gunda Gruber. Die Geometrie der Nicht-Ordnungen | The Geometry of Non-Orders

25. Februar – 4. Juni 2023 | February 25–June 4, 2023

und der Verleihung des Großen Kunstpreises des Landes Salzburg 2022 für bildende Kunst |
and the awarding of the Grand Art Prize of the State of Salzburg 2022 for visual arts.

Museum der Moderne Salzburg
Direktor | Director: Harald Krejči
Kuratorin | Curator: Tina Teufel
Registrarin | Registrar: Susanne Greimel
Restaurierung | Conservation: Maria Emberger
Ausstellungsaufbau | Exhibition Installation: Franz Bergmüller, Michael Krupica, Dieter Linnerth, hs art service austria
Technik, Gebäude und Ausstellungen | Technics, Facilities and Exhibitions: Oliver Wacht (Leitung | Head), Patrick Peter Gänser, Christian Hauer, Alija Salihovic , Roland Walchhofer
AV-Technik | AV Technics: Michael Krupica
PR & Marketing: Martin Riegler (Leitung | Head), Christina Baumann-Canaval, Katharina Maximoff
Kunstvermittlung | Museum Education: Mirabelle Spreckelsen-Csar (Leitung | Head), Victoria Fahrengruber, Christine Fegerl, Elisabeth Ihrenberger, Anna-Sophie Ofner, Magdalena Stieb, Cristina Struber

Museum der Moderne
Salzburg

Publikation | Publication
Herausgegeben von | Edited by Harald Krejči und | and Tina Teufel für das | for the

Museum der Moderne Salzburg
Mönchsberg 32
5020 Salzburg
Österreich | Austria
T +43 662 84 22 20-0
info@mdmsalzburg.at
www.mdmsalzburg.at

Redaktion | Editing: Tina Teufel
Projektmanagement | Project Management: Brigitte Swoboda, Verlag für moderne Kunst, Wien | Vienna
Vorworte | Prefaces: Martina Berthold und | and Harald Krejči
Texte von | Texts by: Andrea Kopranovic, Didi Neidhart und | and Tina Teufel
Übersetzungen | Translations: Bram Opstelten (aus dem Deutschen ins Englische | from German into English)
Lektorat, Korrektorat | Proofreading, Copy Editing:
Martina Buder (Deutsch | German), George Frederick Takis (Englisch | English)
Gestaltung | Design: Tommi Bergmann
Herstellung | Production Management: Verlag für moderne Kunst, Wien | Vienna

VF
MK

Erschienen im | Published by
VFMK Verlag für moderne Kunst GmbH
Schwedenplatz 2/24
1010 Wien | Vienna
Österreich | Austria
www.vfmk.org

ISBN 978-3-903439-83-2

Printed and bound in Wolkersdorf, Austria

Vertrieb | Distribution
Europa | Europe: LKG, www.lkg-va.de
UK: Cornerhouse Publications, www.cornerhousepublications.org
USA: D.A.P., www.artbook.com

Bibliografische Information der Deutschen Nationalbibliothek
Die Deutsche Nationalbibliothek verzeichnet diese Publikation in der Deutschen Nationalbibliografie; detaillierte bibliografische Daten sind im Internet über dnb.de abrufbar.

Bibliographic information published by the Deutsche Nationalbibliothek
The Deutsche Nationalbibliothek lists this publication in the Deutsche Nationalbibliografie; detailed bibliographic data is available in the internet at dnb.de.

Umschlagabbildungen | Cover Illustrations
Gunda Gruber, aus der Serie | from the series „Konnex", 2021,
Pigmentdrucke auf Fotopapier | Pigment prints on photo paper, Courtesy of the artist

Weitere Abbildungen | Further Illustrations
S. 1: *X10+2*, 2021, Videostill, Courtesy of the artist
S. 2–3: *Realitycheck*, 2021, Ausstellungsansicht | Exhibition view, Museum der Moderne Salzburg, 2023
S. 4–5: *Ctrl+Shift+Z*, 2020, Videostill, Courtesy of the artist
S. 128: *Extensions:Praemix*, 2022–23, Ausstellungsansicht | Exhibition view, Museum der Moderne Salzburg, 2023

Leihgeber:innen der Ausstellung | Lenders to the Exhibition
Gunda Gruber
Magistrat der Stadt Salzburg / Kultur, Bildung und Wissen / Kunstsammlung der Stadt Salzburg
Land Salzburg, Kunstförderung

Danksagung | Acknowledgments
Martina Berger-Klingler
Franz Bergmüller
Beatrice Bleibler
Peter Gutschner
Heinrich Schellhorn
Greta Schlünz
Gabriele Wagner

Die Publikation wurde mit Mitteln des Landes Salzburg und des Magistrats der Stadt Salzburg ermöglicht. | The publication was made possible with funds from the State of Salzburg and the Municipality of Salzburg.

LAND SALZBURG

Das Museum der Moderne Salzburg wird durch Mittel des Landes Salzburg finanziert. | The Museum der Moderne Salzburg is supported with funds provided by the State of Salzburg.

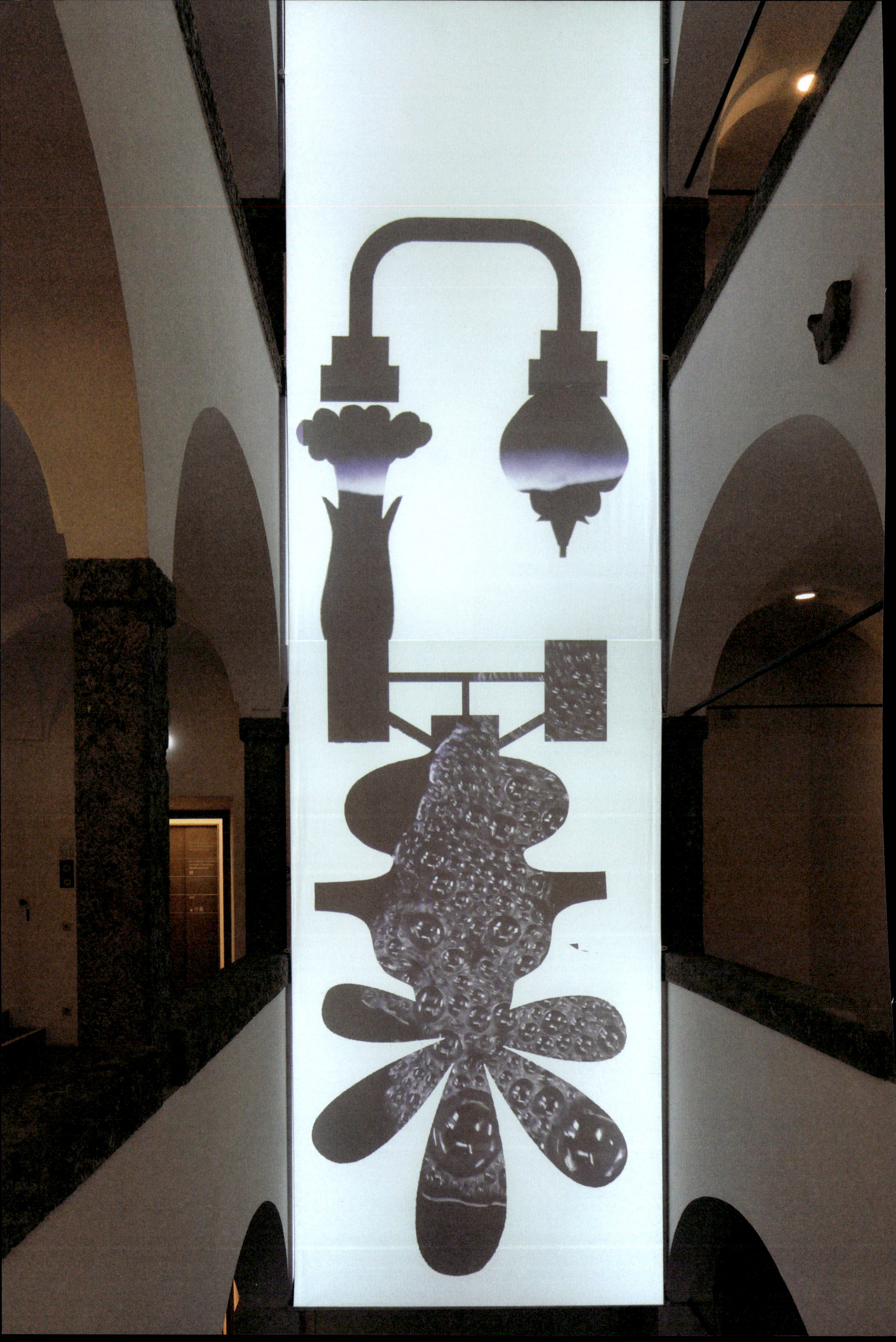